DIE ERFAHRUNG DER GOLDENEN BLÜTE

DIE ERFAHRUNG DER GOLDENEN BLÜTE

Der Basistext taoistischer Meditation
aus dem China des 12. Jahrhunderts

Herausgegeben und kommentiert von
Mokusen Miyuki

O.W. BARTH PAPERBACK

Erste Auflage der OWB-Paperback-Ausgabe 2000
Einzig berechtigte Übersetzung
aus dem Englischen von Elisabeth Freivogel-Steffen

Titel der Originalausgabe: «The Secret of the Golden Flower»

Einbandgestaltung: ja DESIGN, Bern: Julie Ting & Andreas Rufer

Inhaltsverzeichnis

Erster Teil:
ABKLÄRUNG GRUNDLEGENDER BEGRIFFE

Zweiter Teil:
DIE LEHRE VON DER GOLDENEN BLÜTE DES GROSSEN EINEN

Text und Kommentar

Dritter Teil:

MATERIALIEN

Point n'est besoin d'espérer
pour entreprendre
ni de réussir
pour persévérer.

Wilhelm der Schweigsame
Prinz von Oranien-Nassau
geb. 1533, ermordet 1584

Erster Teil:

ABKLÄRUNG GRUNDLEGENDER BEGRIFFE

I. EINLEITUNG

A. Ziel dieser Arbeit

Diese Arbeit hat ein doppeltes Ziel: einerseits die Lehre des Tao, wie sie als Inneres Elixier *(nei-tan)* im Buch über die Erfahrung der Goldenen Blüte *(T'ai I Chin Hua Tsung Chih)* überliefert ist, verstehen zu lernen durch die Analytische Psychologie Carl Gustav Jungs, und andererseits Jungs Psychologie durch den Taoismus zu interpretieren.

Jung betonte schon vor beinah 40 Jahren in seinem psychologischen Kommentar zu Richard Wilhelms unvollständiger Übersetzung dieser Schrift unter dem Titel *Das Geheimnis der Goldenen Blüte,* daß gewisse Beziehungen bestehen zwischen den Bildern taoistischer Meditation in dieser Schrift und dem psychischen Prozeß mit seinen Symbolen, wie er sie bei der Arbeit mit seinen Patienten fand. Es ist bekannt, daß Wilhelms Übersetzung den Geist seiner Zeit prägen half und für Jung wegweisend wurde in seiner Erhellung des psychischen Prozesses, den er »Individuation« nannte.

Wie Jung betonte, ist sowohl der östlichen Lehre wie der westlichen Psychotherapie daran gelegen, im Bewußtsein gewisse Veränderungen zu fördern, die eine Persönlichkeit, ihre Haltung und Reaktionen, umzugestalten vermögen. Diese Entwicklung einer individuellen Persönlichkeit wird ausgelöst durch »die Vereinigung der Gegensätze auf höherer Bewußtseinsebene«, oder »das Erscheinen von Tao«, beides kein »rationales Ereignis«, auch keine Angelegenheit des Willens, sondern »ein psychischer Entwicklungsprozeß, der sich in Bildern manifestiert«[1].

Es muß jedoch betont werden, daß ein fundamentaler Unterschied besteht zwischen analytischer Psychologie und der östlichen Lehre des Tao: Die westliche Lehre ist eine Wissenschaft und versucht, ihr »Tao« auf möglichst objektive Weise zu erfassen und zu erklären als psychisches Phänomen eines Individuums; im östlichen Taoismus dagegen handelt es sich um die Gestaltung einer subjektiven Lebenshaltung, bei der die Übung eine große Rolle spielt und wo darauf hingezielt wird, Tao im täglichen Leben sich manifestieren zu lassen.

Dieser Unterschied in den Methoden besagt aber nicht, daß die beiden Lehren sich ausschlössen oder sich gar entgegenwirkten, im Gegenteil: Sie können sich ergänzen und kompensieren. Denn wir vermögen unser objektives Verständnis der inneren Welt nicht zu vertiefen und zu bereichern ohne das subjektive Mittel der Innenschau, und unser inneres Leben kann durch keine Introversion vertieft und bereichert werden ohne objektives Verständnis dafür. Ohne den subjektiven Weg durch tiefe und reiche Innenschau fehlt uns die Erfahrung zum Verständnis des psychischen Prozesses und seiner Symbole, und ohne objektive Betrachtung des innern Weges durch die Mondlandschaften des Unbewußten wären wir in Gefahr, uns in den Schattengefilden zu verlieren.

B. Zusammenfassung des Inhalts der Goldenen Blüte

Das Hauptanliegen dieser Lehre ist der »Lichtkreislauf« *(hui-kuang)*. Das drückt sich schon imTitel aus, *T'ai I Chin Hua Tsung Chih*, der sich übersetzen läßt: »Die Lehre *(Tsung Chih)* von der Goldenen Blüte *(Chin Hua)* des Großen Einen *(T'ai I)*«, denn die »Goldene Blüte« steht für das »Licht« des reinen *yang*, das erfahren wird in der Stille des reinen *yin* der tiefen Innenschau in der Meditation.

Diese Erfahrung des reinen *yang* (Licht, Tao, Goldene Blüte, das Große Eine, Geist des Himmels etc.) in der Tiefe des reinen *yin* (Stille, Innenschau) wird symbolisch dargestellt im Hexagramm *fu* ䷗ (Nr. 24 des *I Ging*); es besteht aus einer *yang*-Linie in der ersten (untersten) Position und fünf *yin*-Linien darüber. Dies bedeutet die Manifestation des Großen Einen (Tao des *yin-yang*) im Mikromakrokosmos, sich offenbarend in der Stille tiefer Innenschau während der Meditation, die Wiederkehr zum Ursprung, zum Anfang der Schöpferkraft, die allen Wandel und Wechsel *(I)* bewirkt, zum Tao des *yin-yang*. Das Hexagramm *fu* symbolisiert also sowohl die »Wiederkehr« zur schöpferischen Kraft des Tao als auch ihren »Ursprung«, »Anfang«, sich offenbarend und gleichzeitig alle psychische Energie wandelnd, aktivierend in der Meditation, entsprechend dem Gesetz der Enantiodromie.

Die Erfahrung der Goldenen Blüte oder des *yin-yang*-Tao, die coincidentia oppositorum par excellence, wird »räumlich« bezeichnet als *ch'iao,* als das Aufschließen und die Erfahrung des Innern (Elixierfeld), und »zeitlich« als *huo-tzu-shih,* die Stunde der Wiederkehr. Mit andern Worten: Sowohl Offenbarung wie Stunde der Wiederkehr sind zwei Aspekte derselben Erfahrung der Goldenen Blüte. »Offenbarung« bezieht sich auf das Geheimnis des reinen *yin* im Tiefinnen, das sich der im Mikromakrokosmos wirkenden Schöpfungskraft des reinen *yang* erschließt. »Die Stunde der Wiederkehr« bezieht sich auf das dynamische und harmonische Wirken des *yin-yang*-Tao zur *Tzu*-Stunde, d.h. um Mitternacht, zur Stunde, da die Nacht zum Tag sich wendet, die Finsternis zum Licht, die Stille zur Tat, Tod zum Leben, Wiederkehr zum Anfang, *yin* zum *yang*.

In der Lehre der Goldenen Blüte bedeutet Bewußtwerdung die Manifestation des Großen Einen. Der Kreislauf durch zwei Bezirke hin: Mensch und Tao (oder Natur), menschlich und göttlich, bewußt und unbewußt, wird in unserm Text so beschrieben: »Die Nabe dieses Kreislaufs *(shu-chi)* liegt zwischen den beiden Augen.« Da die beiden Augen, rechts und links, das Bewußtsein und das Tiefenbewußtsein vertreten, so kann die »Nabe des Kreislaufs«, wo die Wandlungen des Mikromakrokosmos als Manifestation des *yin-yang*-Tao stattfinden, als das »Dritte Auge« bezeichnet werden, das ein Bewußtsein auf höherer Ebene symbolisiert, geboren aus der Transzendierung von Bewußtsein und Unbewußtem. So heißt es am Schluß des ersten Abschnittes unseres Textes: »Das Licht des Himmels ist unsichtbar: Es wohnt im Zenit zwischen den beiden Augen.« Das »Licht des Himmels« bedeutet ein Bewußtsein auf höherer Ebene als Ergebnis dieses transzendentalen Geschehens.

Diese Offenbarung aber, die Stunde der Wiederkehr, die Nabe des Kreislaufs, ist nur erfahrbar als Goldene Blüte in der innersten Tiefe des Ozeans von *ch'i (chi'i-hai)*[2]. *Ch'i* bezieht sich auf den Atem, die vitale Kraft der Materie; psychische Energie wird also im meditativen Atem nach innen gelenkt in den »Ozean von *ch'i*«, in die Bezirke des Elixiers *(tan-t'ien)*, wo die Goldene Blüte gehegt wird. Gleichzeitig wird *ch'i* aber auch erfahrbar in der höchsten Höhe des himmlischen Geistes, als Licht des Himmels. Daher ist die Offenbarung der Goldenen Blüte der Augenblick der coincidentia oppositorum par excellence.

Der Bezirk des Elixiers ist also der Ozean von *ch'i*, wo die psychische Energie in der Meditation im tiefen Innern gesammelt und geeint wird. Wie das Wort »Ozean« andeutet, birgt sich dort die vitale Kraft des Lebens sowohl als solche wie ihre potentiale Möglichkeit zur Verwandlung. Dieser innerste Bezirk umfaßt das Weiblich-Schöpferische[3], die Bereitschaft zur Empfängnis durch das Männlich-Schöpferische, symbolisiert im Geist des Himmels, im reinen *yang*. Das oben erwähnte Hexagramm *fu* stellt die männlich-schöpferische Kraft des Großen Einen Tao dar, die dem weiblich-empfangenden und nährenden Grund des Großen Einen entsteigt.

Versucht man die Erfahrung der Goldenen Blüte vom Hexagramm *fu* aus zu verstehen als Ewige Wiederkehr, die Introversion psychischer Energie während des »Sitzens«, und gleichzeitig als »Ursprung«, das Ausströmen des Großen Einen oder des Selbst, des Zentrums einer Persönlichkeit, so scheint die Übereinstimmung mit Jungs Begriff der Individuation eindeutig.

Der Text stand dem Verfasser in vier verschiedenen Ausgaben zur Verfügung[4]. Daß er für seine Übertragung dieselbe Ausgabe wie Richard Wilhelm wählte, hatte zwei Gründe: Erstens war Wilhelms Übersetzung (er übertrug nur acht Kapitel) eng verwoben mit dem Geist seiner Zeit und hatte, wie bereits erwähnt, großen Einfluß auf C. G. Jung; zweitens ist nur dieser eine Text mit Kommentaren des Herausgebers Chan Jan-hui versehen, was eine große Hilfe zum Verständnis des Inhaltes bedeutet. So schien es am fruchtbarsten, diesen Text zu verwenden, um Jung durch den Taoismus und den Taoismus durch Jung zu erhellen – und dies ist das Ziel dieser Arbeit.

Wir dürfen jedoch nicht vergessen, daß unser Text in seiner ganz abstrakten Sprache und Ausdrucksweise nicht allein als Schrift der *nei-tan-* oder Innern Elixier-Lehre verstanden werden kann, sondern auch als Anweisung der Alchemie und sexuellen Hygiene, je nachdem, wie er aufgefaßt wird. In diesem Sinne wurde er sowohl von südlichen wie von nördlichen Schulen des Ch'üan Chen Chiao verstanden, wie wir später sehen werden. Man darf den Inhalt dieses Textes wohl als so eklektisch auffassen, daß er von den verschiedenen Lehren des Taoismus akzeptiert werden konnte. Im dritten Kapitel findet sich in der Tat eine Gleichsetzung der drei Lehren, des Konfuzianismus, Buddhismus und Taoismus. Diese eklektische Haltung läßt sich verstehen, wenn man realisiert, daß der Tao-Suchende, an den dieser Text sich wendet, vor allem Tao erfahren will, sei es im Konfuzianismus, Buddhismus oder Taoismus, und daß ihm nicht daran gelegen ist, diese drei Lehren intellektuell zu unterscheiden. In der Ming- und Ch'in-Periode, zur Zeit der Abfassung dieses Textes, war die Äquivalenz der drei Lehren eine Selbstverständlichkeit.

Um diesen taoistischen Text verstehen zu können, versuchen wir abzuklären: erstens zwei grundlegende Begriffe chinesischer Weltanschauung, die taoistischen Ausdrücke *ti* (Himmlischer Herrscher), und *t'ien* (Himmel); zweitens die Bedeutung von Tao in der Geschichte chinesischen Denkens, im besondern des Taoismus; und schließlich die wichtigsten Begriffe unseres Textes, z. B. Offenbarung, Stunde der Wiederkehr, Übereinstimmung, Lichtkreislauf etc.

II. ANALYSE DES BEGRIFFES TAO

Die jüngsten archäologischen Untersuchungen der Inschriften auf alten Orakelknochen und auf den Bronzen der Shang- (1766–1122 v. Chr.) und Chou- (1122–255 v. Chr.) Dynastien warfen neues Licht auf verschiedene Aspekte des alten China und trugen zu besserem Verständnis der frühen chinesischen Klassiker bei. Es sollen hier analytisch-etymologisch, basierend auf den neuesten archäologischen Erkenntnissen, drei grundlegende Begriffe chinesischer Weltanschauung untersucht werden: *ti*, *t'ien* und Tao, speziell in ihrer Beziehung zum Begriff der »Wiederkehr«. Diese Abklärung soll dazu dienen, den untersuchten Text in einem größeren Zusammenhang mit chinesischer Weltanschauung zu sehen.

A. Der Begriff ti *(Himmlischer Herrscher)*

Die Orakelknochen, die zum Wahrsagen gebraucht wurden während einer Zeitspanne von 237 Jahren, von 1382 bis 1112 v. Chr., zeigen das Wort *ti* in mannigfacher Bedeutung sowohl für das religiöse wie auch das politische, ökonomische, soziale Leben. Betrachtet man die chronologische Wandlung der Bedeutung von *ti*, so ergibt sich folgendes[5]:

1. In der frühesten Wahrsagung erscheint *ti* als eine Art höchster Herrscher voll geheimnisvoller und übernatürlicher Kräfte, der die Naturerscheinungen wie Regen, Wind, Dürre, Ernte etc. regiert und außerdem die menschlichen Geschicke lenkt, Glück und Un-

glück, Gut und Böse, ohne daß man ihn jedoch in religiösen Riten verehrte.

2. In späterer Orakelzeit wurde *ti* als Ehrentitel gebraucht für den Ahnherrn der Könige, der nun bereits verehrt wird.

3. Außerdem, und ganz abgesehen von chronologischem Wandel, bezieht sich *ti* auf ein Ritualfest zu Ehren des Ersten Ahnherrn des Volkes von Shang.

Über die etymologische Entwicklung des Wortes *ti* (s. Glossar) scheinen sich die Sinologen nicht einig zu sein. Wang Kuo-wei z. B. sieht im chinesischen Schriftzeichen für *ti* das Bild von Kelch und Fruchtknoten einer Blüte (s. Glossar), von wo aus neue Generationen von Blüten, Frucht und Pflanzen ihren Ursprung nehmen. Yeh Yü-sen dagegen bringt *ti* in Beziehung zu den religiösen Riten des Volkes von Shang, die Brandopfer darbrachten[6]. Eine weitere Theorie von Katō Jyōken besagt, daß das Wort *ti* sich auf den Gott des Himmels beziehe, denn es bestehe aus einem Zeichen für Gott und einem weiteren für einen aufgestellten Tisch, worauf dem Gott Opfer dargebracht werden[7].

Es scheinen also zwei Bedeutungen für *ti* vorherrschend:

1. als erster Ahne, Ur-Ahne, Ursprung des Volkes von Shang,

2. als Oberster Herrscher, voll geheimer, übernatürlicher Kräfte die Naturerscheinungen und die Geschicke der Menschen lenkend.

Nehmen wir das Wort in seiner ersten Bedeutung, *ti* als Ur-Ahne des Volkes von Shang, so ist Wangs etymologische Analyse (Kelch- und Fruchtknoten einer Blüte) äußerst aufschlußreich: *ti* als Zentrum, Ursprung, Herz und Quelle, wo weitere Generationen ihren Ursprung nehmen und wo zugleich die potentielle Ganzheit der Blüte wohnt. Psychologisch gesprochen, symbolisiert das Bild der Blüte sowohl den Ursprung von Generationenketten als auch die Entwicklung des Selbst um seinen innersten Kern. Denn in der vollen Entfaltung des eigenen Innersten nimmt neues Leben seinen Anfang.

Ti stellt sich also dar im Modell einer Blüte, wo das Gesetz herrscht von Dauer und Erneuerung des Lebens in immer neuer Form. Es drängt sich also die Überzeugung auf, daß der Natur ein innerstes Ordnungsprinzip innewohnt, das die zyklische Wiederkehr bewirkt, nicht nur in Blüte und Pflanze, sondern auch in Tieren und Menschen, in lebenden sowohl wie unbelebten Organismen der Natur.

Diese psychologische Interpretation von *ti* hilft auch zum Verständnis der Bedeutung von *ti* als »Höchster Herrscher«. Denn das Volk von Shang projizierte wohl seine im Gefühl noch vage ahnende Vorstellung eines das ganze Universum durchdringenden Ordnungsprinzipes, mochte es sich auf die Natur oder auf den Menschen beziehen, in einen »Höchsten Herrscher«; und es empfand dieses Ordnungsprinzip als der Natur innewohnend, aber zugleich die Natur transzendierend und einer höheren Seinskategorie zugehörig (»Höchster« Herrscher).

Die etymologische Untersuchung des Begriffes *ti* läßt die Kontinuität und Übereinstimmung zwischen Menschen und Natur erkennen, zwischen Mikrokosmos und Makrokosmos: Das ist der Zettel der chinesischen Weltanschauung, in den durch die Zeiten hin die verschiedenen Fäden religiösen und philosophischen Denkens eingeflochten wurden, seien sie konfuzianistischer, taoistischer oder buddhistischer Färbung[8]. Auch der Begriff der »Wiederkehr«, der in unserem Text von grundlegender Bedeutung ist, scheint auf den Begriff von *ti* zurückgeführt werden zu können: *ti* als Ur-Sprung des ersten Ahnherrn des Volkes von Shang und ebenso als »Herrscher des Himmels«, der das ganze Universum lenkt, in dem die zyklische ewige Wiederkehr sich manifestiert.

B. Der Begriff t'ien *(Himmel)*

Der Begriff *t'ien* gilt als die »grundlegende religiöse Idee der Chou-Dynastie«[9], der Dynastie nach Shang. Das älteste chinesische Zeichen für *t'ien* (s. Glossar) wird als Ortsname gebraucht oder als vorgestelltes Demonstrativpronomen »jener« und ist gleichbedeutend wie das Wort *ta* (s. Glossar, »groß, mächtig«). Diese Form von *t'ien* ist ein Demonstrativum, das den Scheitelpunkt des Kopfes bezeichnet, d.h. den obersten Punkt des menschlichen Körpers, und als solches wird es gleichzeitig benützt zur Bezeichnung von »Himmel«. Ebenso wie beim *ti* der Shang-Periode ist die Beziehung zwischen Mikrokosmos und Makrokosmos klar erkennbar.

Das Volk von Chou braucht den Begriff von *t'ien* aber auch zur Bezeichnung eines höchsten Wesens, das einen heilsamen Einfluß auf der Menschen Geschick ausübt durch Ordnung und Gesetz *(t'ien-ming).* So lesen wir im *Shih Ching* (Buch der Oden)[10]:

Herrlich war das Haus von Chou. Und die Gesetze des Himmels kamen und gingen zu ihrer Zeit. Der König Wen, der Begründer von Chou (regierte von 1171–1122 v. Chr.), steigt auf der Rechten zu Gott empor und auf der Linken von Gott hernieder ... Die Nachkommen des Herrschers von Shang gingen in die Hunderttausende. Aber als Gott befahl, wurden sie Chou untertan.[11]

Wir sehen, daß dem *t'ien* von Chou größere Macht zugeschrieben wird als dem *ti* der Shang-Dynastie. Überdies unterscheidet sich *t'ien* von *ti* in folgenden zwei Punkten:

1. Der »naturalistische« Begriff von *t'ien*, also »groß«, »Himmel« wie oben erwähnt, wird ausgeweitet zu anthropomorphischer Bedeutung. *T'ien* ist jedoch weniger persönlich und weniger anthropomorph als *ti. Ti* wird vom Volke von Shang im Opfer und in der Weissagung angerufen, während es von *t'ien* heißt, es offenbare sich im Innern eines Menschen entsprechend dem Grad seiner Tugendhaftigkeit. In den beiden Büchern *Shih Ching* und *Shih Chi* (Buch der Geschichte)[12] finden sich wiederholt Warnungen wie diese: »Auf die himmlischen Gesetze kommt es nicht an«, oder: »Pflege deine Tugenden, um dem Himmel zu entsprechen. Den Segen mußt du dir selber erringen.«[13]

2. Diese Verinnerlichung des Begriffes *t'ien* führt zur Überzeugung, daß *t'ien-ming,* das Gesetz des Himmels, sich sowohl in der innern wie in der äußern Natur offenbare, und daß man »dem Himmel zu entsprechen« vermöge nicht durch Opfer und Orakel im Äußern, sondern durch die Pflege des Innern *(hsing).* So heißt es im *Shih Chi:*

Als der Himmel den Menschen erschuf, begabte er ihn mit seinen Gesetzen für alles Tun und Verhalten. Der Mensch sollte diese Gabe mit Eifer pflegen und zu Vollkommenheit entwickeln[14].

So wird nun der innerste Kern der Persönlichkeit, der als *ti* in Kelch und Herz der Blüte projiziert worden war, wiederum verinnerlicht, als innerste Essenz der Persönlichkeit gesehen, die zur Ganzheit und Vollkommenheit ausgeweitet werden sollte. Im untersuchten Text heißt es (I: 11, a–d): Geboren zu werden ist ein

»natürliches« Ereignis im mikromakrokosmischen Bereich, eine Auswirkung von *ch'i* (vitale Kraft der Materie); im Augenblick der Geburt jedoch trennen sich *hsing,* die innere Natur, und *ming,* das Gesetz oder Leben. Und entsprechend stellt sich die Lebensaufgabe, diese beiden wieder zu vereinen, die verlorene Einheit wieder herzustellen.

Psychologisch ausgedrückt: Im Augenblick der Geburt teilt sich das Leben als ungeschiedenes Ganzes in Zwei: die innere Natur und das Dekret des Lebens. Die innere Natur, das Zentrum sowohl als die Basis für die Entwicklung der Persönlichkeitspotenz, von *t'ien* mit *t'ien-ming* (dem Gesetz des Himmels) begabt, läßt sich der Ego-Entwicklung gleichsetzen, einer Entwicklung zur Anpassung an die Umwelt. Leben oder Gesetz *(ming)* auf der anderen Seite läßt sich verstehen als ein größeres Grundmuster von Ganzheit, aus dem in der ersten Lebenshälfte das Ego sich entwikkeln und mit dem in der zweiten Lebenshälfte die differenzierte Funktion des Bewußtseins sich wieder einen muß.

Eben diese Einung, diese Wiederkehr zur ursprünglichen Quelle des individuellen Persönlichkeitsbewußtseins wird angestrebt in der Übung des »Sitzens« in der Lehre vom Innern Elixier. Die innere Natur, könnte man sagen, entspricht dem Prinzip des Logos als undifferenziertes Ganzes, sich manifestierend in der Entwicklung des Ego, während Leben *(ming)* dem Prinzip des Eros entspricht, sich manifestierend im Bestreben des Ego, das Bindungen und Sicherheit sucht in der äußern sowohl wie in der innern Welt. Das Ziel des »Sitzens« wäre es also, die entwickelte Funktion der Ego-Bewußtheit einem größeren Ganzheitsaspekt, der Quelle des Ego, zu einen.

Der Begriff von *ming* als inneres Naturgesetz, innere Ordnung, ebenso wie als Verpflichtung, das der Natur innewohnende *ming* zur Vollendung zu bringen, beides ist im Begriff von *ti* enthalten. Es versteht sich jedoch, daß beide Formen von *ming* (das der Natur inhärente und das zur Entwicklung drängende) sowohl verschieden als auch nicht zu unterscheiden sind in bezug auf das moralische Problem der Persönlichkeitsentfaltung. Das Volk von Chou sah in *ming* ein ethisches Prinzip, das zu erfüllen war durch die Pflege der Persönlichkeit. Diese Auffassung, *ming* als ein Problem der moralischen Integrität, vertritt Konfuzius, wenn er sagt:

Mit fünfzehn strebte ich nach Unterweisung.
Mit dreißig war mein Charakter geformt.
Mit vierzig kannte ich keine Verwirrung mehr.
Mit fünfzig kannte ich das Gesetz des Himmels *(t'ien-ming).*
Mit sechzig nahm ich gleichmütig alles zur Kenntnis
was ich auch hören möchte.
Mit siebzig konnte ich nach Herzenswunsch alles tun,
ohne moralische Prinzipien zu übertreten[15].

Dieses Problem moralischer Integrität wird in der Lehre vom Innern Elixier ebenfalls als wichtiger Faktor des Individuationsprozesses angesehen. Das Kapitel sieben unseres Textes z. B. kann durchaus vom Standpunkt moralischer Integration aus verstanden werden. So heißt es auch im *Hui Ming Ching,* dem klassischen Buch über Weisheit und Leben des Liu Hua-yang, das ebenfalls von Richard Wilhelm zusammen mit dem *Geheimnis der Goldenen Blüte* übersetzt worden ist:

Für das Tao bedeutet die Tugend das, was dem Vogel die Flügel. Wenn der eine fehlt, ist auch der andere nutzlos. Darum sollte man reinen Herzens nach Loyalität trachten, nach kindlicher Ehrfurcht, Menschlichkeit, Gerechtigkeit (im Sinne von Konfuzius) und nach den fünf Gesetzen (des Buddhismus) . . .[16]

In unserem Text wird die ursprüngliche Einheit von *hsing* (innere Natur) und *ming* (Gesetz, Ordnung, Prinzip) bezeichnet mit dem Ausdruck *hsien-t'ien,* »Von Vor-der-Zeit«, wie z. B. in Ausdrükken wie: *hsien-t'ien t'ai i chih-chen-ch'i* (das wahre *ch'i* des Allerhöchsten von Urbeginn, vgl. I: 4), *hsien-t'ien chen-i-chih-ch'i,* (das *ch'i* des Wahren Einen, vgl. II: 6), *hsien-t'ien i-ch'i* (das Eine *ch'i* von Vor-der-Zeit, vgl. VI: 11), etc. Diesem Ausdruck *hsien-t'ien* wird zum Unterschied oft *hou-t'ien* (nach Erschaffung Himmels und der Erden) gegenübergestellt. Man könnte diese beiden Begriffe als Dualismus auffassen, wie z. B. Numenon und Phenomenon, Essenz und Existenz, a priori und a posteriori. Es scheint jedoch irreführend, diese dualistischen Terminologien, die westlicher Tradition entstammen, zum Verständnis chinesichen Denkens beizuziehen, das doch, wie wir oben sahen, auf der Basis der Einheit von Mensch und Natur, Mikrokosmos und Makrokosmos beruht. Man könnte vielleicht sagen, »Urbeginn« und »Vor-der-Zeit« beziehe sich auf Himmel, Zeit an sich, während »nach Erschaffung des Himmels und der Erde« die Zeit in Beziehung zur Welt stehe. Betrachtet man diese beiden Begriffe solcherart »an sich« und »in Beziehung zu«, so werden sie damit nicht dualistisch einander gegenübergestellt, sondern bewahren ihren ursprünglichen Charakter von Kontinuität, Wechselbeziehung oder Ganzheit, als zwei Aspekte ein und derselben Erscheinung: Himmel, Erde und Zeit.

Wenn wir jedoch von der philosophischen Analyse der Begriffe Himmel, Erde und Zeit absehen und statt dessen die Deutung der analytischen Psychologie dagegenhalten, so kommen wir ihrer Bedeutung viel näher. Dieser Doppelaspekt läßt sich in Parallele setzen zu Jungs Begriff der Synchronizität oder akausalen Ordnungen. Zeitgebundene, bedingte Synchronizität würde dann dem »Himmel in Beziehung zur Welt« entsprechen, während die Synchronizität akausaler Ordnungen, a priori jenseits von Zeit und Raum und menschlichem Verständnis enthoben, dem »Himmel an sich« entspräche.

C. Der Begriff Tao

Die älteste Form des Ideogramms für Tao findet sich »verschiedentlich auf einem *p'an* (große Vase) der San-Familie in der frühen Chou-Dynastie (ungefähr 11. Jh. v. Chr.). Es setzt sich gewöhnlich aus drei Elementen zusammen: einem Weg, einem Kopf und einem Fuß.«[17]

Chung-yuan Chang sagt:

... Tao bedeutet wörtlich »Weg« oder »Straße«. Die älteste Form des Ideogramms auf alten Bronzen setzt sich aus drei Elementen zusammen: einem Weg, einem menschlichen Haupt und einem menschlichen Fuß (s. Glossar).

Die Haartracht zeigt an, daß es sich um einen Führer handelt. Der Fuß steht für einen Jünger. Meiner Meinung nach wäre es nicht richtig, Kopf und Fuß als Symbol für ein einziges Individuum anzusehen, denn das sehr einfache Zeichen für »Mensch« findet sich bereits auf Orakelknochen, die lange vor der Bronzezeit in Gebrauch waren. Es ist viel einleuchtender, in diesem Symbol einen Führer und einen Jünger zu sehen, die gemeinsam ihren Weg suchen.[18]

Wenn diese etymologische Deutung stimmt, so enthält der Begriff Tao deutlich eine ethische Komponente (»der Führer und der Schüler, die gemeinsam ihren Weg suchen«). Dieser ethische Faktor erscheint bei Konfuzius als die fünf konstanten und die fünf kardinalen Tugenden und bezieht sich auf die äußern mitmenschlichen Beziehungen, während er in der Übung des »Sitzens« in der Lehre des Innern Elixiers als Konzentration psychischer Energien ins Unterbewußte sich auswirkt. Tao als Ordnungsprinzip der Natur, sich auswirkend sowohl nach innen wie nach außen.

Als solches stellt Tao die coincidentia oppositorum par excellence dar, ist »weder noch« und gleichzeitig »sowohl als auch« und umfaßt alle Gegensätze wie Himmel und Erde, Mann und Weib, hell und dunkel, gut und böse, hoch und niedrig, groß und klein, weit und nah, innen und außen, bedeutsam und unbedeutend, Sein und Nicht-Sein etc. Alle diese Attribute bilden ein paradoxes Ganzes, zugleich dynamisch und harmonisch zugleich. Man könnte sagen, all dies seien relative Begriffe; aber psychologisch gesprochen bildet eben diese coincidentia oppositorum den Dynamismus des Lebens und entspricht dem »antinomen Charakter des Selbst, das als solches sowohl Konflikt wie Einheit ist.«[19]

Erinnern wir uns an die Definition von *ti* und *t'ien* als Ordnungsprinzip, so läßt sich feststellen, daß die beiden Begriffe eine Bedeutungserweiterung erfahren haben, ihre Verinnerlichung sowohl wie ihre Objektivierung ist fortgeschritten, Tao als Ordnungsprinzip ist umfassender und fundamentaler als *t'ien.* Im 25. Kap. des *Lao Tzu* heißt es:

> Der Mensch folgt der Erde,
> die Erde dem Himmel,
> der Himmel dem Tao,
> und Tao folgt der Natur *(tzu-jan).*

Ti und *t'ien* betonen das Männliche des Ordnens, Regierens, während Tao mehr femininen Charakter hat und die Verbindung, Gemeinsamkeit von Meister und Jünger betont im Suchen des Weges. Wenn im Ideogramm von Tao der Kopf des Führers dargestellt ist, so mag das auf ein kollektives Bewußtsein hinweisen, auf ein überpersönliches Ordnungsprinzip. So ist im Begriff Tao die Bedeutung von *ti* und *t'ien* als Ordnung und Norm noch gesteigert, zudem aber ist darin das Gefühl für Einung, Geborgenheit, Ganzheit enthalten – ein Grundpfeiler in der agrarischen, matriarchalischen chinesischen Gesellschaft. Daher wurde der Begriff des Tao weithin akzeptiert – nicht nur im Taoismus, sondern auch vom Konfuzianismus und vom Buddhismus.

Im obigen Zitat aus dem 25. Kapitel des *Lao Tzu* wird das Tao als Gesetz dargestellt, dem die drei Mächte gehorchen: Himmel, Erde und Mensch. Dieser Begriff des Tao als Lenker der drei Mächte, also des Mikromakrokosmos, findet sich auch im *I Ging; I* bedeutet den Wandel, den ewigen Rhythmus des Tao zwischen *yin* und *yang*. Es wird sich noch zeigen, welch wichtige Rolle die Weltanschauung des *I Ging* bei der Bildung der Lehre von Innern Elixier spielte – man denke bloß an die Bedeutung des Hexagramms *fu* (s. S. 12–15). Es rechtfertigt sich daher, die Weltanschauung des *I Ging* im Zusammenhang mit dem Begriff der ewigen Wiederkehr zu untersuchen.

D. Der Begriff Tao im I Ging

1. I *(Wandel) als Orakel*

Die Grundlage für jedes Orakel ist der Glaube an die Wechselwirkungen zwischen Mensch und Natur, zwischen Mikrokosmos und Makrokosmos. Nach dem *I Wen Chi*[20] gibt es sechs Arten der Weissagung, eine davon ist das Orakel des *I Ging* mit Schafgarbenstengeln.

Wie die Verwendung von *ti* zur Bezeichnung des irdischen Herrschers sowohl wie des Herrn des Himmels andeutet, wurde China weitgehend theokratisch regiert. Ganz besonders gilt dies für die Shang-Dynastie. Der Mann, der das Orakel befragte und den Willen von *ti*, dem himmlischen Herrscher, kundtat, hieß *wu*[21]; er besaß große politische Macht, indem er als oberster Minister unmittelbar nach dem Kaiser amtierte. Nach dem Übergang von Shang zu Chou wurde die Theokratie lockerer, der persönliche Herrscher *ti* wurde durch den eher unpersönlichen *t'ien* ersetzt, der direkte persönliche Kontakt mit *ti* durch die Mittlerrolle von *wu* wurde gebrochen und ersetzt durch die indirekte, mathematische Orakel-Operation des *I Ging*, aus der nicht *ti*, sondern nunmehr *t'ien* sprach.

Während der Shang-Dynastie wurde das Orakel vorwiegend durch Schildkrötenpanzer befragt – dies wurde erwiesen durch die Ausgrabungen der alten Hauptstadt von Shang. Es läßt sich nicht sicher sagen, ob auch Schafgarbenstengel verwendet wurden in Shang[22]. Aber auch dem Schildkröten-Orakel liegt die Überzeugung von der Einheit zwischen Mensch und Natur, Mikrokosmos und Makrokosmos zugrunde.

2. *Kosmogonie des* I Ging

In der Lehre vom Innern Elixier wird die Idee der »Wiederkehr« dargestellt im Hexagramm *fu* (Nr. 24) (s. S. 12–15). Dieses Zeichen steht sowohl für »Wiederkehr« als auch für »Anfang«. Zum Verständnis unseres Textes ist daher die Kosmogonie des *I Ging* grundlegend.

Im *Hsi Tz'u* wird die Kosmogonie des *I Ging* durch folgende Begriffe dargestellt: *t'ai-chi* der Allerhöchste; *i* zwei Formen; *hsiang* vier Embleme; und acht Dreiecke. Es heißt dort:

> Im *I* erschien der Allerhöchste *(t'ai-chi)* und erschuf die zwei Formen *(i)*. Diese beiden Formen erschufen die vier Embleme *(hsiang)*, und diese vier Embleme erschufen die acht Dreiecke[23].

Das chinesische Wort, das hier mit »erschaffen« übersetzt wird, heißt *sheng* und muß näher erklärt werden.

Sheng hat vierfache Bedeutung:

1. Als Transitivum bedeutet es erschaffen, hervorbringen, erzeugen;
2. als Intransitivum: geboren werden, in Erscheinung treten;
3. den Zustand des Seins, Existierens, und zwar im aktiven wie im passiven Sinne;
4. als Substantivum: das Leben, die Existenz.

Die Tatsache, daß ein einziges Wort so vielfache Bedeutung hat, mag beweisen, daß in der chinesischen Weltanschauung Aktion, Funktion, Relation weitaus wichtiger sind als bloße Substanz. Oder, prägnanter ausgedrückt: Substanz tritt nur in Erscheinung als Aktion, Funktion, Relation, in Verbindung und Wechselwirkung mit andern Dingen und Ereignissen. Ein Beweis für diese Auffassung ist der traditionelle chinesische Glaube an *i*, den Wandel, d. h. den dynamisch-harmonischen Rhythmus zwischen *yin-yang (yin-yang* Tao), der den Mikromakrokosmos bestimmt.

So sollte das Zitat aus dem *Hsi Tz'u* nicht bloß als reine Kosmogonie verstanden werden, sondern in einem viel allgemeineren Sinne als eine bestimmte Weltanschauung. Der Allerhöchste ist dann nicht allein der Schöpfer (das Wort *sheng* in seiner transitiven Bedeutung als »erschaffen«), sondern auch der Urquell jeden menschlichen Seins sowohl im ontologischen Sinne wie auch als menschliche Wertsetzung, sei sie moralischer Natur (Konfuzius) oder religiöser (Taoismus und Buddhismus). Der Allerhöchste ist ein dynamisches, nicht ein statisches Prinzip, das sich im und durch den Mikromakrokosmos offenbart. Unsere philosophische Spekulation vermag immer nur einige Teilaspekte dieses dynamischen Ganzen im Mikromakrokosmos zu geben.

3. Wie das I Ging-*Orakel befragt wird*

Die oben beschriebene Kosmogonie ist die Grundlage für das *I Ging*-Orakel. Es wird in drei Sequenzen ausgeführt:

1. Sequenz:

1) Von fünfzig Stengeln wird einer weggenommen als Symbol für das Große Eine.

2) Gesammelten Geistes, aufrichtigen Herzens, nicht abgelenkt durch Begierden und menschliche Strebungen und Regungen, werden die restlichen 49 Stengel in zwei Teile geteilt, sie stehen für Himmel und Erde.
Die Stengel in der linken Hand stehen für Himmel, diejenigen in der rechten für Erde.

3) Die Stengel der Erde (rechts) werden auf den Tisch gelegt, einer wird weggenommen und zwischen kleinen und Ringfinger der Linken gesteckt als Symbol für den Menschen – damit sind die drei Mächte Himmel, Erde und Mensch dargestellt.

4) Mit der rechten Hand werden die Stengel des Himmels (links) zu je vieren (entsprechend den Jahreszeiten) ausgezählt.

Die letzten vier bleiben unberührt, und der Rest samt dem »Menschenstengel« (3) werden beiseite gelegt.

5) Die Stengel der Erde werden aufgenommen und gleicherweise ausgezählt wie bei 4, zu je vieren.

6) Die übrig bleibenden Stengel der beiden Operationen 4 und 5 werden zusammengezählt, es müssen sich entweder neun oder fünf ergeben.

2. *Sequenz:*

Der Rest von neun oder fünf Stengeln der 1. Sequenz bleibt unberührt, und dieselbe Operation wie bei der 1. Sequenz wird mit 40 oder 44 Stengeln wiederholt. Hier wird der Rest immer 8 oder 4 betragen.

3. *Sequenz:*

Wieder bleibt der Rest von 8 oder 4 Stengeln unberührt, und dieselbe Operation wird wiederholt mit 32, 36 oder 40 Stengeln. Der Rest muß entweder 8 oder 4 ergeben.

Mit diesen drei Sequenzen wird die unterste, erste Linie des Hexagramms bestimmt: In der ersten Sequenz beträgt der Rest 9 oder 5, in der zweiten und dritten 8 oder 4. Dabei sind 9 und 8 die hohen, 5 und 4 die niedrigen Zahlen. Wenn in diesen drei Sequenzen die hohen Zahlen zweimal und die niedrigen einmal auftreten – also 9, 4 und 8; oder 9, 8 und 4; oder 5, 8 und 8 –, dann wird das Zeichen von *shao-yang* (junges *yang*) gesetzt: ——. Ergeben sich zwei niedrige und eine hohe Zahl, also: 5, 4 und 8; oder 5, 8 und 4; oder 9, 4 und 4, so wird das Zeichen *shao-yin* (junges *yin*) gesetzt: – –. Wenn nach allen drei Operationen drei niedrige Zahlen sich ergeben, also 5, 4 und 4, so wird *lao-yang* (reifes *yang*) gesetzt: □. Wenn aber in allen drei Fällen die hohen Nummern resultieren, also 9, 8 und 8, so wird *lao-yin* (reifes *yin*) gesetzt: **x**. Im chinesischen Zahlensymbolismus bedeutet 7 *shao-yang*; 8 *shao-yin*; 9 *lao-yang*; und 6 *lao-yin*. Wiederholt man die ganze Operation der drei Sequenzen sechsmal, so erhält man die sechs Positionen des Hexagramms von unten nach oben[24].

Es versteht sich von selbst, daß die ganze Operation gesammelten Geistes und reinen Herzens durchgeführt werden muß, in Harmonie mit Himmel und Erde. Psychologisch ausgedrückt entspricht der von Begierden freie Geist der »Leere«, die erreicht wird durch die Introversion der psychischen Energien zur Tiefe des

Unbewußten während des »Sitzens«; es ist die Rückkehr zum Großen Einen, zum Ur-Quell der mikromakrokosmischen Welt der Erscheinungen.

Was also als Hexagramm »objektiv« sichtbar wird durch das Orakel des *I Ging* ist nichts weniger als der Geist Himmels und der Erden, das dynamisch-harmonische Eine, das Aller-Höchste.

E. Der Begriff Tao bei Lao Tzu

Der Begriff des Aller-Höchsten oder des Großen Einen, in dem der Mikromakrokosmos seinen Ursprung hat *(sheng),* findet sich schon bei frühen chinesischen Klassikern. So heißt es z. B. im *Lü Shih Ch'un Ch'iu,* 2. Bd.:

Das Große Eine erschuf die zwei Formen *(i).* Die zwei Formen erschufen *yin* und *yang*[25].

Im Buch der Riten *(Li Chi)*[26] heißt es ferner:

Li (die Schicklichkeit) wurzelt im Großen Einen, das sich in Himmel und Erde teilte und das durch sein Kreisen *yin* und *yang* erschuf.

Ausführlicher und systematischer wird das Ur-Eine bei Lao Tzu umschrieben unter dem Begriff Tao. Das 42. Kapitel steht in engem Zusammenhang mit der *yin-yang*-Kosmogonie des *I Ging*:

Das Tao erzeugt *(sheng)* das Eine,
das Eine erzeugt die Zwei,
die Zwei erzeugen das Dritte,
und aus dem Dritten entstehen die Myriaden der Dinge.
In den Myriaden der Erscheinungen
manifestieren sich *yin* und *yang*,
und sie kommen zum Einklang durch die Lebenskraft
(ch'i, vitale Kraft der Materie) der Leere[27].

Der 5. Vers dieses Zitats (»in den Myriaden der Erscheinungen manifestieren sich *yin* und *yang*«) besagt, daß durch die Zwei *(yin* und *yang)* der harmonisch-dynamische Wechselrhythmus *(i)* des

Mikromakrokosmos bewirkt wird. Beim letzten Ausdruck, »Lebenskraft der Leere« *(ch'i)*, handelt es sich um die Ur-Kraft *(yüan-ch'i)*; sie wird hier als Quell und Ursprung aller Dinge und Erscheinungen *(sheng)* gleichgesetzt dem Tao – und damit schließt sich der Kreislauf. Die Definition von Tao als »Schöpfer« erinnert an *ti*, den Ur-Ahn. Dieser Aspekt von Tao als »Schöpfer« ist zweifellos bedeutsam und erscheint bei Lao Tzu in den verschiedensten Formulierungen, z. B. als »Mutter des Universums« (Kap. 25), »Nicht-Sein« *(wu)* (Kap. 40) etc.:

> Da ist Eines, nicht unterschieden *(hun)*,
> doch vollkommen *(ch'eng)*.
> Dies Eine ist da, bevor Himmel und Erde sind.
> Welche Ruhe und Stille!
> In sich selbst erfüllt – unwandelbar –
> kreisend in Ewigkeit, durch Räume und Zeiten,
> doch niemals faßbar.
> Die Mutter des weiten Weltalls mag es wohl sein.
>
> Seinen Namen kennen wir nicht.
> »Tao« ist unser Zeichen dafür.
> Soll ich es aussagen, nenne ich's »Groß«.
> Groß und flüchtig,
> flüchtig, umfassend,
> All-umgreifend – Heimkehr. (Kap. 25)
>
> Die Myriaden der Dinge unter dem Himmel
> wurzeln im Sein *(yu)*;
> und das Sein wurzelt im Nicht-Sein *(wu)*. (Kap. 40)

Tao als »Schöpfer« ist in diesen Zitaten verstanden als coincidentia oppositorum von Sein und Nicht-Sein, »bekannt« und »namenlos«, als Ausdruck des dynamischen Lebens selbst. Dieser Doppelaspekt von Tao erinnert an den Begriff von *t'ien* in seiner Doppelbedeutung »von Vor-der-Zeit«, Himmel, und »Nach-der-Zeit«: Himmel in seinem Bezug zur Welt. Und aus dem Vergleich läßt sich schließen, daß Tao als »Nicht-Sein«, »Namenlos«, das Tao an sich bedeutet, das Axiom der akausalen Ordnung, während Tao als »Sein«, das mit Namen-Genannte, das der Zeit verhaftete und den Bedingungen unterworfene Sein ist (s. S. 21).

Im *I Ging* scheint dieses Tao als Nichtsein – Namenlos anvisiert; darauf hin zielt die Übung des »einfältigen Sinnes«, des reinen Herzens, das frei ist von menschlichen Begierden (s. S. 27). Im 1. Kap. des *Lao Tzu* heißt es:

> Das Tao, das mit Namen genannt wird,
> ist nicht das ewige Tao:
> Der Name, der sich aussprechen läßt,
> ist nicht der ewige Name.
> Im Namenlosen *(wu-ming)* haben Himmel und Erde
> ihren Ursprung:
> Wenn sie mit Namen gerufen werden *(yu-ming)*,
> nehmen alle Dinge ihren Anfang
>
> Darum erschaut das Wunder des Tao
> ein reines Herz, frei von Gier und Verlangen *(wu-yü);*
> doch ein von Wünschen verwirrter Sinn *(yu-yü)*
> vermag nur seine Grenzen zu sehen.
> Sowohl Nicht-Sein *(wu)* wie Sein *(yu)* wurzeln im
> selben Urgrund,
> nur im Namen unterscheiden sie sich.
> Vereinen sie sich (die Gegensätze), so vollzieht sich
> das Geheimnis.
> Und des Geheimnisses noch tieferes Geheimnis:
> das Tor, aus dem alle Wunder hervorgehn.

Der Anfang des zweiten Abschnittes in diesem Zitat ließe sich auch so übersetzen:

> Verweile daher im Wunschlosen (frei von Begierden),
> so wirst du das Wunder erschauen.

Der Ausdruck *wu* bedeutet hier wunsch-los, frei von der Vergiftung durch Begierden; nur in dieser geistig-seelischen Haltung vermag man das Wunder, die geheimnisvolle Tiefe des Tao zu erschauen. Mit andern Worten: Der Mensch vermag das Tao zu erfahren nur wenn er seinen Geist frei von menschlichen Wünschen und Strebungen zu halten vermag, im Zustand von *wu-wei*, Nicht-Tun. Oder besser gesagt: Tao manifestiert sich im und durch den Zustand von Begierdelosigkeit, Herzensreinheit, Einfalt des Geistes – in unserm Text »Geist des Himmels und der Erde« genannt, und diese Erfahrung von Tao offenbart sich uns als Wunder und tiefes Geheimnis, es ist die coincidentia oppositorum, ewig, namenlos.

Dieser Zustand, da unsere unruhigen, egozentrischen Wünsche und Sehnsüchte schweigen, ist jene Stille der »Wiederkehr« zum »Anfang« des schöpferischen *yin-yang*-Tao (vgl. S. 12–15). Wie dieser Augenblick gesammelter (»leerer«) Stille erreicht werden kann, da Tao sich offenbart und den Menschen zu seinem wahren Selbst *(chen-jen)* wandelt, dies ist der Kern der Lehre vom Innern Elixier des Taoismus.

Das *Lao Tzu* erscheint unter dem Aspekt der Meditationslehre in einem andern Lichte – hier soll versucht werden, es zu verstehen durch die Lehre vom Innern Elixier.

Außer dem ersten, bereits zitierten Kapitel des *Tao Te Ching* sind in diesem Zusammenhang vor allem das 10. und 16. Kapitel wichtig. Im 16. Kapitel heißt es:

> Dringst du vor zu äußerster Leere
> in der Stille des reinen Herzens,
> schaust *(kuan)* du der Erscheinungen Flucht
> in ewiger Wiederkehr *(fu)*.
>
> Jedes Ding in seinem rastlosen Streben[28]
> findet heim zum Quell seiner Ursprungs.
> Diese Rückkehr zur Wurzel heißt Stille.
> Diese Stille ist Leben und Schicksal *(ming)*.
> Heimkehr zum Leben *(fu-ming)* ist Ewigkeit.
> Dieses Ewige erkennen heißt Erleuchtung *(ming)*.
> Es nicht erkennen ist Schuld schlechthin.
>
> Erkennst du das Ewige, wirst du weit.
> Bist du weit, so lebst du selbstlos.
> Bist du selbstlos, bist du alles verstehend
> allem geeint.
> Diese All-Einung ist der Himmel *(t'ien)*.
> Der Himmel ist Tao.
> Tao – allüberall ewig (transzendierend) –
> ergibst du dich ihm, bist du wahrhaft im Frieden.[29]

Diese Verse beschreiben die Erfahrung von Tao im Zustand der Leere und Stille, der Kontemplation *(kuan)*; dies ist die »Heimkehr zum Leben« *(fu-ming)*. Die Ruhe und Stille des »Sitzens« ist die

»Rückkehr zur Wurzel«, wo das Leben des Mikromakrokosmos seinen Ursprung nimmt, also Rückkehr zum Urquell, zum Großen Einen; diese »Heimkehr zum Leben«, zur Wurzel, zum Urquell ist allein in der Stille der Meditation möglich. Die beiden Verse »das Ewige erkennen heißt Erleuchtung« und »erkennst du das Ewige, wirst du weit« erinnern an die Bewußtwerdung von Tao (s. S. 12–15), die Transzendierung des Bewußtseins durch das Unterbewußte.

Im 10. Kapitel des *Tao Te King* wird eindrücklich, welche Rolle das Bewußtsein in der Meditation spielt:

> Vermagst du deine Seele *(p'o, yin*-Seele) zu einen,
> daß sie das Eine umfängt *(pao-i)*
> ohne abzuirren, abzuweichen?
>
> Vermagst du deine Stärke
>   *(ch'i,* Vitalkraft der Materie) zu sammeln,
> daß sie sanft wird wie ein Säugling *(jou)*?
>
> Vermagst du den Wunder-Spiegel *(hsüan-lan)*
>   blankzureiben,
> daß seine Blindheit sich wandelt zu makellos klarem
>   Durchschein?

Der erste Satz dieses Zitates entspricht der zuvor besprochenen »Freiheit von Begierden«, dem Augenblick der Verwandlung der ans Ego verhafteten *yin*-Seele *(shih-shen)* zur *yang*-Seele, dem höheren Bewußtsein des Selbst, das auch Ur-Geist *(yüan-shen)* genannt wird. »Das Eine umfangen« bezieht sich auf die Erfahrungen des Tao, da das egozentrische Leben sich wandelt in ein vom Selbst gelenktes Leben. »Die Seele einen« bedeutet die Atemkontrolle in der Meditation, wobei die Lebenskraft, Stärke (*ch'i* von *yin)* »gereinigt« und verwandelt wird zur *yang*-Kraft, zur Urkraft alles Schöpferischen des Tao (s. Kap. II unseres Textes). Der »Säugling« symbolisiert die Geburt eines neuen Bewußtseins in der Erfahrung des Tao, das sich im »Sitzen« manifestiert. Der »Spiegel« ist die geheimste Tiefe des Lebenswunders, in dem Bewußtes und Unterbewußtes im Bilde transzendierend sich vereinigen; so wird das »Kind« geboren, ein neues Bewußtsein auf höherer Ebene. Der »Spiegel« in seiner transzendenten Funktion wird auch in unsern

Träumen erfahren, die unsere Persönlichkeit im Lichte des Unbewußten reflektieren.

So ereignet es sich, daß das Ich in der Stille zu Tao wird, und Tao wird Ich, wiewohl beide nicht identisch sind. Mit Henri Maspero[30] ließe sich behaupten, daß der Kern der taoistischen Lehre mystischen Ursprungs sei. Ein mystisches Element ist sicherlich vorhanden. Die übrigen, ebenso wichtigen Elemente dürfen aber nicht übersehen werden: die wichtige Rolle des Bewußtseins in der Erfahrung von Tao; die Betonung der täglichen Übung von Tao auch im Alltagsleben (s. Kap. VII) – hier handelt es sich nicht mehr um die »unio mystica«, wo die individuelle Identität im Absoluten sich verliert.

Es handelt sich nicht darum, ob sich das *Lao Tzu* aus der Lehre des Innern Elixiers interpretieren lasse. Vielmehr soll gezeigt werden, wie die Lehre vom Innern Elixier versucht, Lao Tzu's Ziel, die Erfahrung von Tao oder des Großen Einen, durch die Technik des meditativen Atmens zu erreichen. Auch das 5. und das 11. Kapitel des *Tao Te Ching* sind von großer Bedeutung in der Lehre des Innern Elixiers, besonders der Begriff der »Wiederkehr«. Im folgenden Abschnitt sollen diese beiden Kapitel in Beziehung gesetzt werden zum Text der *Goldenen Blüte* sowohl wie auch zu einer andern Schrift aus der Han-Zeit (25–200 n. Chr.), dem *Chou I Ts'an T'ung Ch'i* des Wei Po-yang (ca. 142 n. Chr.): Das Eindringen, Übereinstimmen, Einswerden mit dem Wandel (dem Großen Einen).

III. DIE ERFAHRUNG VON TAO IN DER LEHRE VOM INNERN ELIXIER

Das *Chou I Ts'an T'ung Ch'i* des Wei Po-yang ist die älteste noch erhaltene Quelle der Lehre vom Goldenen Elixier. Es erklärt die Lehre des Tao auf der Basis der Weltanschauung des *I Ging* oder *Chou I*, wie es im Titel heißt, als Eindringen ins Geheimnis des Großen Einen, in die Welt von *I*, als kontinuierlichen, harmonischen und dynamischen Prozeß des *yin-yang*-Tao im Mikromakrokosmos, als Einswerden mit dem Großen Einen durch die Übung des »Sitzens«. Diese Lehre des Innern Elixiers, wie das *Ts'an T'ung Ch'i* sie darstellt, kann aber bis zum *Chuang Tzu* zurückverfolgt werden. Im *Chuang Tzu* (Kap. VI, »Der große Lehrer«) findet sich ein Dialog zwischen Konfuzius und Yen Hui über das »Sich-Hinsetzen und Vergessen«:

> Als Yen Hui eines Tages Konfuzius wieder antraf, sagte er:
> »Ich habe Fortschritte gemacht.«
> »Was soll das heißen?« fragte Konfuzius.
> Yen Hui antwortete: »Wenn ich sitze, vergesse ich alles.«
> Konfuzius wurde blaß und fragte weiter: »Was soll das heißen: sitzen und alles vergessen?«
> »Ich lege meine Glieder hin«, antwortete Yen Hui, »bringe meine Vernunft zum Schweigen, trenne mich von Leib und Seele und werde Eins mit dem Großen Einen (Tao). Das heißt Sitzen und alles vergessen.«[31]

Es scheint also, daß Chuang Tzu und vielleicht auch Lao Tzu die Lehre vom Innern Elixier kannten und meditatives Atmen übten, um Tao zu erfahren und sich ihm zu einen. Die Technik dieses Atmens wird bereits im 6. Jh. v. Chr. erwähnt[32]. Im *Ts'an T'ung*

Ch'i jedoch wird zum ersten Mal eine genaue Anweisung gegeben. Bevor wir näher auf diese Schrift eingehen, soll kurz die Geschichte des Taoismus skizziert werden.

A. Geschichte des Taoismus

Vorerst ist es wichtig, die beiden Zweige des Taoismus zu unterscheiden: 1. Taoismus als Philosophie (Tao Chia), als nicht-kirchliche Lehre, und 2. Taoismus als Religion (Tao Chiao), als Kult, sei er nun weltlich (Populär-Taoismus) oder geistlich. Ersterer wird von den bekannten Klassikern aus dem 6.–4. Jh. v. Chr. vertreten *(Lao Tzu, Chuang Tzu)*, während letzterer zum ersten Mal als vom Buddhismus beeinflußter Kult organisiert wurde von Chang Ling (ca. 150 n. Chr.) in der späteren Han-Dynastie, nachdem der Buddhismus ungefähr zu Beginn der christlichen Zeitrechnung in China eingeführt worden war. Beide Formen des Taoismus bestanden aber im alten China gleichzeitig nebeneinander.

1. Taoismus als Kult (Tao Chiao)

Als der Kaiser Wu Ti (141–87 v. Chr.) auf Anraten von Tung Chung-shu (179?–104? v. Chr.) den Konfuzianismus zur offiziellen Doktrin erklärte, existierten bereits verschiedene philosophische Schulen, unter denen das Tao Chia eine führende Stellung einnahm[33]. Mit diesem Dekret wurde das Tao Chia von der herrschenden Oberschicht ausgeschlossen, wurde aber dafür im Volk immer populärer. Denn die Lehre vom Tao als Nicht-tun *(wu-wei)*, eine Lebensführung in Übereinstimmung mit der Natur, und der Begriff von Tao als ewig, spontan, namenlos, unbeschreiblich, wunderbar, tief etc., wie er von Lao Tzu und Chuang Tzu geprägt worden war, läßt sich sehr gut mit der säkularisierten volkstümlichen Form des Tao Chiao kombinieren.

In der späteren Han-Periode, als die zentrale Regierung mehr und mehr durch das Aufkommen starker lokaler Herrscherhäuser gefährdet wurde und sich im Volk Unzufriedenheit und Unsicherheit ausbreiteten, wandte sich nicht allein die Oberschicht, sondern auch das gewöhnliche Volk zur Befriedigung seiner Bedürfnisse mehr und mehr dem Taoismus zu, und zwar sowohl in seiner philosophischen als auch in seiner religiösen Form. Auf der philosophischen Ebene erschien demzufolge der Neo-Taoismus, und gleichzeitig wurde, wie oben erwähnt, von Chang Ling das Tao Chiao, als Kult, organisiert.

Das Tao Chiao, von Chang Ling begründet, wurde durch dessen Sohn Chang Heng weitergelehrt, und später durch seinen Enkel Chang Lu. Es hieß das »Tao der fünf Scheffel Reis« (Wu Tou Mi Tao) oder das »Tao des himmlischen Meisters« (T'ien Shih Tao) und scheint in engem Zusammenhang zu stehen mit den »Gelben Turbanen« (T'ai P'ing Tao) des Chang Chiao in der Ära Ho-kuang (178–183 n. Chr.) Beide Richtungen sollen durch Krankenheilung großen Einfluß auf das Volk gewonnen haben, das »Tao der Gelben Turbane« mit Zaubersprüchen und heiligem Wasser *(fu-shui)*, das »Tao der fünf Scheffel Reis« durch Zaubersprüche *(chang-chiao)* und Amulette *(fu-lu)*[34]. Das Streben nach diesseitigem Glück im Tao Chiao scheint auch in der herrschenden Oberschicht dominiert zu haben trotz der offiziellen Doktrin des Konfuzianismus. Nach den Memoiren des Hsiang K'ai soll der Kaiser Huan Ti (147–167) der späten Han-Dynastie sowohl Buddha wie auch Lao Tzu verehrt haben, und dieser Doppelkultus habe unter den Höflingen und ihren Familien große Verbreitung gefunden.

Diese Memoiren des Hsiang K'ai lassen vermuten, daß der Buddhismus unter der Maske des Tao-Kultes nach China gelangt sei. Als das »Tao der fünf Scheffel Reis« und das »Tao der Gelben Turbane« begründet wurden – die ersten Formen eines Tao-Kultes mit Wunderheilungen –, war der Buddhismus in China bereits hoch entwickelt und organisiert und hatte großen Einfluß auf die beiden Tao-Kulte. So wurde z. B. ein Kranker in einen hellen Raum gebracht, wo er das *Tao Te Ching* (des Lao Tzu) intonieren, seine Sünden bereuen und um Vergebung bitten sollte – dies entspricht genau den buddhistischen Praktiken der Reue, des Sutra-Singens und der Anbetung. Manche der später entwickelten taoistischen Kanons waren genaue Imitationen buddhistischer Sutren. Es wurden sogar die Titel buddhistischer Sutren für taoistische Kanons verwendet, z. B. des Lotos-Sutras und des Sutras des Ewigen Lebens (Amida Buddha). Das *Tao Tsang*, die Sammlung taoistischer Literatur in 5485 chinesischen Bänden von 521 Büchern, kompiliert von Mönchen des Ch'üan Chen Chiao-Ordens in der Ära T'ai Tsung (1229–1241) der Yuan-Dynastie[35], ist in drei Teile (drei *Tungs*) aufgeteilt: *Tung Chen, Tung Hsüan* und *Tung Shen,* was wohl eine Imitation der buddhistischen Drei Sammlungen, *Tripiṭaka,* sein mag: *sūtra, śila* und *śāstra* (Sutra-Kommentare). Im Taoismus gibt es zwei Trinitäten: die Dreieinigkeit des Herrn des himmlischen Schatzes (T'ien Pao Chün), des Herrn des wunderbaren Schatzes (Ling Pao Chün), des Herrn des göttlichen Schatzes (Shen Pao Chün) und die Dreieinigkeit der drei Höchsten Wesen *(tsun):* das himmlische höchste Wesen des Uranfangs (Yüan Shih T'ien Tsun), der Herr des allerhöchsten Tao (T'ai Shang Tao Chün), und der erhabene Herr des Allerhöchsten (T'ai Shang Lao Chün) – diese drei Erhabenen gelten als die Verkündiger der drei *Tungs*[36]. Diese beiden Dreieinigkeiten »scheinen im Glauben vieler Generationen zu wurzeln und erschienen zuerst in der frühen T'ang-Dynastie (626–907)«[37], und sie scheinen eine taoistische Ausgestaltung der buddhistischen Dreieinigkeitslehre der drei *kāyas* darzustellen, der Einheit von *dharma-kāya, sambhoga-kāya* und *nirmāṇa-kāya.*

Sogar die Grundlage des taoistischen Glaubens scheint vom Buddhismus beeinflußt worden zu sein. So begannen sich die Taoisten viel mehr für ein Leben nach dem Tode zu interessieren, während die ursprüngliche Lehre die Unsterblichkeit des Leibes betont hatte. Die buddhistische Lehre, daß sich der Himmel gewinnen lassen und Strafe vermieden werden könne durch Gutestun und Meiden von Bösem, findet sich wieder in der »Abhandlung über die göttliche Antwort des Allerhöchsten« *(Tai Shang Kan Ying P'ien,* frühes 11. Jh.) und in der »Untersuchung über Verdienste und Verfehlungen« *(Kung Kuo Ko),* deren Verfasser Lü Tung-pin gewesen sein soll oder der Meister Lü selber, der unsern Text mündlich überliefert haben soll.

Es ist interessant, daß die Idee von *hsien* oder *shen-hsien,* Gewinnung ewiger Jugend und Unsterblichkeit, so etwas wie Elysium und Lebenselexier[38], sich in den beiden Tao-Kulten der späten Han-Periode ebensowenig findet wie der philosophische Taoismus (Tao Chia); beides aber findet sich im Tao des »Neuen himmlischen Meisters« (Hsin T'ien Shih Tao) des K'ou Ch'ien-chih der nördlichen Wei-Dynastie (386–534). Wie der Name »Tao des neuen himmlischen Meisters« andeutet, versuchte K'ou Ch'ien-chih, beeinflußt von Buddhismus und Konfuzianismus, die Tao-Kulte zu reformieren, besonders jenen des Himmlischen Meisters, das »Tao der fünf Scheffel Reis«; er betonte, daß langes Leben gewonnen werden könne durch meditatives Atmen, wodurch die Vitalkraft gestaut *(fu-ch'i)*, der Geist beruhigt *(tao-yin)* und die Begierden unter Kontrolle gebracht werden (vgl. VIII: 15); langes Leben lasse sich gewinnen, indem man das Elixier trinke *(fu-erh)*[39]. Die Betonung dieses Ziels, langes Leben zu gewinnen, den Geist zu stillen, die Begierden zu meistern, findet sich auch in einem weitern Tao-Kult, im Mao Shan-Orden, der gegen Ende des dritten und Anfang des vierten Jahrhunderts gegründet wurde und dessen neunter Patriarch der berühmte T'ao Hung-ching ist[40] (ca. 489).

Tao Chiao florierte unter der T'ang-Dynastie, weil die kaiserliche Familie den Namen Li führte, denselben wie Lao Tzu. Aus dieser Zeit datieren viele taoistische Schriften, u. a. das *Yin Fu Ching*, das klassische Buch der geheimen Übereinstimmungen, (s. III: 6) des Li Ch'uan. Wetteifernd mit der Morallehre des Buddhismus und des Konfuzianismus betonten auch das *T'ai Shang Kan Ying P'ien* und das *Kung Kuo Ko*, die beiden taoistischen Kompilationen, die konventionelle moralische Entsprechung zwischen Tat und Lohn. Unter der T'ang-Dynastie aber florierte vor allem der chinesische Buddhismus und übte starken Einfluß auf allen Gebieten des Lebens aus. Unter diesem doppelten Einfluß von Buddhismus und Taoismus begann sich der Konfuzianismus zu wandeln, und berühmte Konfuzianer wie Han Yü (768–824) und Li Ao (um 798) bereiteten dem Neo-Konfuzianismus den Weg[41]. Auch der Tao-Kult als Religion empfing starke Impulse vom Buddhismus und vom Konfuzianismus und bereitete so den Weg vor für die drei taoistischen Orden, die im 12. Jahrhundert begründet wurden, wie wir später sehen werden.

2. *Neo-Taoismus*

Als in der spätern Han-Periode die politische Situation immer schlimmer wurde, wuchs die Apathie gegen den Konfuzianismus, die offizielle Doktrin der Han-Dynastie seit der Regierung von Wu Ti. Das chinesische Denken wandte sich vom Sozialen und Politischen weg und richtete sich nach innen. Da Gesellschaft und Verwaltung hoffnungslos verdorben schienen, begann man sich wieder für den Taoismus zu interessieren, und zwar sowohl für seine säkularen wie für seine philosophischen Aspekte; man fragte wieder nach der Beziehung des Individuums zur Natur und zur persönlichen Freiheit. Daraus resultierten die Tao-Kulte (Tao Chiao) und, auf philosophischer Ebene, der sogenannte Reine Dialog. Vor allem in der Cheng Shih-Periode (240–249) war diese Richtung vorherrschend. Wang Pi (226–240), Ho Yen (gest. 249) und andere hielten zum Studium der Drei Weisen *(San Hsüan)*, d. h. des Lao Tzu, Chuang Tzu und *I Ging* an. Dieses *San Hsüan*-Studium hieß *Hsüan Hsüeh,* das Studium der Tiefe, oder auch Schule der Metaphysik oder Neo-Taoismus.

Der von Tung Chung-shu begründete Han-Konfuzianismus betont die Doktrin von der Übereinstimmung zwischen Mensch und Natur – eine in der chinesischen Weltanschauung tief verwurzelte Überzeugung – und beschäftigt sich daher eingehend mit Naturphänomenen wie z. B. Visitationen und Wundern, wie wir später sehen werden. Der Neo-Taoismus jedoch ging über diese Erscheinungen hinaus, um eine Realität zu finden, die in Zeiten der Zerrissenheit und Verwirrung ein Lebensprinzip zu bieten vermöchte, und die Ideen und Formulierungen der Neo-Taoisten bei ihrer Suche nach einer Realität über den Dingen wurden wegweisend für den späteren Buddhismus ebenso wie für den Sung-Konfuzianismus (d. h. Neo-Konfuzianismus). Wang Pi zum Beispiel, der Lao Tzu kommentierte, entwickelte seine Theorie einer höheren Realität an den Begriffen von *pen-wu* (ursprüngliches Nicht-Sein), das alle Unterscheidungen und Bestimmungen transzendiert, und *pen-t'i* (Ur-Substanz), wobei *t'i* (Substanz) und *yung* (Funktion) identisch und immer ›richtig‹ oder ›absolut‹ weil in Übereinstimmung mit *li* (dem Prinzip) sind. Im Gegensatz zur Welt der Realität *pen-wu,* die charakterisiert wird durch die Begriffe von *pen* (ursprünglich), *wu* (nicht-seiend), *t'i* (Substanz) und *li* (Prinzip), wird die Welt der Erscheinungen charakterisiert mit den Begriffen *mo* (Manifestation), *yu* (Sein), *yung* (Funktion) und *shih* (Dinge). Diese Begriffe sind grundlegend in der Lehre des chinesischen Buddhismus und ebenso des Sung-Konfuzianismus und des Elixier-Taoismus, wie er im 6. Abschnitt des zweiten Kapitels unseres Textes sich darstellt (s. a. S. 52–58).

Das Ziel des Neo-Taoisten, die höhere Realität des ursprünglichen Nicht-Seins *(pen-wu),* deckt sich mit dem Verlangen des säkularen Tao-Kultes nach Unsterblichkeit *(shen-hsien),* wobei die absolut freie, eigentliche Individualität die phänomenale Welt der korrupten Gesellschaft, der Zerrissenheit und Verwirrung transzendiert. Die Erfahrung dieser absoluten Freiheit des inneren Menschen wird in der Lehre des Innern Elixiers gleichgesetzt dem den Mikromakrokosmos durchdringenden Tao, und dies wird zum ersten Mal deutlich dargestellt im *Chou I Ts'an T'ung Ch'i.*

B. Chou I Ts'an T'ung Ch'i

Ungefähr zur selben Zeit, da im Neo-Taoismus der religiöse und der philosophische Taoismus (Tao Chiao und Tao Chia) ihren Anfang nahmen, schrieb Wei Po-yang sein *Chou I Ts'an T'ung Ch'i* (ca. 142). Wie der Titel bereits andeutet (Durchdringung, Identifizierung, Einung mit der Welt der Wandlungen [d. h. dem Allerhöchsten] von Chou), beschreibt es die Erfahrung des Allerhöchsten, der Goldenen Blüte des *yin-yang*-Tao nach der Lehre des Inneren Elixiers, die Erfahrung, die gewonnen wird beim meditativen Atmen während des »Sitzens« auf der Basis der Weltanschauung des *I Ging* und des *I* der Han-Schule, die Erfahrung der Wandlungen, wie sie im Bilder- und Zahlen-Orakel (Hsiang Shu I) in der frühen Han-Periode geübt werden.

Um also das *Ts'an T'ung Ch'i* verstehen zu können, müssen wir uns vorerst der Kosmologie des *I Ging* und seiner Zeichen- und Zahlen-Divination zuwenden.

1. Die Kosmologie des I Ging

Wie bekannt, besteht der Grundstock des *I Ging* aus acht Trigrammen *(pa-kua),* wobei jedes Trigramm aus einer Kombination von drei gebrochenen *(yin)* und drei ungebrochenen *(yang)* Linien besteht, also ☰ ☱ ☲ ☳ ☴ ☵ ☶ ☷. Je zwei dieser acht Trigramme werden kombiniert zu einem Hexagramm von sechs Linien, wobei 64 verschiedene Hexagramme entstehen.

Nach der Überlieferung gehen die acht Trigramme und einige

der Hexagramme auf den mythologischen Kaiser Fu Hsi zurück und weitere Hexagramme auf den König Wen, einen der Begründer von Chou. Nach den schriftlichen Kommentaren zu den Hexagrammen und den kurzen Erklärungen jeder der sechs Linien eines jeden Hexagramms schließen einige, z. B. Ssu-ma Ch'ien (145–86 v. Chr.), daß sowohl Trigramme wie Hexagramme auf den König Wen zurückgehen, während andere Forscher der Meinung sind, König Wen sei der Verfasser der Trigramme, und der Herzog von Chou habe die Hexagramme geschaffen[42]. Der Anhang zum *I Ging,* bekannt unter der Bezeichnung »Zehn Flügel«, wird Konfuzius zugeschrieben[43]; es bleibt jedoch zweifelhaft, wer der Verfasser ist, seit je und bis heute haben sich die Gelehrten darüber gestritten, waren aber der Meinung, er gehöre einer späteren Zeit zu, ungefähr der frühen Han-Periode (206 v. Chr.), da die Kommentare jener Zeit ähnlichen Charakter haben wie die »Zehn Flügel«[44].

Im alten China gab es sechs Arten der Divination, basierend auf der Übereinstimmung zwischen Naturerscheinungen und menschlichen Belangen. Während der Periode der Kämpfenden Staaten (403–221 v. Chr.) wurden kompliziertere und einheitlichere Systeme einer Kosmologie entwickelt, und alle möglichen Analogien zwischen Naturerscheinungen und menschlichen Belangen wurden diskutiert von den beiden Richtungen des Yin-yang und der Fünf Elemente. Beide Schulen, Yin-yang und Fünf Elemente, hatten ihre Lehren unabhängig voneinander entwickelt, wurden aber in der Han-Dynastie vereinigt.

Die Lehre von *yin-yang* war schon in frühesten Zeiten bekannt. Schon in der Periode Ch'un Ch'iu (722–481 v. Chr.) kannte man die Zeichen »*ch'ien,* der Himmel; *k'un,* die Erde und zugleich die Mutter; *sun,* der Wind; *li,* das Feuer; *ken,* der Berg; *chen,* der Donner und der älteste Sohn; *k'an,* das Wasser«[45]. Diese Auffassung erscheint auf der Basis von *yin-yang* im Kapitel *Shuo Kua* (Besprechung der Zeichen) des *I Ging* folgendermaßen weiter ausgeführt:

☰	*ch'ien*	Himmel, Vater
☷	*k'un*	Erde, Mutter
☳	*chen*	erste (unterste) Linie ist ungebrochen, männlich: ältester Sohn

☴ *sun* erste, gebrochene Linie ist weiblich: älteste Tochter
☵ *k'an* zweite, mittlere Linie ist männlich: zweiter Sohn
☲ *li* zweite Linie ist weiblich: zweite Tochter
☶ *ken* dritte, oberste Linie ist männlich: jüngster Sohn
☱ *tui* dritte Linie ist weiblich: jüngste Tochter

ch'ien ist der Himmel, rund, der Herrscher und Vater
k'un die Erde und die Mutter
chen der Donner
sun Holz und Regen
k'an Wasser und der Mond
li Feuer und die Sonne
ken das Gebirge
tui der Sumpf[46].

Aus diesem Zitat wird deutlich, daß die Trigramme sowohl Dinge der Natur wie Menschen als Familienglieder symbolisieren, es ist also eindeutig, daß es im Symbolgehalt der Zeichen, basierend auf dem Prinzip von *yin-yang*, Entsprechungen gibt zwischen Natur und Menschenleben.

2. Die Schule des Yin-yang und Tung Chung-shu

Im zweiten Jahrhundert v. Chr. wurden die vereinigten Schulen des Yin-yang und der Fünf Elemente vom Konfuzianismus übernommen und ergaben die »Neue-Text-Schule« unter der Leitung von Tung Chung-shu (179?–104? v. Chr.)[47]. So wurde in der frühen Han-Periode die Idee der Übereinstimmung zwischen Naturphänomenen und Menschenleben allgemein anerkannt, und »es wurde üblich, daß die Konfuzianer ungewöhnliche Naturphänomene als himmlische Visitationen und Wunder interpretierten«[48]. Das folgende Diagramm gibt einen Überblick über die Kosmologie der Ying-yang-Schule und zeigt die Übereinstimmung zwischen den fünf Elementen, den vier Himmelsrichtungen (mit dem Zentrum als fünfter Richtung), den vier Jahreszeiten, den zwölf Noten der Tonleiter, den zwölf Monaten, den zehn himmlischen Stämmen *(kan)*, den zwölf irdischen Zweigen *(chih)* und weiteren Zahlenkategorien:

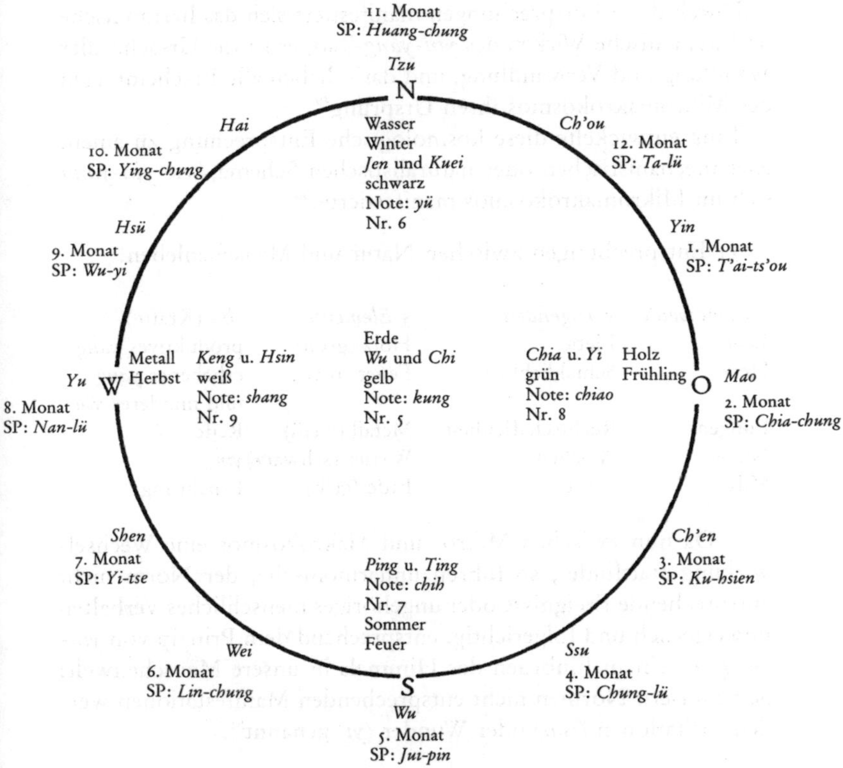

SP = Stimmpfeife, d. h. die 12 Halbtöne der chinesischen Tonleiter, welche der chromatischen reinen, nicht temperierten Tonleiter des Pythagoras entspricht.

Diagramm der Übereinstimmung der Yin-yang-Schule

Durch diese Entsprechungen manifestiert sich das harmonische und dynamische Wirken des *yin-yang*-Tao, es ist die Ursache aller Wandlung und Verwandlung, und darin haben alle Erscheinungen des Mikromakrokosmos ihren Ursprung[49].

Tung entwickelte diese kosmologische Entsprechung zu einem eher mechanistischen oder naturalistischen Schema, wie *yin-yang* sich im Mikromakrokosmos manifestierte:[50]

1) Entsprechungen zwischen Natur und Menschenleben:

5 Eingeweide	*5 Tugenden*	*5 Elemente*	*ch'i* (Kräfte)
Leber	Liebe	Holz (grün)	produktives *yang*
Herz	Schicklichkeit	Feuer (rot)	erhabenes *yang* und minderes *yin*
Lungen	Rechtschaffenheit	Metall (weiß)	Reife
Nieren	Weisheit	Wasser (schwarz)	*yin*
Milz	Treue	Erde (gelb)	Ernährung

2) Da nun zwischen Mikro- und Makrokosmos eine Wechselwirkung stattfindet, so führen unharmonische, der Norm nicht entsprechende Ereignisse oder ungehöriges menschliches Verhalten unweigerlich und folgerichtig, entsprechend dem Prinzip von *yin-yang*, zu einem Einbruch des Himmels in unsere Menschenwelt: Seine unsern Normen nicht entsprechenden Manifestationen werden Visitationen *(tsai)* oder Wunder *(yi)* genannt[51].

3. Emblem- und Zahlen-Orakel

Im Verlauf der frühen Han-Dynastie, unter Meng Hsi und Chiao Yen-shou und später unter Ching Fang, begann die Tendenz zu dominieren, das *I Ging* unter dem Aspekt von *yin-yang* zu interpretieren. Unter den beiden ersteren wurde die Schule Chan Hou I, das Glückprophezeiende Orakel begründet und unter Meng Hsi die Schule Hsiang Shu I, das Emblem- und Zahlen-Orakel. Beide Schulen waren führend während der frühen und späten Han-Dynastie (220–280)[52].

Die Idee von Symbol und Zahl findet sich schon in früheren Zeiten. Im *Tso Ch'uan*[53] vom Jahre 645 v. Chr. z. B. heißt es:

Auf der Schale der Schildkröte finden sich Bilder *(hsiang)*, auf den Schafgarbenstengeln Zahlen *(shu)*. Die Dinge wurden erschaffen, und daraus gab es Symbole. Diese Symbole vervielfachten sich, und so gab es Zahlen[54].

Auch im *I Ging* werden Symbole und Zahlen vielfach erwähnt. Die Weissagung aus Emblemen und Zahlen erreichte ihren Höhepunkt bei den Konfuzianern in der Sung-Dynastie (960–1279).

Die Weissagung nach dem *I Ging* beruht darauf, die verschiedenen astronomischen und kalendarischen Zahlenkategorien zu evozieren und in Beziehung zu bringen zum Hier und Jetzt. Mit anderen Worten: Die Operation mit den Schafgarbenstengeln symbolisiert die Übereinstimmung der »Ordnung« in der Natur, im Lauf der Sonne, des Mondes, der Jahreszeiten etc. mit der mikro-makrokosmischen Ordnung im Moment der Orakelbefragung.

Das *Ts'an T'ung Ch'i* kann nicht verstanden werden ohne Kenntnis des Bild- und Zahlen-Orakels. Daher sei hier das »Kosmologische Diagramm der acht Trigramme« aus Fung Yu-lan's *I Wei Ch'ien Tso Tu* (Apokryphe Monographie über die Wandlung: der Einbruch von *ch'ien* [Himmel]) eingefügt; es ist das einzige Apokryph aus der Han-Periode, das vollständig erhalten ist und das der Lehre von Meng Hsi und Ching Fang am nächsten kommt[55] (s. S. 46).

4. Chou I Ts'an T'ung Ch'i

Es gibt zwei Arten, das Elixier zu wirken *(lien-tan)*; bei der einen geht es um das innere Elixier *(nei-tan)* und bei der andern um das äußere Elixier *(wai-tan)*. Das äußere Elixier soll aus Wurzeln von Kräutern, Rinden von Bäumen, Metallen, Mineralien, Steinen etc. bestehen, und indem man es schluckt, gewinnt man langes Leben oder gar Unsterblichkeit. Wir vernehmen aus der Geschichte, daß der erste Kaiser von Ch'in (246–210 v. Chr.) und der Kaiser Wu der Han-Dynastie (146 bis 86 v. Chr.) eifrig nach diesem Elixier gesucht haben. Das *Ts'an T'ung Ch'i* von Wei Po-yang ist das älteste Quellenbuch über das Goldene Elixier, sowohl das äußere wie das innere. Um die Lehre vom Tao des innern Elixiers verstehen zu können, gibt es keinen besseren Weg, als das *Ts'an T'ung Ch'i* zu entziffern.

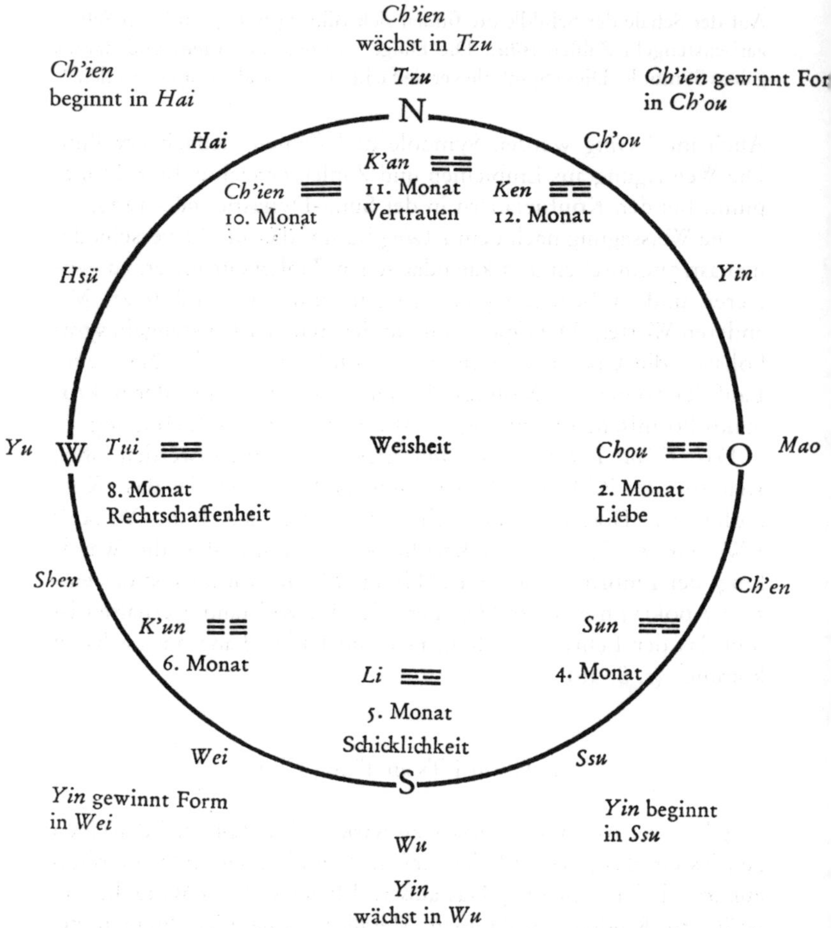

Kosmologisches Diagramm der acht Trigramme

a. Die vier grundlegenden Hexagramme (*ch'ien*, *k'un*, *k'an* und *li*)

Das *Chou I Ts'an T'ung Ch'i* beginnt folgendermaßen:

Ch'ien und *k'un* sind Tor und Eingang zum Wandel *(I)*
und Vater und Mutter der andern Zeichen, und *k'an* und *li*
sind Schutz und Wall (um *ch'ien* und *k'un*) und drehen
Nabe und Speichen der Ordnung entsprechend[56].

Die erste Zeile dieses Zitats stammt aus dem Kapitel *Hsi Tz'u* des *I Ging* und lautet dort:

Das Tor schließen heißt *k'un*, und das Tor öffnen heißt *ch'ien*. Ein Öffnen und ein Schließen heißt Wandlung (von *yin* und *yang*), und das erste Kommen und Gehen (von *yin* und *yang*) in unaufhörlichem Rhythmus heißt Durchbruch[57].

Der stete, unaufhörliche, wechselnde Prozeß von Öffnen und Schließen, Kommen und Gehen deutet auf den Wechsel von *yin* und *yang* im Tao und auf das Atemholen, den Rhythmus von Ein- und Ausatmen, wie er vor allem in der Meditationslehre vom innern Elixier geübt wird. Hier erscheint deutlich das Prinzip der Übereinstimmung zwischen Mikrokosmos und Makrokosmos, das auch die Grundlage ist für die Erklärungen der Hexagramme des *I Ging*. So wird der oben zitierte erste Satz des *Ts'an T'ung Ch'i* von einem unbekannten Kommentator folgendermaßen ausgelegt:

Das Hexagramm *ch'ien* ist reines *yang*, es besteht ausschließlich aus *yang*-Linien, und das Hexagramm *k'un* ist reines *yin*, denn es besteht ausschließlich aus *yin*-Linien, und die restlichen 62 Hexagramme bestehen aus *yin*- und *yang*-Linien, von *ch'ien* und *k'un;* daher heißen *ch'ien* und *k'un* »Tor und Eingang der Wandlungen«[58].

Derselbe unbekannte Kommentator fährt fort:

In bezug auf den Menschen bedeutet *ch'ien* das Haupt mit Ohren, Augen, Nase, Mund und Zunge, äußerlich sichtbar, während *k'un* der Leib ist mit dem Herzen, der Milz, den Lungen, den Nieren – den inneren Organen ... Im Anfang, da noch keine weitern Hexagramme bestehen, wird *k'an* inmitten von *k'un* empfangen, und *li* inmitten von *ch'ien*. Für den Menschen heißt das: Die Nieren gehören *k'an* zu, sie sitzen in der Leibeshöhle (unten), während das Herz *(hsin) li* zugehört und in der Brust (oben) sitzt. Sowie *k'an* und *li* sich vereinigen (übereinstimmen), verschiebt *k'an* sein *yang* und *li* sein *yin*, wobei die übrigen 60 Hexagramme entstehen... Deshalb heißt es: »(*k'an* und *li*) drehen Nabe und Speichen der Ordnung entsprechend«[59].

Daraus wird deutlich, daß der Kommentator in der Schau seines Zeichen- und Zahlen-Orakels den Menschen als Mikrokosmos sieht.

Die »Nabe« und die »Speichen« beziehen sich auf das 11. Kapitel des *Lao Tzu*, wo es heißt:

> Es treffen dreißig Speichen sich in einer Nabe.
> Die Nabe ist ein Nichts (d. h. unbeweglich inmitten der rotierenden Speichen).
> Das Rad jedoch dreht sich allein auf ihren Antrieb hin.

Dieses Bild der Nabe (Nicht-sein) und der Speichen (Sein) ist ein Symbol für Tao, das dynamische und harmonische Ganze der coincidentia oppositorum: den unaufhörlichen Wechsel zwischen *yin* und *yang*. Das *Ts'an T'ung Ch'i* fährt denn auch weiter:

Diese vier Hexagramme, die beiden weiblichen (*yin*, d. h. *k'un* und *k'an*) und die beiden männlichen (*yang*, d. h. *ch'ien* und *li*), sind die beiden Griffe eines Blasebalgs, der das Ganze des *yin-yang*-Tao umschließt[60].

Der Blasebalg stammt aus dem fünften Kapitel des *Lao Tzu*, wo es heißt:

> Der Raum zwischen Himmel und Erde
> gleicht einem Blasebalg:
> Er ist leer, jedoch niemals erschöpft,
> dynamisch und endlos ergiebig.
> Damit sei aller Streit beigelegt:
> Das Beste: man wahre die Mitte.

So werden Himmel und Erde des Makrokosmos und Haupt und Leib des Mikrokosmos den beiden Griffen eines Blasebalgs verglichen, die den steten Rhythmus von Ein und Aus schaffen und damit ein Sinnbild für den dynamischen und harmonischen Wechsel von *yin* und *yang* im Tao sind. Mit andern Worten: Das Ein und Aus des Atems in der Meditation ist die Erfahrung von Tao schlechthin, es ist der Durchbruch von *yin* und *yang* im Mikromakrokosmos, von Lao Tzu als »Leere« bezeichnet; d. h. Tao als solches besitzt keinerlei Eigenschaften, sondern ist die Erfüllung aller Qualifikationen; Tao ist »unerschöpflich«, es ist die Quelle alles Erschaffenen, und »dynamisch«, ein endloser Wechsel zwischen *yin* und *yang*. Alle Diskussionen über Tao können es nie endgültig definieren, daher ist es das beste, »die Mitte zu wahren«, d. h. sich auf die gelbe Mitte, das Elixier-Feld, zu konzentrieren und darin Tao zu erfahren und sich ihm zu einen[61].

Das Tao des *yin-yang* offenbart sich harmonisch und unerschöpflich in allen Phänomenen des Mikromakrokosmos, wie es, basierend auf der Weltanschauung des *I Ging*, im *Ts'an T'ung Ch'i* folgendermaßen formuliert wird:

> Himmel und Erde stehen fest,
> und zwischen ihnen vollzieht sich die Wandlung *(I)*.
> Das Schöpferische *(ch'ien)* und das Empfangende *(k'un)* sind die Embleme für »Himmel« und »Erde«,
> und »stehen fest« bedeutet: Sie haben die Position inne, die ihnen aus der Kombination der *yin*- und *yang*-Linien zukommt.
> Die »Wandlung« beruht auf *k'an*, dem Wasser, Abgründigen, Herz, Seele, Licht, Vernunft,
> und *li*, dem Feuer, dem Haftenden, der Helligkeit, der Natur in ihrer Verklärung,
> und diese beiden, *k'an* und *li*, sind die Funktionen des
> Schöpferischen und des Empfangenden.
> Diese beiden Funktionen haben keine bestimmte Position,
> sie wirken und weben zwischen den leeren sechs Positionen hin und her.
> Kommen und Gehen sind an nichts gebunden,
> auch Oben und Unten schweben frei,
> sie sinken ins Verborgene, entschwinden ins Dämmrige.
> Verwandlung und Wechsel (von *k'an* und *li*) vollziehen sich in den sechs leeren Räumen (zwischen den Linien der Hexagramme).
> Sie umfangen die Myriaden der Erscheinungen
> und werden damit zum großen Prinzip des Tao[62].

Die beiden ersten Zeilen dieses Zitats stammen aus dem *I Ging* und lauten dort:

> Himmel und Erde stehen fest,
> und zwischen ihnen vollzieht sich die Wandlung,
> des Menschen Inneres *(hsing)* zur Vollendung zu führen
> und zu wahren, was gewahrt werden soll (Tugend).
> Das ist das Tor zum Weg der Gerechtigkeit[63].

Auch der Rest des Zitats basiert auf dem *I Ging*:

> Tao wandelt sich stets,
> bewegt und verändert sich rastlos,
> wirkt hin und her durch die Leere der sechs Zeilen,
> rastlos zwischen Oben und Unten,
> wechselnd zwischen Hart *(yang)* und Weich *(yin)*,
> keiner Regel, keiner Formel gehorchend,
> nur in der Wandlung vollzieht und erneut es sich[64].

Der Abschnitt aus dem *Ts'an T'ung Ch'i* beschreibt den steten, dynamischen und harmonischen Wechsel des *yin-yang*-Tao; *k'an* und *li* (Wasser und Feuer) sind dabei die beiden Funktionen der Prinzipien *ch'ien* und *k'un:* Himmel (oben) und Erde (unten) (s. Diagramm S. 46). Zwischen den beiden erscheint *yang* im Punkte von *tzu* (Norden) und erreicht seine Wende bei *ssu; yin* erscheint im Punkte von *wu* (Süden) und erreicht seine Kulmination bei *hai*, so daß zwischen *yin* und *yang* ein stetiger Wechsel stattfindet. Da *k'an* und *li* als die beiden Funktionen von *ch'ien* und *k'un* gelten, haben sie keine feste Position inne und zirkulieren als fließender Dynamismus des *yin-yang*-Tao in der Leere zwischen den sechs Zeilen eines Hexagramms, und eben dieser fließende Dynamismus führt zur Bildung der übrigen sechzig Hexagramme.

K'an und *li* also, die Zeichen für die Funktion von Tao, wie es Himmel *(ch'ien)* und Erde *(k'un)*, den Mikromakrokosmos, durchdringt, können nicht definiert und fixiert werden: Sie sind »nicht-existent« im Gegensatz zu den übrigen sechzig Hexagrammen, die in ihren definierten und fixierten Positionen »existent« sind. »Existenz« gründet also auf »Nicht-Existenz«, wie es im Bild von Nabe und Speichen im *Ts'an T'ung Ch'i* ausgedrückt ist:

K'an und *li* sind Schutz und Wall und drehen Nabe und Speichen der Ordnung entsprechend.

Beide, Nabe und Speichen, die unbewegliche Mitte und die rotierenden Speichen, Nicht-Sein und Sein, bilden das dynamische Ganze eines Rades, und seine Funktion beruht auf der unbeweglichen Mitte. Ebenso beruht die Funktion von Himmel *(ch'ien)* und Erde *(k'un)* im Mikrokosmos sowohl wie im Makrokosmos auf der Nicht-Existenz von *k'an* und *li*. Diese vier Hexagramme also, *ch'ien, k'un, k'an* und *li* repräsentieren die Funktion des *yin-yang*-Tao, die coincidentia oppositorum des Mikromakrokosmos.

b. Die Übung des »Sitzens« als »Heimkehr«

Die Erfahrung von Tao während des »Sitzens« wird im *Ts'an T'ung Ch'i* folgendermaßen umschrieben:

> *K'an* ist *wu*, die Essenz des Mondes,
> und *li* ist *chi*, das Licht der Sonne.
> (Die Zeichen für) Sonne und Mond bilden (das Wort) *I*,
> und Hart und Weich stehen am rechten Platz.
> Die Erde ist mit den vier Jahreszeiten gesegnet,
> deren Anfang und Ende harmonisch ineinanderfließen.
> Sie sind blau, rot, weiß und schwarz
> und stehn an ihrem zugehörigen Platz.
> Sie alle empfangen den Segen des Mittleren Palastes
> von *Wu Chi*[65].

Im letzten Vers dieses Zitats (sie alle empfangen den Segen des Mittleren Palastes von *Wu Chi*) bedeutet der Mittlere Palast das Elixierfeld, wohin durch die Introversion der Meditation die ganze psychische Energie gelenkt wird; es ist der »Palast«, das Zentrum des Mikromakrokosmos, wo die Schöpferkraft des reinen *yang* sich manifestiert, wo die Goldene Blüte sich erschließt inmitten des reinen *yin* der innersten Tiefe. Da das *Ts'an T'ung Ch'i* auf der Korrelation des Zeichen- und Zahlenorakels der *Yin-yang*-Schule basiert, entspricht der Mittlere Palast, das Elixierfeld, der »Erde« der Fünf Elemente, dem »Zentrum« der Himmelsrichtungen, dem »Gold« unter den fünf Farben, dem *wu-chi* der Zehn Stengel, und durchdringt den Mikromakrokosmos durch die beiden »Funktionen« von *k'an* und *li*, entsprechend *wu* und *chi*, Mond und Sonne, Essenz (Samen) und Licht, Wasser und Feuer, Norden und Süden, Schwarz und Rot, *keng-hsin* und *ping-ting* (der zehn Stämme), etc. (s. Diagramm S. 43 u. 46). Mit andern Worten: Der Mikromakrokosmos wird in harmonischem Gleichgewicht erhalten durch das *yin-yang*-Tao im Mittleren Palast oder Elixierfeld, symbolisiert durch die Hexagramme *k'an* und *li*, bei denen die *yin*- und die *yang*-Linien in richtiger Position stehen, d. h. die *yin*-Linien in der 2., 4. und 6. Position, die *yang*-Linien in der 1., 3. und 5. Position, worauf der 4. Vers des Zitats anspielt. Wenn das *yin-yang*-Tao im Mittleren Palast das harmonische Gleichgewicht nicht zu erreichen vermag, kann *ch'i* (die vitale Kraft der Materie) von *yin-yang* nicht koagulieren und die Goldene Blüte kann sich nicht entfalten, und Tao kann nicht erfahren werden. So heißt es in unserm Text (II: 6):

> Das Tao des Elixiers wird durch das dreifache Geheimnis erlangt: das Samen-Wasser, das Geist-Feuer und die Gedanken-Erde. Was ist Samen-Wasser? Es ist das *ch'i* des Einen vor der Zeit. Das Geist-Feuer ist Licht. Die Gedanken-Erde ist der Himmelsgeist im Mittleren Palast. Das Geist-Feuer bedeutet den Impuls (zur Erschaffung des Elixiers); die Gedanken-Erde ist die Substanz (des zu erschaffenden Elixiers); und das Samen-Wasser ist die Grundlage (zur Erschaffung des Elixiers).

Das *ch'i* des Einen vor der Zeit ist die Schöpferkraft des *yin-yang*-Tao, die den Mikromakrokosmos durchdringt, die Quelle des Elixiers, das mit »Samenwasser« bezeichnet wird – »Samen« als potentielle Möglichkeit zur bewußten Wahrnehmung und »Wasser« in der Bedeutung des Unbewußten, der Quelle, aus der das Bewußtsein entspringt. »Geistfeuer« oder »Licht« ist der Impuls zum Entstehen des Elixiers, der ausgelöst wird durch die Introversion, die Konzentration aller psychischen Energie in die Tiefe der »Gedanken-Erde« während des »Sitzens«. Die Gedanken-Erde ist der Geist des Himmels, das Zentrum des Mikromakrokosmos, der Mittlere Palast, wo die stete Rückkehr zum Anfang, zum Neu-Beginn stattfindet, wie es im Hexagramm *fu* symbolisch ausgedrückt ist.

In diesem Zusammenhang muß beachtet werden, daß die Lehre vom Innern Elixier von drei Elixier-Feldern spricht: vom Obern

Elixier-Feld, dessen Sitz zwischen den beiden Augen ist, vom Mittleren Elixier-Feld im Bezirk des Herzens, des Feuers, und vom Untern Elixier-Feld in der Region des Wassers, der Nieren. Beim Kreisen des Lichts während des Sitzens (II: 10), in der gegenseitigen Durchdringung von Geist-Seele-Herz und *ch'i* (Lebenskraft) in der Meditation (IV: 7 und 8) wird nach dem Erlöschen des Bewußtseins der Geist *(shen)*, die höhere Bewußtheit geboren. Wie es im ersten Abschnitt heißt, wohnt der »Ur-Geist« *(yüan-shen)* im Obern Elixier-Feld zwischen den beiden Augen; dieser Ur-Geist entspricht einem Bewußtsein auf höherer Ebene, gewonnen durch die Transzendierung des Bewußtseins (rechtes Auge) und des Unbewußten (linkes Auge).

Wie am Anfang erwähnt (S. 12–15), beschreibt unser Text die Erfahrung von Tao als coincidentia oppositorum; der Begriff des »Elixier-Feldes« kann aus dieser Erfahrung verstanden werden. Er bezeichnet das »Feld«, den Raum, wo der »Wahre Same des Elixiers« gehegt wird bis zum Erscheinen der Goldenen Blüte. In der Praxis der Meditation bedeutet dies, daß mit dem Atem die Imagination zum Mittleren und Untern Elixier-Feld, in die Region der Leibeshöhle, gesandt wird, so daß alle psychische Energie nach innen gesammelt wird und damit den Kern der Persönlichkeit, das Selbst aktiviert, hier bezeichnet als Geist, Ur-Geist – ein Bewußtsein auf höherer Ebene. Das Elixier-Feld ist also eine symbolische Lokalisierung des Tao-Erlebnisses, wo die ego-zentrische Persönlichkeit »geöffnet« wird (daher der Name *ch'iao* »Öffnung« für die Auswirkungen des Selbst).

Durch die Übung des »Sitzens« in der Lehre vom Innern Elixier wird also die ganze psychische Energie auf den innersten Kern der Persönlichkeit, das Selbst, konzentriert und introvertiert; symbolisch wird das ausgedrückt als Heimkehr zum reinen *yin* der absoluten Stille und Passivität, wobei die schöpferische Kraft des reinen *yang* ihren Anfang nimmt und damit ein neuer Kreislauf des Mikromakrokosmos. Diese Heimkehr ins Innerste (im *I Ging* als *t'ai-chi*, das Große Höchste, Äußerste, Letzte bezeichnet), wo ein neuer schöpferischer Kreislauf seinen Anfang nimmt, wird im Zahlensymbolismus des *Ts'an T'ung Ch'i* so ausgedrückt:

Neun erneuert *(huan)*, sieben kehrt um *(fan)*, acht kehrt wieder *(kuei)* und sechs beharrt *(chü)*[66].

Unter dem Titel *Chou I Ts'an T'ung Ch'i Chieh* interpretiert ein Kommentator namens Pao-i-tzu Hsien-wei des südlichen Sung (1127–1279) diesen Abschnitt folgendermaßen:

> Neun Metall, acht Holz, sieben Feuer, sechs Wasser –
> Erneuerung, Umkehr, Heimkehr und Beharren –
> dringen ein in die Erde und kehren heim *(kuei)* zur Erde[66].

Ch'i, die vitale Kraft der Materie des Mikromakrokosmos, kehrt zur Erde zurück, heim ins empfangende, nährende Weiblich-Schöpferische, und damit bricht die Goldene Blüte auf, das reine *yang*, das Licht, die männliche Schöpferkraft wird neugeboren. Hier in der »Gedanken-Erde«, im »Geist des Himmels«, im »Mittleren Palast«, im Zentrum des Mikromakrokosmos ist der Scheitelpunkt von Wiederkehr und Neubeginn, symbolisch ausgedrückt im Hexagramm *fu*.

Zum besseren Verständnis dieser Tao-Erfahrung der coincidentia oppositorum während des »Sitzens«, im *Chou I Ts'an T'ung Ch'i* durch das Hexagramm *fu* und den Begriff der Wiederkehr bezeichnet, mag das Diagramm auf Seite 55 dienen.

c. »Wiederkehr« und rückläufige Methode

Die Erfahrung von Tao in der Meditation, des Lichtes, des reinen *yang* der Schöpferkraft des Mikromakrokosmos in der Tiefe der Innenschau, wie sie im Hexagramm *fu* ausgedrückt wird, beruht nach unserm Text auf der »rückläufigen Methode«:

> Dieses Werk, das Licht kreisen zu lassen, beruht auf der Methode der rückläufigen Bewegung, d. h. die Gedanken müssen auf den Geist des Himmels konzentriert werden (I: 5).

Ni-fa, das chinesische Zeichen für »Methode der rückläufigen Bewegung«, kann auch übersetzt werden als »Zurückgehen« oder »rückläufige Methode« (Richard Wilhelm). Im *Shuo Kua* des *I Ging* findet sich eine Methode *ni-shu*, die *ni-fa* entspricht:

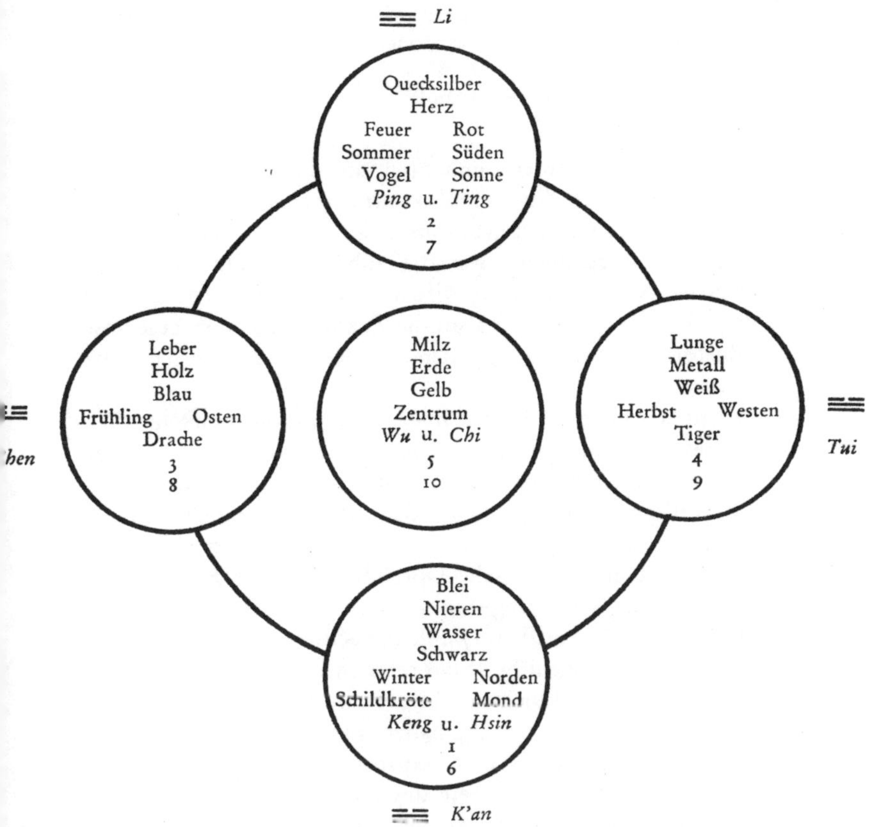

Diagramm der mikromakrokosmischen Wechselbeziehungen in der Lehre des Innern Elixiers[67]

Zählen und damit die Vergangenheit erkennen ist das Übliche, aber die Zukunft erkennen ist *ni* (rückwärts oder rückläufig). Daher beruht (die Übung und Berechnung von) *I* (Wandel) auf der Methode *ni-shu,* dem Abzählen und Berechnen der Zukunft[68].

Das Zeichen *ni* bedeutet »umkehren, annehmen, berechnen« etc. und heißt in diesem Zitat: die Zukunft berechnen – das *I Ging* ist ursprünglich ein Orakelbuch – im Gegensatz zu »zählen und die Vergangenheit erkennen«, was das »übliche«, nicht das »umgekehrte« ist. Nach dem *I Ging* wird also abgezählt, um die Zukunft zu berechnen – *ni* bedeutet also: die Zukunft erkennen, eine unserem historisch orientierten Zählen und Berechnen entgegengesetzte Schau.

Offenbar wurde der Begriff *ni-fa,* Methode der Umkehr, rückläufige Methode, entsprechend dem Begriff *ni-shu* des *I Ging* geprägt, um anzudeuten, daß das Zirkulieren des Lichts, das »Sitzen« zur Erfahrung des Tao geübt werden solle entsprechend der Methode des *I Ging:* Es handelt sich um einen natürlichen Prozeß, die dynamische und harmonische Durchdringung des Mikromakrokosmos durch das *yin-yang*-Tao. Zudem deckt sich diese Methode des *ni-fa* mit dem Begriff von *fu,* dem Rückwärts, der Einkehr aller psychischen Energie zur Stille des reinen *yin,* wobei das reine *yang* erwacht, das Große Höchste *(t'ai-chi),* in dem die Myriaden der Erscheinungen ihren Ursprung haben und zu dem sie zurückkehren. Die Methode der Umkehr entspricht der Introversion aller psychischen Energien zur Tiefe des Unbewußten und führt zur Erfahrung des innersten Kerns der Persönlichkeit, entsprechend dem Gesetz der psychischen Energie.

Diese Erfahrung des innersten Kerns einer Persönlichkeit, des Selbst, die Goldene Blüte, das Himmlische Licht des *yin-yang*-Tao (I: 1), ist das Bewußtsein auf höherer Ebene. Und die Methode der Rückkehr deutet den Weg an, auf dem dieses Tao gefunden werden kann: wie ein Mensch zu seiner Integrität, zur Übereinstimmung zwischen seinem Innen und Außen findet, wie eine Individualität *(chen-jen)* sich harmonisch mit ihrer Umwelt zu entwickeln vermag – entsprechend dem Tao als coincidentia oppositorum des Mikromakrokosmos.

Im II. Kapitel unseres Textes (II: 6–10) wird das »Sitzen« mit alchemistischen Ausdrücken umschrieben: als »Kneten« der *yin-*

Seele, um sie zur *yang*-Seele umzuwandeln, d. h. das Licht des Bewußtseins auszulöschen, das ursprünglich der *yang*-Natur zugehörte, aber durch die *yin*-Seele, durch weltliche Begierden und Süchte, getrübt wurde und damit die Vitalkraft *(ch'i)* zum »natürlichen« Ausfließen, Sich-Verströmen brachte. Wird *ch'i* derart vergeudet, erkrankt der Mensch; wenn *ch'i* geschwächt wird, wird er alt, und wenn *ch'i* sich erschöpft, bedeutet das Tod. Daher ist es wichtig, *ch'i* harmonisch, ausgewogen zu erhalten, die *yin*-Seele zu »kneten« in der Übung des gleichmäßigen, ungestörten meditativen Atmens, nicht nur um das unruhige Bewußtsein der *yin*-Natur unter Kontrolle zu bringen, sondern vielmehr, um die Lebenskraft zu sammeln in den Ozean von *ch'i (chi'i-hai),* in die Tiefe des Unterbewußten, wo das Selbst, die innerste Essenz des Menschen, aktiviert wird in dieser Konzentration aller Lebenskräfte.

Auf diese Weise, durch die Wahrung und Mehrung von *ch'i,* durch die Konzentration psychischer Energie in der Tiefe des Unbewußten während der Meditation, wird das »Geist-Feuer« entfacht, wobei das »Feuer« die »Wärme« der Introversion zum »Kneten« des Elixiers symbolisiert (vgl. II: 6 u. 10), die Wärme zum »Ausbrüten des Eis«, zur Erschaffung eines neuen Mikromakrokosmos (vgl. IV: 7 u. 8); dies ist die natürliche Auswirkung des »Geistes«, die verborgene Wirksamkeit von Tao. Deshalb heißt es: »Das Geistfeuer ist der Impuls (zur Erschaffung des Elixiers)« (II: 6). Auf diese Weise wird *ch'i,* die Lebenskraft, rückwärts, rückläufig gesammelt, statt daß sie sich auf natürliche Weise verströmt, wird konzentriert in die Region des »Wassers« als »Samen-Wasser«, als »Grundlage« (aus der das Elixier ersteht) (II: 6), wo der Heilige Embryo geboren wird (II: 10).

In diesem Zusammenhang muß betont werden, daß unser Text das bewußte Denken als Bedingung ansieht für unsere leibliche Existenz, so wie die *yin*-Seele nur durch unablässige Bemühung zur *yang*-Seele gewandelt werden kann (II: 7). Psychologisch ausgedrückt: Realität existiert nur durch Bewußtheit, unsere physische Existenz beruht auf Bewußtwerdung. Entsprechend kann das »Heilige Kind«, der Träger eines Bewußtseins auf höherer Ebene, nur geboren werden, wenn das *yin*-Bewußtsein ins *yang*-Bewußtsein verwandelt wird. In diesem Sinne heißt es, die »Gedanken-Erde« sei die Substanz des Elixiers (II: 6), wobei »Erde« den Schoß symbolisiert, aus dem das »Heilige Kind« geboren wird, das Gefäß, in dem das Wunder des Tao sich manifestiert (s. das vorhergehende Kapitel über das »Sitzen« im *Chou I Ts'an T'ung Ch'i*).

d. »Wiederkehr« im Konfuzianismus und im Buddhismus

Der Begriff *fu*, Wiederkehr, ist bedeutsam nicht nur zum Verständnis unseres Textes, sondern der ganzen chinesischen Tradition, wie sie in den drei Lehren, im Konfuzianismus, im Buddhismus und im Taoismus überliefert ist.

Die Idee der Wiederkehr spielt eine wichtige Rolle im Sung-Konfuzianismus, der unter dem Einfluß von Taoismus und Buddhismus eine Erneuerung erfahren hatte. So heißt z. B. die grundlegende Lehre des Chu Hsi (1130–1200), der den damaligen Neo-Konfuzianismus erneuerte, *t'ien-li jen-yü*, d. h. den Willen des Himmels aus dem Nebel menschlicher Begierden wieder sichtbar werden lassen, mit andern Worten: zurückzukehren zur ursprünglichen Natur *(pen-jan-chih-hsing)* durch Überwindung der physisch bedingten Natur *(ch'i-chih-chih-hsing).* Da diese Idee der Rückkehr, der Wiederherstellung bereits der Lehre vom Innern Elixier und dem frühen Buddhismus zugrunde gelegen hatte, ist Chu Hsi's Konfuzianismus zweifellos eine Integration der früheren Lehren. Chu Hsi war sowohl vom Buddhismus als auch vom Taoismus geprägt worden; denn er hatte in seiner Jugend Zen geübt, und durch seinen Kommentar wurde das *Ts'an T'ung Ch'i* des Wei Po-yang unter den Intellektuellen seiner Tage berühmt[69].

Die Idee der Wiederkehr war bereits im chinesischen Buddhismus grundlegend, wie z. B. in den Lehren des T'ien T'ai, Hua Yen, des Reinen Landes und Zen. Das wird deutlich, wenn man z. B. die Meditationspraxis des Taoismus mit jener des Buddhismus, vor allem der Zen-Lehre, und hier ganz besonders der Lehre des Sechsten Patriarchen Hui-neng (638 bis 713) vergleicht und dabei der Übereinstimmung von *dhyāna* und *prajñā* gewahr wird.

Der indische Buddhismus spricht von der Dreifachen Lehre: *śīla*, *dhyāna* und *prajñā* müssen gleichzeitig geübt werden, und *prajñā* kann nur erfahren werden durch die Ausübung der beiden ersten Disziplinen, *śīla* und *dhyāna*[70]. Die Identität von *dhyāna* und *prajñā* , wie Hui-neng sie lehrt, ist im Vergleich zum indischen Buddhismus neu und radikal. Wie ist diese Lehre entstanden?

Nach unserer Hypothese geht sie auf die taoistische Meditationslehre zurück, die behauptet, beim »Sitzen«, in der Introversion des reinen *yin (dhyāna,* Zen), erscheine das reine *yang,* das Licht, *prajñā* , wie oben beschrieben. Diese Erklärung von Hui-nengs Auffassung, *dhyāna* und *prajñā* seien identisch, erscheint durch das Wort gerechtfertigt, womit er seine innerste Erfahrung ausdrückt: *»pen-lai wu-i-wu!«* (am Anfang – Nichts!).

Der chinesische Ausdruck *pen-lai wu-i-wu* bedeutet »Ursprung, Quelle«, ferner »kommen«, »Nicht-Sein«, »Eins« und »Ding«, »Individualität«. Dieses Wort ließe sich vielleicht übersetzen: »Am Anfang ist nicht Eines.« Allerdings ist damit das spontan Schöpferische des Tao, wie Hui-neng es versteht, nicht ausgedrückt. Man wird aus diesem Satz sogleich die chinesische Weltanschauung heraushören, ganz besonders die Überlieferung des Taoismus. »Am Anfang – Nichts« deutet auf die »Rückkehr« hin zum uranfänglichen Nichts oder, in Lao Tzu's Worten, zum »Nicht-Sein« *(wu),* zur »Leere« *(hsü),* was nichts anderes ist als das *yin-yang*-Tao, das dynamisch und harmonisch den Mikromakrokosmos durchdringt, oder »das Große Allerhöchste« *(t'ai-chi),* in dem die Myriaden der Erscheinungen ihren Ursprung nehmen und zu dem sie heimkehren.

Diese Rückkehr zum »Anfang-Nichts« bedeutet, in buddhistischer Terminologie, die Buddha-Natur, die ursprüngliche Natur, von der Befleckung durch *kleśa* zu reinigen; es ist die dem chinesischen Buddhismus zugrunde liegende Lehre des *Tathāgatagarbha.* Die Bedeutung des letzten Wortes *wu* in Hui-nengs Aussage darf aber nicht übersehen werden (Ding, Individualität). Die starke Betonung auf dem Worte *wu,* der individuellen Existenz im Hier und Jetzt, weist darauf hin, daß sein Zen frei ist von aller Abstraktion und er selbst von aller Verstrickung im Hier und Jetzt.

Man könnte vielleicht sagen, daß durch den Begriff der Wiederkehr der indische Buddhismus in China integriert wurde und damit die chinesische Tradition bereicherte.

e. »Rückkehr« im Gegensatz zu »Erlösung«

Der Begriff der »Rückkehr« ist also eine der Grundlagen der chinesischen Tradition, wie sie im Konfuzianismus, im chinesischen

Buddhismus und im Taoismus in Erscheinung tritt. Es ist nun interessant zu sehen, wie diese Idee der »Rückkehr« in striktem Gegensatz steht zur Idee der »Erlösung« in der westlichen jüdisch-christlichen Tradition, wo »Erlösung« ausschließlich eine Zeit und Raum durchbrechende Tat Gottes ist. Diese jüdisch-christliche Auffassung ist zweifellos das Ergebnis einer patriarchalischen, maskulinen Nomadenkultur. In solch einem maskulinen Nomadentum ist jedes Individuum ein unabhängiger, starker und bewußter Wille, der sich nicht bloß jedem andern Individuum entgegenstellt, sondern auch der Natur. Daher wird Kraft und bewußte Klarheit vor allem bewundert, Individualität und Verantwortlichkeit werden respektiert. In einer seßhaften, das Feminine betonenden Kultur wie in China dagegen sind die Menschen voneinander abhängig, jedes Individuum ist bezogen auf ein anderes, jede Generation auf die vorhergehende, und allzu oft vermag ein Individuum den andern nicht in bewußter Konfrontation entgegenzutreten. Viel erstrebenswerter als Individualität ist das Ganze, die Norm als Ausdruck einer Übereinkunft zwischen einzelnen, sei es nun die Familie, eine Gruppe, eine Gemeinschaft oder eine ganze Gesellschaftsschicht. Man setzt seine Maßstäbe nach dem Ganzen und nicht nach persönlichem Befinden oder Urteil. Wenn man z. B. »sein Gesicht verliert«, so wird davon unweigerlich die ganze Familie betroffen. Die wichtigsten Lehren des Konfuzianismus sind ethischer Natur, es sind die Fünf konstanten und die Fünf kardinalen Tugenden[71], die auf *jen,* Menschlichkeit und Güte, beruhen; das Ideogramm dafür ist

> zusammengesetzt aus dem Zeichen für »Mensch« *(jen)* und dem Zeichen für »zwei« *(erh).* Es umfaßt daher alle moralischen Tugenden, die den Menschen in seiner Beziehung zu andern lenken sollen ...[72].

Sogar dem Konfuzianismus also, der doch eigentlich eine männliche und patriarchalische Lehre ist, liegt ein weibliches Prinzip zugrunde: das Prinzip des Eros, der zwischenmenschlichen Beziehung. In noch viel stärkerem Maße trifft dies für den Taoismus zu, denn Tao ist das ursprünglich Eine, wie wir gesehen haben, das Nicht-Unterschiedene, in dem die Myriaden der Dinge ihren Ursprung haben und zu dem sie alle »heimkehren« (s. *Lao Tzu* XVI)

– das Symbol weiblicher Produktivität und Rezeptivität, wo alles in lebendiger Wechselwirkung steht und damit ein dynamisches und harmonisches Ganzes bildet.

Wie unterscheidet sich denn der Taoismus vom Konfuzianismus? Letzterer trachtet nach dem »Ganzen«, nach »Bezug« im Äußern, er betont *li* (Schicklichkeit) oder, im Sung-Konfuzianismus, *li* (Grundsatz) innerhalb der Gesellschaft, während ersterer die Heimkehr zur ursprünglichen Einheit im Innern erstrebt beim »Sitzen«, wie es in der Lehre vom Innern Elixier heißt.

In dieser Hinsicht steht der Buddhismus dem Taoismus näher als dem Konfuzianismus. Hui-neng z. B. sieht in *wu*, dem Ding oder der individuellen Existenz, den Ausdruck von Tao im Hier und Jetzt. Nach buddhistischer Anschauung ist das Individuelle zwiefacher Natur: Im Innen ist es bezogen auf Tao, das uranfänglich Eine; im Außen jedoch steht es in Beziehung mit allen übrigen Erscheinungen der äußern Welt: Dies ist die zentrale buddhistische Lehre und heißt *pratītya-samutpāda,* der Ursprung und die Bedingtheit aller Erscheinungen und Ereignisse im Mikromakrokosmos, die dynamisch-harmonische Wechselwirkung alles Seienden. Diese Betonung der Doppelnatur jeder individuellen Existenz scheint dazu geführt zu haben, daß man die Wichtigkeit des individuellen Bewußtseins erkannte; daher die Lehre der »Umkehr«, der »Heimkehr« durch Ausschalten des Bewußtseins (der *yin*-Seele), um zu einem höheren Bewußtsein (der *yang*-Seele) zu gelangen (s. S. 54–58). In der »naturalistischen« Weltanschauung vom Großen Einen, vom uranfänglich Einen, vom nichtunterschiedenen Ganzen, vom Ur-*ch'i (yüan-ch'i),* auf dem die Kontinuität des Menschengeschlechts und der Natur basiert, scheint das Problem des individuellen Bewußtseins mit seinen unterscheidenden Inhalten und mit seiner Differenzierung von der Natur noch irrelevant zu sein; erst der Buddhismus sah dieses Problem und betonte das Prinzip der moralischen Individualität in seinen Lehren vom Karma und von *vijñaptimātra,* wie wir in den Anmerkungen zum II. Kapitel sehen werden.

Der Buddhismus hat also einen entscheidenden Einfluß ausgeübt sowohl auf den Sung-Konfuzianismus[73] als auch auf den Sung-Taoismus, ganz besonders auf dessen Ch'üan Chen Chiao-Orden, dem unser Text zugehört. Eine eingehendere Betrachtung dieses Ordens soll den Text besser verstehen helfen.

C. Der Ch'üan Chen Chiao-Orden

Der Ch'üan Chen Chiao-Orden entstand Mitte des 12. Jahrhunderts im nördlichen China unter der Chin-Dynastie (1115 bis 1234)[74] und existierte bis 1911, da China eine Republik wurde. Der Begründer dieses Ordens ist Wang Chung-yang (1112–1170). Von ihm wird berichtet, er habe im Jahre 1159 einen Eremiten angetroffen, der eine Reinkarnation zweier Heiliger gewesen sei, nämlich von Lü Tung-pin, dem Meister Lü Yen, und von Chung Li-chüan; von ihnen habe er in mündlicher Überlieferung die geheime Lehre empfangen. Darauf habe er viele Jahre lang hart geübt und 1163 dann den Orden gegründet.

Dieser Ch'üan Chen Chiao-Orden ist ein Amalgam der drei Lehren, des Konfuzianismus, Buddhismus und Taoismus. Vor allem das buddhistische Element, in der Form von Zen, ist so vorherrschend, daß eine Abgrenzung schwierig ist – auch in unserm Text. Wang Chung-yang schrieb eine Abhandlung über die fünfzehn Lehren zur Begründung eines Ordens *(Li Chiao Shih Wu Lun),* in welcher die Lehren von Zen verschmolzen erscheinen mit den Lehren des Innern Elixiers. Vorerst sei dieser Text übersetzt und danach in Beziehung gebracht zu der Meditationslehre entsprechend *fu,* »Heimkehr zum Anbeginn«, im *yin-yang*-Tao, die Wirksamkeit im Mikromakrokosmos, die, wenn ein Mensch sie erfährt, ihn erst zum wahren Menschen *(chen-jen)* werden läßt (s. S. 56).

I. Traktat zur Gründung des Ch'üan Chen Chiao-Ordens von Wang Chung-yang[75]

1) Leben in der Einsiedelei

Einer, der seine Heimat verlassen hat, sollte in einer Einsiedelei leben. Eine Einsiedelei ist ein Ort, wo der Leib Ruhe findet. Ist der Leib zur Ruhe gekommen, so findet auch der Geist Frieden. Sowohl *ch'i* (vitale Kraft der Materie) wie *shen* (Geist) werden harmonisch und ausgeglichen, so daß man den wahren Weg betreten kann. Man soll sich nicht überarbeiten, durch Übermüdung wird die Lebenskraft *(ch'i)* geschwächt. Man soll sich Bewegung verschaffen, damit Blut und Lebenskraft nicht stagnieren und stocken. Bewegung und Ruhe sollen regelmäßig abwechseln. Dazu soll man sich mit seinem Los zufriedengeben. Auf diese Weise wird man im Frieden wohnen.

2) Dem Zug der Wolken folgen

Es gibt zweierlei Arten zu wandern. Bei der ersten bewundert man die Klarheit und Schönheit der Berge und des Wassers, das Rot und Grün von Blumen und Bäumen, man genießt Betrieb und Unterhaltung in Stadt und Land, man bewundert die Türme und Monumente der Tempel, man besucht Freunde und müht sich um schöne Kleider und gutes Essen. Ein Mensch, der solches tut, mag Tausende von Meilen weit ziehen und seine ganze Kraft und Energie damit ermüden und erschöpfen, allen Herrlichkeiten der Welt nachzujagen – sein Geist wird wirr und seine Kraft lahm. Solch ein Mensch folgt ganz umsonst dem Zug der Wolken.

Die zweite Art des Wanderns sucht nach Natur und Leben *(hsing-ming)*, forscht nach der geheimen Tiefe, schreckt nicht vor steilen hohen Bergen zurück, um einen erleuchteten Meister aufzusuchen, legt weite Strecken zurück und durchquert reißende Flüsse und forscht unermüdlich nach dem Tao. Vernimmt er ein einziges Wort des Lebens, erscheint ihm das reine Licht, und er erkennt das Geheimnis von Leben und Tod und wird ein Mann der Wahrheit. Solch ein Mensch ist ein Wanderer im wahren Sinne.

3) Studium von Büchern

Sucht man Weisheit in Büchern, so soll man seine Augen nicht mit Lesen überanstrengen. Die Hauptsache ist, man versteht den Sinn und eignet sich ihn an; dann kann man das Buch verlassen und sich nurmehr mit dem Sinn beschäftigen, dann auch den Sinn verlassen und nach der Begründung forschen, dann die Begründung verlassen und den Blick auf die Schlußfolgerung richten. Hat man dieses Ergebnis erreicht, soll man es tief in seinen Geist sinken lassen. Tut man dies lang genug, stellt sich reine Einsicht spontan ein, das Licht des Geistes flutet frei, der Geist der Weisheit *(chih-shen)* bricht sich Bahn, und es gibt keinen Ort, der nicht davon durchdrungen und erfüllt wäre. Hat man diesen Punkt erreicht, sollte man ihn tief in sich wahren und alle Kräfte daran wenden, nicht davon abzuweichen, um nicht Natur und Leben zu verlieren. Wenn wir nicht auf diese Weise den Sinn eines Buches in uns lebendig werden lassen, sondern bloß Gedanken und Wissen in uns aufhäufen, um damit zu prunken und uns damit zu brüsten, so ist das Buch für uns wertlos und bringt unserm Geist und unserer Kraft Schaden. Wir mögen noch so viele Bücher lesen, für Tao wird es wertlos sein. Um ein Buch zu verstehen, muß man es tief in sich einsinken lassen.

4) Über das Koagulieren der Elixier-Stoffe

Die Stoffe des Elixiers sind die Kräfte von Berg und Strom und die flüchtige Essenz von Kraut und Strauch. Durch Wärmen oder Kühlen soll die Essenz stimuliert oder gemindert werden. Durch Eindicken oder Verdünnen soll die Essenz sich ausscheiden oder sich andern Stoffen verbinden. Der Tao-Sucher soll die Natur und Essenz eines Menschen bestärken und zum Leben erwecken, und nicht wie ein blinder Arzt Erscheinung und Leib des Hilfesuchenden vernichten. Es gibt keinen andern Weg, um einem Menschen bei seinem Suchen nach dem Tao zu helfen. Der Tao-Sucher darf sich auch nicht an den Hilfesuchenden binden; denn so würde er den verborgenen Schatz gefährden. Er soll seine Hilfe nicht um weltliche Güter und Reichtum verkaufen, und er soll seine innere Kraft nicht in der Ausübung seiner Pflichten erschöpfen, damit würde er sein jetziges Leben und den Lohn eines künftigen gefährden. Meine Schüler, beachtet dies alles genau!

5) Über das Bauen einer Klause

Um seinen Leib zu schützen und zu bergen, soll sich der Tao-Sucher eine Klause mit Strohdach und Schuppen bauen. Denn im offenen Feld zu schlafen und vom Tau sich netzen lassen kann einen Menschen gefährden, und die wechselnden Phasen von Sonne und Mond können Schaden zufügen. Aber ebensowenig wird eine überlegene Persönlichkeit sich ein hohes, prächtiges Haus mit geschnitzten Balken bauen. Wie könnte ein Palast mit hohen prächtigen Räumen ein geeigneter Aufenthalt sein für einen Tao-Sucher? Er soll Bäume fällen, die heimlichen Adern der gefährlichen Wasser in der Erde unterbinden, seine Güter und seinen Reichtum weggeben, die Bande des Blutes und der Familie lösen. Nur die äußere Form zu beachten ohne die innere Übung zu pflegen ist so, als ob man seinen Hunger an einem gemalten Kuchen stillen oder statt Nahrung Schnee zu sich nehmen wollte. Alle Energie ist umsonst vertan. Wer *śūnyatā* gewinnen will, wer es erfahren und werden will, sollte so schnell wie möglich die Burg des Friedens in seinem Innern suchen. Die äußere Behausung trägt nichts bei zu dieser Erfahrung, sie zerfällt in einem Augenblick. Meine weisen Freunde, forscht sorgsam und genau!

6) Wie man Tao-Freunde gewinnt

Tao-Sucher befreunden sich, um einander in Krankheit beizustehen. Wenn mein Freund stirbt, so begrabe ich ihn. Sterbe ich, so begräbt er mich. Man soll jedoch, bevor man jemanden zum Freund erwählt, seinen Charakter sorgfältig erforschen, und nicht erst hinterher, nachdem man bereits mit jemandem vertraut geworden ist. Man soll sich nicht aneinander binden, daß man voneinander abhängig wird; das wäre eine Fessel für die Seele. Man braucht die Liebe nicht zu fliehen, denn ohne Liebe wäre man allein und verloren. Man lerne lieben, ohne sich zu binden – das ist das Richtige. In Liebe und Freundschaft gilt es drei Tugenden zu beachten und drei Fehler zu meiden: Klarheit des Geistes, Weisheit, Eifer (Wille) – das sind die Tugenden; Unverstand, das Hängen an Äußerlichkeiten, Dummheit, wirre Ziellosigkeit als Zeichen davon, daß der lebendige Strom der Kraft am Versiegen ist und sich sinnlos vergeudet – das sind die Fehler. Sich selber finden kann man in Feld und Wald. Freunde gewinnen kann man nur mit seiner Seele und seinem Willen. Man überlasse sich nicht seinen Neigungen, die einen Menschen nach seinem Äußern erwählen, sondern man erwähle einen Mann der Klarheit und der hohen Aspiration, das ist das einzig Richtige.

7) Über das richtige »Sitzen«

Richtiges »Sitzen« ist nicht einfach Dasitzen mit geschlossenen Augen. Das wäre bloß nachgeäfftes »Sitzen«. Beim wahrhaften »Sitzen« muß der Geist dem Berge T'ai (T'ai Shan) gleichen, unerschütterlich, unbeweglich müssen die vier Tore (Augen, Ohren, Mund und Nase) bewacht werden und die äußere Welt darf nicht eindringen. Erwacht auch nur die leiseste Regung eines Gedankens, weicht die Konzentration auch bloß um Haaresbreite ab, so ist das nicht mehr Meditation. Einer, der sich auf solches »Sitzen« versteht, mag er auch seinem Beruf nachgehen mitten in unserer Schattenwelt, wird seinen Namen im Buche des Lebens verzeichnet finden. Er braucht keine langen Wallfahrten zu unternehmen; denn seine Weisheit und Klugheit wird nach den hundert Jahren der Bewährung die äußern Hüllen abwerfen und das wahre Selbst erstehen lassen. Sowie ein Korn des Elixiers vollendet ist, sind dem Geist *(shen)* keine Grenzen mehr gesetzt, und er erfüllt den Kosmos.

8) Wie man seine Seele im Zaum hält

Läßt man seine Seele in der tiefen Stille unberührt von bewußtem Streben, bleibt man ungestört von den Myriaden der Erscheinungen; in der tiefen Stille des Mysteriums, unberührt von Außen und Innen, regt sich nicht der leiseste Gedanke. Dies ist der Geist der Stille; man hüte sich, sich daraus aufstören zu lassen. Läßt man seinen Geist sich den Dingen zuwenden, so versucht er, das Chaos zu entwirren, man wird zerstreut und abgelenkt. Solcher Störung soll man so schnell wie möglich Einhalt gebieten, denn sie zerstört die innere Welt und läßt die Lebenskraft sich vergeuden. Im Ruhen und im Gehen, im Sitzen und im Liegen sollte man unentwegt sein Sehen und Hören drosseln, denn Vernehmen und Wahrnehmen bringen Krankheit und Leiden.

9) Wie man seine Natur im Gleichgewicht hält

Die uns innewohnende Natur gleicht der Saite einer Harfe. Ist sie zu straff gespannt, zerreißt sie. Ist sie zu lose, so ist die Harfe verstimmt. In der Mitte zwischen straff und lose liegt der richtige Ton. Genau so ist es beim Schmieden eines Schwertes. Nimmt man zuviel Stahl, wird das Schwert spröde und zerbricht. Nimmt man aber zuviel Zinn, wird die Legierung zu weich und verbiegt sich. Nur die richtige Mischung von Stahl und Zinn ergibt ein brauchbares Schwert. Genau so verfahre man mit seiner inneren Natur, dann wird Weisheit von allein sich manifestieren.

10) Über die Verschmelzung der Fünf Elemente

So sollen die Fünf Elemente (*ch'i* der Fünf Elemente, aus denen der Mensch und das Universum bestehen) zum Palast der Mitte gesammelt werden, und die Drei Fundamente (*san-yüan*, das *ch'i* der drei Kostbarkeiten, nämlich der Same des Untern Elixierfeldes, das *ch'i* des Mittleren Elixierfeldes und der Geist des Oberen Elixierfeldes, s. S. 52–58) zum Palast des Himmels, zum Scheitel des Hauptes. Der Blaue Drache speit roten Dampf, und der Weiße Tiger schnaubt schwarzen Rauch (s. Diagramm S. 43). Die göttliche Vielfalt erwacht, und die hundert Pulse schlagen harmonisch. Elixier und Sand trennen sich, und Blei und Quecksilber verschmelzen sich harmonisch. So mag wohl der Leib noch auf Erden unter Sterblichen weilen, der Geist aber schwebt empor zum Himmel.

11) Wie Geistnatur im Leben erscheint

Natur (*hsing*) ist Geist, und Leben (*ming*) ist *ch'i*, die Vitalkraft der Materie. Natur manifestiert sich im Leben wie ein leichtes Auffliegen, als ob ein Vogel vom Winde emporgehoben würde, mühelos, zu reiner Erfüllung. Dies ist gemeint, wenn es im *Yin Fu Ching*, dem Buch der geheimen Übereinstimmungen, heißt: »*Ch'i* ist wie das Schweben des Vogels«. Ihr Wahrheitssucher, übt euch darin. Doch gebt es nicht preis der minderen Menge. Natur und Leben sind das Fundament der Übung. Danach soll man mit aller Demut und mit Eifer streben.

12) Über den Weg zur Heiligkeit

Um den Weg ins Heilige zu finden, muß man sich viele Jahre lang hart mühen, sich Verdienste erwerben und der Übung widmen. Nur ein Mensch mit ungewöhnlichen Gaben, mit Weisheit und Erfahrung kann diesen Weg zum Heiligen betreten. Mag sein Leib auf kleinem Raume wohnen, seine Geistnatur erfüllt das ganze Universum. Die Scharen der himmlischen Heiligen beschützen ihn in aller Stille, er wird umgeben von den Unsterblichen *(hsien)* der Unendlichkeit *(wu-chi)*. Sein Name steht im Buche des Lebens, und er sitzt auf dem Thron der Unsterblichen. Sein Leib bewohnt auf eine Spanne den Staub, aber sein Geist leuchtet jenseits aller Erscheinung.

13) Über die Transzendierung der Dreifachen Welt

Indem ein Mensch seinen Gedanken Einhalt zu gebieten vermag, transzendiert er die Welt der Begierden *(kāmadhātu)*. Wenn er seinen Sinn von allen Vorstellungen zu lösen vermag, so transzendiert er die Welt der Erscheinungen *(rūpadhātu)*. Bleibt er auch nicht der Leere *(śūnyatā)* verhaftet, so transzendiert er *arūpadhātu*, die Welt des Ungeformten[76]. Hat er diese drei Stadien durchschritten, wohnt sein Geist bei den Unsterblichen im Heiligen, und seine Geistnatur hat den Bereich der Jade-Reinheit *(yü-ch'ing)* erreicht[77].

14) Wie der Geist zu nähren ist

Der Dharma-Körper erscheint im Bereich des Ungeformten *(wu-hsing)*. Er ist weder Nicht-Sein noch Sein. Er hat weder Vorn noch Hinten, weder Oben noch Unten, er ist weder lang noch kurz. Wenn man sich seiner bedient, so gibt es keinen Ort, wo er nicht einzudringen vermag. Er ist still und dunkel und wirft keinen Schatten. Indem man Tao erkennt, ernährt man ihn. Je besser man ihn nährt, um so verdienstvoller, je schlechter, um so weniger Verdienste erwirbt man sich. Man soll nicht wünschen, zurückzukehren (in diese Welt). Man soll sich dieser Welt nicht liebend verhaften. Doch Lassen und Halten vollziehen sich nach ihren eigenen Gesetzen.

15) Über das Verlassen der Welt

Die Welt verlassen bedeutet nicht: den Körper verlassen. Es bezieht sich vielmehr auf die geistige Welt. Der Leib gleicht den Wurzeln der Lotospflanze, der Geist ist ihre Blüte. Die Wurzeln bleiben im Schlamm, jedoch die Blüte entfaltet sich zum Himmel hin. Der Mensch, der Tao lebt, führt ein gewöhnliches Leben, doch seine Seele wohnt im Heiligen. Heutzutage sucht man Unsterblichkeit, indem man der alltäglichen Welt entsagt. Dies ist einfältig und entspricht nicht der Wahrheit von Tao.

Diese fünfzehn Paragraphen sollen die Jünger lenken, die mit uns nach dem Tao suchen. Studiert sie gründlich und beherzigt sie!

2. Erklärung dieses Traktates

Es steht nicht sicher fest, wer der Verfasser dieses Traktates war[78]. Es wird Wang Chung-yang zugeschrieben, dem Begründer des Ch'üan Chen Chiao-Ordens, und dies beweist doch wohl, daß es die geistige Grundlage dieses Ordens ist, dem unser Text zugehört. Überdies sind die Formulierungen dieses Traktates systematischer, präziser und klarer als diejenigen unseres Textes. Daher rechtfertigt es sich, sie etwas genauer zu betrachten, vor allem in bezug auf das meditative »Sitzen« und die Erfahrung von Tao.

1. Das Ziel dieses Ordens wird im 15. Abschnitt formuliert: die Welt des Alltags zu transzendieren in der Erfahrung von Tao. Dieses Transzendieren ist nicht in platonischem, dualistischem Sinne zu verstehen, es heißt: »Die Welt verlassen heißt nicht: den Körper verlassen.« Es handelt sich hier nicht um ein metaphysisches Transzendieren, wenn es heißt, die Seele transzendiert die physische, äußere Wirklichkeit zu einem ewigen, geistigen Bezirk hin. Vielmehr ist dieses Transzendieren psychologisch zu verstehen: Tao wird erfahren durch ein Bewußtsein auf höherer Ebene, im geeinten Zentrum der Persönlichkeit wird das Selbst erfahren als Einheit

von Körper und Seele; der Nährgrund des Geistes *(hsin-ti)* ist das Zentrum, der Urgrund einer Persönlichkeit, aus dem heraus die Lotosblüte entsteigt – ein bekanntes Symbol des Buddhismus für Erleuchtung. Der Lotos wurzelt im Schlamm – ein Symbol für die negative Seite einer Persönlichkeit und zugleich für das Leben mit all seinen Problemen, seinem Kummer und Leid[79].

2. Wie also kann diese Transzendenz in psychologischem Sinne, wie kann Tao erfahren werden? Der 14. Abschnitt gibt Antwort auf diese Frage: Der Geist *(shen)* muß genährt werden, »Lassen und Halten vollziehen sich nach eigenen Gesetzen«, d. h. das Leben des Alltags vollzieht sich in Übereinstimmung mit Tao. Die dreifache Welt der Begierden, der Erscheinungen und des Formlosen, der »Schlamm« menschlicher Beschränktheit und Gier öffnet sich auf den Bereich der »Jade-Reinheit« hin, den Ort, wo die Heiligen und Unsterblichen wohnen. Das egozentrische Leben des Alltags wandelt sich durch ein Bewußtsein auf höherer Ebene zu einem vom Selbst gelenkten Leben.

3. Dieses Nähren des Geistes durch die spontane Erfahrung von Tao, das »Lassen und Halten nach eigenen Gesetzen«, bedeutet nicht, daß von jeder menschlichen Anstrengung als von bloßem »Schlamm« abgesehen werden soll. Im Gegenteil, es braucht die harte Bemühung vieler Jahre, eine eiserne Disziplin, wie es im 12. Abschnitt heißt: »Man muß sich viele Jahre lang hart mühen, sich Verdienste erwerben und der Übung widmen.« Das Fundament dieser Übung sind »Geistnatur und Leben«, in »Demut und voll Eifer« soll man unentwegt danach streben.

Im 11. Abschnitt heißt es: »Natur *(hsing)* ist Geist *(shen)* und Leben ist *ch'i,* die Vitalkraft der Materie.« Diese beiden Begriffe sind tief verwurzelt in der chinesischen Tradition und müssen aus dem Zusammenhang verstanden werden. Aus dieser Konstatierung (»Natur ist Geist und Leben ist *ch'i*«) läßt sich schließen, daß Natur und Leben sich auf die »natürliche« *(ch'i)* und spontane *(shen)* Erfahrung von Tao beziehen. Sie sind also nicht zwei unabhängige Einheiten, sondern zwei Aspekte des einen ganzen *yin-yang*-Tao, eines steten harmonisch-dynamischen Wandlungsprozesses, der sich in jedem Individuum manifestiert. Erinnert man sich an die frühe Definition von Tao »an sich« und Tao als »Beziehung« (S. 29), so läßt sich sagen, daß Tao als dynamisch-harmonischer Wechsel hier »Natur« genannt wird oder *shen* (Geist, Geheimnis), während Tao als Beziehung, sei sie physischer, intellektueller, moralischer oder geistiger Natur, als »Leben« oder *ch'i* bezeichnet wird und damit identisch ist mit dem Mysterium der Tao-Erfahrung.

4. Um *shen* zu nähren, so lehrt dieses Traktat, muß man das *ch'i* der Fünf Elemente im Mittleren Palaste sammeln und die drei Fundamente im Scheitel des Hauptes (s. Abschnitt 10) – an anderer Stelle heißt dies »das Elixier kneten« (II: 6). Die Worte »der Blaue Drache speit roten Dampf aus und der Weiße Tiger schnaubt rabenschwarzen Rauch« erinnern an die Erfahrung von Tao als coincidentia oppositorum, an den aus Gegensätzen geborenen Dynamismus des Lebens (s. Diagramm S. 55). Für diese Gegensätze stehen immer neue Bilder: Blauer Drache und Weißer Tiger, roter Dampf und rabenschwarzer Rauch, Elixier und Sand, Blei und Quecksilber (10. Abschnitt).

5. Beim richtigen »Sitzen« kommt das unruhige Herz, der zerstreute Sinn zur Stille, wird *samādhi* erfahren; das reine *yin* erreicht den Wendepunkt, da das reine *yang* zurückkehrt in schöpferischer Kraft, entsprechend dem Gesetz der Enantiodromie, symbolisiert im Hexagramm *fu*. Es ist zu beachten, daß diese Übung des »Sitzens« nicht auf die Stunden der Meditation beschränkt bleibt, sondern auf alle Stunden des ganzen Tages ausgedehnt wird, ruhe oder gehe, sitze oder liege man, in jeder Bewegung und beim Ruhen muß sie vollzogen werden. Dieses richtige »Sitzen« ist der Mittlere Pfad – eine der Grundlagen des Buddhismus, vor allem des *T'ien T'ai*-Buddhismus. Dieses richtige »Sitzen« wird im III. und IV. Kapitel unseres Textes eingehend besprochen.

6. Die ersten sechs Abschnitte gelten den Vorbereitungen zum Suchen nach dem Tao. Seine Familie verlassen, Einsiedler oder Wandermönch werden, das erinnert an die Vorschriften des Zen-Buddhismus. Auch wenn es sich darum handelt, den richtigen Meister zu finden oder Erleuchtung zu erlangen (»vernimmt er ein einziges Wort des Lebens, erscheint ihm das reine Licht und er erkennt das Geheimnis von Leben und Tod und wird ein Mann der Wahrheit«) – all dies erinnert an die Terminologie, an die »plötzliche Erleuchtung« von Zen. Alle Ratschläge, die hier gegeben werden, zielen auf ein Leben der Introversion hin, um »Natur und Leben zu nähren«: man soll seine Familie verlassen, als Einsiedler leben, einen Meister suchen, Bücher lesen. Man soll nicht nach

weltlichen Gütern und Reichtum trachten, seine innere Kraft nicht in der Ausübung seiner täglichen Pflichten erschöpfen. Man soll auch nicht ob der Ausübung der äußern Pflichten die innere Übung versäumen. Wer nach Erleuchtung sucht, sie erfahren und erleben möchte, »sollte so schnell als möglich nach der Burg des Friedens in seinem Innern suchen. Die äußere Behausung trägt nichts bei zu dieser Erfahrung ...«, so schließt das V. Kapitel.

IV. DIE ERFAHRUNG VON TAO IN UNSEREM TEXT

Wie bereits in der kurzen Einführung (S. 12-15) erwähnt, soll der vorliegende Text, *Die Lehre von der Goldenen Blüte des Großen Einen*, verstanden werden als innere Erfahrung der Goldenen Blüte oder von Tao, der coincidentia oppositorum, von *yin-yang*, wie es sich im Mikromakrokosmos als steter, alles durchdringender Wandel manifestiert.

Es darf nicht übersehen werden, daß die Titel unserer Untersuchung völlig willkürlich sind. Die chinesische Weltanschauung basiert auf dem Begriff von *I*, dem Wandel: einem dynamisch-harmonischen Prozeß, und wird bezeichnet als Tao, den den Mikromakrokosmos durchdringenden Wandel von *yin-yang*.

Das Denken der chinesischen Weltanschauung kreist um das »Ganze«, um »Wechselwirkung«; es ist nicht ein statischer, sondern ein dynamischer Prozeß gleich wie ein lebendiger Organismus. Das wird sehr deutlich in jener berühmten Allegorie des *Chuang Tzu* (Buch VII), wo der Herr des Südmeeres »Bedürfnislos« *(Shu,* der Schillernde*) und der Herr des Nordmeeres, der »Stürmische« (*Hu,* der Zufahrende*) den Herrn der Mitte »Unbewußt« (Chaos*) bemitleiden wegen seiner Fühllosigkeit. Sie beschließen, ihm jeden Tag eine der sieben Sinnesöffnungen (Augen, Ohren, Nüstern, Mund) aufzubohren, und am siebenten Tag ist »Unbewußt«, der Herr der Mitte, tot. So tun auch wir unserm Text vielleicht Gewalt an, indem wir die Erfahrung von Tao zu definieren versuchen, ein dynamisches Ganzes in willkürliche Teile aufsplittern.

* Namen in Klammern von R. Wilhelm.

Wie zu Anfang erwähnt, sind in unserm Text zwei Begriffe in der Erfahrung von Tao grundlegend: der Lichtkreislauf und *chi* oder *shu-chi,* die Nabe im Kreislauf des Wandels.

A. Chi, *die Übereinstimmung*

Der Begriff von *chi*, der Übereinstimmung des menschlichen, kausal und zeitlich bedingten Bezirks mit dem göttlichen, akausalen Bezirk jenseits von Zeit und Raum ist nicht leicht zu fassen. Er hat vielfältige Facetten wie 1. Mechanismus, Vorrichtung, Apparat, Erfindung, Einrichtung; 2. Triebkraft eines Mechanismus; 3. in Betrieb setzen, bewerkstelligen; 4. Drehpunkt, Angelpunkt, Schlüssel; 5. Zeitpunkt, Gelegenheit; 6. Verwandlung der Vielfalt der Erscheinungen; 7. der Webstuhl.[80]

Alle sieben Bedeutungen scheinen auf dem Grundbegriff der Synchronizität zu beruhen, sie deuten den Einbruch eines akausalen, dynamischen Prinzips an (vor allem Punkt 2 und 5), und dieses Prinzip scheint in der Natur als *yin-yang*-Wechsel inhärent zu sein, um diese »Nabe« vollzieht sich die natürliche Wandlung und Verwandlung der Vielfalt der Erscheinungen. *Chi* oder *shu-chi* deutet also auf jene unerhörten Momente im zeitlichen Ablauf hin, da etwas Einzigartiges, Jenseitiges, Göttliches einbricht, das »Tao der coincidentia oppositorum«. *Chi* und *shu-chi* erinnern an den Begriff von *kairos*, der ebenfalls jene »Momente« meint, da das Ewige in den zeitlichen Prozeß von *chronos* einbricht[81].

In dieser Bedeutung *(chi* als Begegnung von Göttlich und Menschlich, Ewig und Zeitlich, Heilig und Profan) erscheint der Begriff auch in der Lehre des Buddhismus: *chi* weist hin auf die heimliche, der ursprünglichen Natur innewohnende Bereitschaft der Seele für die leise Stimme der Wahrheit *(dharma).* Das Wort *chi* wird dann zur Bezeichnung für einen Menschen, der durch *dharma,* die Wahrheit, erweckt wurde[82]. Im Buddhismus bedeutet *chi* also den Augenblick ohnegleichen, da der Wahrheitssucher mit der Wahrheit eins wird, da beide zusammen zu einem dynamischen Ganzen verschmelzen.

In dieser Doppelbedeutung (uranfängliche Bereitschaft der Seele, Wahrnehmung der Wahrheit einerseits und *dharma,* Wahrheit selber, andererseits) erscheint *chi* auch im vorliegenden Text. *Chi* bezeichnet hier die Erfahrung von Tao, ein psychologisches Moment par excellence: das Erwachen eines zeit- und raumgebundenen Individuums zum Bewußtwerden in der Stunde der Wiederkehr (zeitlicher Aspekt) ins Offene hin (räumlicher Aspekt), der Einbruch, das Erkennen des dynamischen Ganzen des den Mikromakrokosmos durchdringenden *yin-yang*-Tao.

Chi oder *shu-chi* bezeichnen also jenen einzigartigen Augenblick, da der Dynamismus der coincidentia oppositorum erfahren wird, ein Dynamismus, auf dem die ganze Schöpfung und Verwandlung beruht, der Augenblick der Wiedergeburt, da Tao erfahren wird. So heißt es in unserm Text:

> Dieses Nicht tun-und-doch-Tun ist die Auswirkung der Einheit der Mitte. Und die Nabe der Übereinstimmung liegt in den beiden Augen. Die beiden Augen sind wie der Griff an der Deichsel des Großen Wagens, der die ganze Schöpfung und Wandlung bewegt und der *yin* und *yang* zum Kreisen bringt ... (VIII: 3).
>
> ... Dieser Drehpunkt, die Achse der Übereinstimmungen, bedeutet Tun, Handeln. Und Handeln bedeutet, die ganze Schöpfung sich wandeln lassen und nicht sich im Wahrnehmen beschränken ... (VIII: 36).

Diese Erfahrung des den Mikromakrokosmos durchdringenden *yin-yang*-Tao entspricht einer Bewußtwerdung auf höherer Ebene. Die »Nabe der Übereinstimmungen«, die beiden Augen rechts und links, symbolisieren die doppelte Sicht: menschlich und göttlich, zeitlich und ewig, profan und heilig – mit andern Worten: bewußt und unbewußt; es ist der Dynamismus des Lebens, der sich in der Transzendierung von Bewußtem und Unbewußtem manifestiert.

Wird einem Menschen das Erlebnis von Tao zuteil, die Erfahrung der Goldenen Blüte, des Selbst, des innersten Kerns seiner Persönlichkeit, so steht in diesem Erlebnis sein Bewußtsein den Inhalten des kollektiven Unbewußten weit offen. Dabei besteht die Gefahr der Dissoziation oder Desintegration der Persönlichkeit, und ein starkes Bewußtsein ist in diesem Moment von großer Wichtigkeit zum Schutze ihrer Integrität und zur Integration der unbewußten Inhalte; nur auf diese Weise kann ein Leben erweitert und bereichert werden. Die obigen Zitate weisen auf die Möglichkeit einer unermeßlichen Ausweitung eines Bewußtseins hin durch die Erfahrung von Tao: die »Nabe der Übereinstimmungen« oder des »Handelns«, die »ganze Schöpfung (sowohl des Mikrokosmos als des Makrokosmos) sich wandeln lassen«. Diese Erfahrung des *yin-yang*-Tao also läßt einen Menschen heil, vollkommen werden, sein Inneres und sein Äußeres voll integrierend zu einem wahrhaften Individuum *(chen-jen)*, das mit seiner innern und mit seiner äußern Welt harmonisch lebt. Dies ist das große Ziel der taoistischen Meditation in der Lehre vom Innern Elixier.

Die Erfahrung von Tao, der Goldenen Blüte, ist ein psychologisches Faktum par excellence und ereignet sich im zeit- und raumgebundenen Individuum. Es muß daher unter dem Aspekt von Zeit und Raum betrachtet werden, die Frage stellt sich nach dem Wann und Wo. In unserm Text antwortet der Ausdruck »die Stunde der Wende um Mitternacht« auf das »wann«, und der Begriff der »Öffnung« *(ch'iao,* Elixierfeld) auf das »wo«.

Zum Begriff der »Stunde der Wende« heißt es:

Zuweilen vermag der Mensch die wirksame Stunde der Wiederkehr zu erfahren. Sowie die rechte Stunde kommt, wird die Seele rein und klar, und die Wende kann deutlich erkannt werden. Wenn ein Mensch versucht, im rechten Augenblick wahrzunehmen, was wirksam wird, wenngleich er es noch nicht deutlich erkennt, dann wird, was recht ist, offenbar, und was wirksam ist, manifestiert sich als wunderbares Geheimnis.

Kommentar: Die wirksame Wende manifestiert sich in einem Menschen, sowie die Stille ihren Höhepunkt erreicht (im reinen *yin* der Introversion aller psychischen Energie während des »Sitzens«) – und dies ist nicht allein in der tatsächlichen Stunde der Wende um Mitternacht der Fall (XII: 13).

In diesem Zitat wird die Stunde der Wende definiert als der Punkt, da die Stille des reinen *yin* in der Ruhe der meditativen Introversion erreicht wird, da das reine Licht von *yang,* die Schöpferkraft von Tao »wiederkehrt«; dieser Punkt wird symbolisch dargestellt durch das Hexagramm *fu.* Diese Heimkehr zum Anbeginn, die Wende von *yin* zu *yang,* von der Nacht zum Tage, von Dunkel zu Hell, von Stille zu Tun, Tod zu Leben, ist nicht gebunden an die zeitliche Stunde der Wende, an die Zeit um Mitternacht. Diese Stunde der Wiederkehr ist vielmehr ein zeitliches Symbol für Tao, das erfahren werden kann, wann immer die reine Stille der Introversion als Klimax erreicht ist. Das »Tao in der Zeit« tritt damit in Beziehung zur Welt.

Gleichwie die »Stunde der Wiederkehr« die zeitliche Manifestation von Tao in der Welt ist, so bedeutet der »Einbruch« seine räumliche Manifestation in der Welt. So heißt es am Anfang des ersten Kapitels einer andern Version unseres Textes:

Der Meister (Lü) spricht: Der himmlische Geist *(t'ien-h'sin)* ist der Geist, der die drei Mächte (Himmel, Erde und Mensch) gleichermaßen beseelt. Es ist das, was das Buch des Elixiers bezeichnet als »wunderbaren Einbruch« *(hsüan-ch'iao)*. Jeder besitzt es. Der Kluge und Weise öffnet sich ihm, während der Dumme und Einfältige sich ihm verschließt... Doch der große Einbruch des himmlischen Geistes vollzieht sich weder innerhalb noch außerhalb des Leibes. Man soll nicht mühsam danach tappen, sondern still darauf warten[83].

Der Einbruch, die Manifestation von Tao im Raum, wird hier gleichgesetzt der Manifestation des himmlischen Geistes, der die drei Mächte Himmel, Erde und Mensch beseelt, aber im Leib weder innen noch außen wohnt, es ist das Tao der coincidentia oppositorum, das den Mikromakrokosmos beseelende *yin-yang*-Tao.

Das Elixierfeld, der Einbruch ist also nicht an einen bestimmten Ort gebunden, ebensowenig ist die Stunde der Großen Wende, der Wiederkehr, an eine bestimmte Zeit gebunden. Das Elixierfeld öffnet sich der Manifestation von Tao, der Goldenen Blüte, der Schöpferkraft des reinen *yang*, die als »Licht« symbolisiert ist. Über dieses Licht heißt es, ähnlich wie über den Einbruch des Himmlischen Geistes, im dritten Kapitel unseres Textes:

Das Licht ist weder ausschließlich im Körper noch außerhalb des Körpers. Berge und Ströme, die große Erde und darüber das Leuchten von Sonne und Mond – all dies ist dieses Licht. So ist es also nicht allein im Leib. Gutes Hören, scharfes Sehen, Einsicht und Verstand und alle Bewegungen gehören ebenfalls zu diesem Licht. So ist es also auch nicht bloß außerhalb des Leibes. Der Lichterkranz Himmels und der Erden erfüllt das gesamte unermeßliche Weltall. Gleichermaßen durchstrahlt die Lichtfülle des Leibes Himmel und Erde. Sowie dann das Licht zu kreisen beginnt, kreisen gleichzeitig Himmel und Erde, Berge und Ströme und alle Dinge mit ihm. Die Lebenskraft des Menschen strömt empor zu seinen Augen, in denen Schlüssel und Riegel seines Leibes geborgen sind... (III: 7).

In diesem Zitat wird betont, wie wichtig das Bewußtsein ist zur Integration unbewußter Inhalte, zur Erreichung eines Bewußtseins auf höherer Ebene. Die Erfahrung von Tao wird hier umschrieben mit dem Kreisen des Lichtes durch Seele und Leib, Innen und Außen, Bewußt und Unbewußt, durch die Ganzheit einer Persönlichkeit; und »Licht« bedeutet in diesem Zusammenhang zweifellos das Bewußtsein auf höherer Ebene: »Die Lebenskraft des Menschen strömt empor zu seinen Augen, in denen Schlüssel und Riegel seines Leibes geborgen sind«, und wo die mikromakrokosmische Wiedergeburt stattfindet, die Widergeburt einer neuen Persönlichkeit, eines ganzheitlichen Menschen, der sein Innen und Außen voll integriert hat.

Wie oben erwähnt (s. S. 30) ist das Tao, das vom Menschen erfahren werden kann, das Tao in Beziehung zur Welt, nicht das Tao an sich. Die Erfahrung von Tao kann beschrieben werden als zeitliches Ereignis (Stunde der Wiederkehr) oder als räumlicher Einbruch, als Elixierfeld, aber das Tao an sich übersteigt jeden menschlichen Begriff. Diese Doppelnatur von Tao erinnert an Jungs Begriff des Archetypus; auch hier handelt es sich um den Archetypus an sich und um ein psychisches Phänomen, das vom Individuum in Zeit und Raum erfahren wird. Tao an sich würde dem Archetypus an sich entsprechen, während das Tao, das in der Welt sich manifestiert, dem psychischen Phänomen des Archetypus entspricht. Und was ein Tao-Sucher in Worten zu umschreiben und zu lehren versucht, wie z. B. in unserem Text, ist seine persönliche Erfahrung von Tao, ein psychisches Phänomen also, das die Analytische Psychologie wissenschaftlich zu umschreiben und zu analysieren versucht.

Dieser Punkt, daß nämlich die Lehre vom Innern Elixier der Bericht einer persönlichen, raum- und zeitbedingten Erfahrung von Tao ist, ist von höchster Wichtigkeit bei der psychologischen Durchleuchtung unseres Textes. In diesem Zusammenhang muß auch klar unterschieden werden zwischen dem individuellen Tao-Erlebnis und der mittelalterlichen »Vorsehung« des Westens oder der prästabilierten Harmonie in Leibniz' Monadenlehre: Die letzteren setzen einen Ur-Grund voraus, oder Gott, als Prämisse für ihre Argumentation – im Taoismus ist das nicht der Fall. Tao ist nicht der Ur-Grund, oder Gott, eine supponierte Ursache, deren Wirkung alles Sein ist, es ist vielmehr eine dynamische Einheit, deren volle Bedeutung nur in der Erfahrung erkannt werden kann. Die Literatur des Innern Elixiers enthält viele Schilderungen von

Tao-Erfahrungen der Suchenden; es sind nicht Argumente, sondern Amplifikationen des Tao-Erlebnisses.

Diese empirische Sinnfülle von Tao (Tao als Erfahrung eines Individuums) deckt sich mit der Erscheinung von Synchronizität, von bedeutungsvollen »Zufällen«, welche die empirische Basis darstellen für die Hypothese der Transgression psychoider Archetypen; denn ein Archetyp ist nicht ausschließlich der psychischen Sphäre zugehörig, sondern kann sich auch in nichtpsychischen Umständen manifestieren (Übereinstimmung eines äußern physischen Prozesses mit einem psychischen)[84]; denn das *yin-yang*-Tao durchdringt sowohl den Mikrokosmos als auch den Makrokosmos. In diesem Zusammenhang mag man an die in Jung-Kreisen bekannte Geschichte des Regenmachers von Kiao-chau denken, die Richard Wilhelm seinerzeit Jung erzählte[85] als ein Beispiel für ein Ereignis in fremden Bezirken, das unsern zeit- und ortgebundenen Begriffen als übernatürliches Wunder, unheimliches Mirakel erscheinen mag, obwohl es einer ganz bestimmten Ordnung zugehört, eine »natürliche« Folge darstellt.

Diese Geschichte des Regenmachers legt die Vermutung nahe, daß ein Zusammenhang, eine Verbindung besteht zwischen kausal nicht zuammenhängenden Ereignissen[86]; Tao erscheint als tertium quid, auf einer höhern als der physischen oder psychischen Ebene – höher in dem Sinne, daß es beide Bezirke als integrale Teile einschließt – Tao scheint sich also zu decken mit Jungs Postulat von unus mundus[87].

Im Zitat aus unserm Text VIII: 3 und 36 (S. 75) wird *chi* oder *shu-chi* definiert als »Nabe der Übereinstimmungen« zwischen zwei Bezirken, dem menschlichen und dem göttlichen, dem zeitlichen und ewigen, bewußten und unbewußten; das Individuum erlebt diese Übereinstimmung als »Tun, Handeln, sich wandeln lassen der ganzen Schöpfung«. Tao ist also nicht allein die Quelle alles Schöpferischen, sondern das Schöpferische schlechthin, das in der innersten Tiefe des Individuums erfahren wird. Dieses Schöpferische, der schöpferische Akt, wird symbolisiert durch die Goldene Blüte. Viele Berichte von Tao-Suchern und ihre Schöpfungen bezeugen, daß im schöpferischen Akt das Tao an sich manifest wird – und dies beschränkt sich nicht auf den traditionellen Taoismus allein, denn Tao ist der chinesische Ausdruck für die Ganzheit einer Persönlichkeit, für das Selbst, und wird in diesem Sinne vom

Buddhismus sowohl wie vom Konfuzianismus gebraucht. Begriffe wie *k'ung (śūnyatā)*, ursprünglich ein buddhistischer Begriff, *wu* (Nicht-Sein, Nichts), *hsü* (Leere) oder *chung* (Mitte) etc., welche in der Lehre vom Innern Elixier verwendet werden, beziehen sich auf das Schöpferische als Ausdruck von Tao, wie es vom Individuum im schöpferischen Akt erfahren wird. Dieses immer neue Erscheinen des Schöpferischen als Manifestation von Tao, erfahrbar vom Individuum im schöpferischen Akt, kann betrachtet werden als »kontinuierliches Nachschaffen eines Musters, das seit aller Ewigkeit besteht, sich sporadisch wiederholt und von nichts früher Bestehendem abgeleitet werden kann«[88]. Dieses kontinuierlich Schöpferische ist aber nicht nur

> »eine Reihe aufeinander folgender schöpferischer Akte, sondern gleichzeitig die ewige Gegenwart des einen schöpferischen Aktes, so wie Gott ewig der Vater ist und sich ewig den Sohn erzeugt« (Orien, De principiis 1, 2, 3), »der ewige Schöpfer aller Geister« (Augustinus, Bekenntnisse XI, 31)[88].

Es bestätigt sich immer wieder, daß eine einmalige, individuelle schöpferische Erfahrung sich gleichzeitig als allgemeingültig, kollektiv, traditionell erweist, oder umgekehrt. Ganz besonders trifft dies auf die religiöse Erfahrung und Überzeugung zu. Das einmalige, individuelle Erlebnis des Meisters Lü ist tief verwurzelt in der Lehre des Taoismus, besser: Tao selbst manifestiert sich in seiner einmaligen, individuellen Erfahrung, es ist, wie Jung sagt, »die ewige Gegenwart des einen Schöpfungsaktes«. Jede sogenannte »Lehre« existiert nie an sich, sondern wird immer entdeckt und wiederentdeckt, erlebt und erlitten durch ein Individuum. Keine Wahrheit existiert, es sei denn, einer entdecke sie als individuell Einmaliges in seinem tiefsten Innern – dort wo er zugleich eins ist mit der ganzen Menschheit. Was dort im eigenen Innersten erlebt wird, erscheint als archaisch, rätselhaft, mysteriös, seltsam, ewig – aber auch als allgemeingültig, rein kollektiv, rein objektiv (d. h. außerhalb seiner selbst) – dies ist die übliche Reaktion unseres Bewußtseins gegenüber dem Unbewußten, das uns in Träumen entgegentritt oder in Phantasien, Visionen, auch in »religiöser« Literatur über Zen, Yoga, das Innere Elixier oder Mystik. So müssen denn auch die Darlegungen unseres Textes, so rätselhaft, mysteriös oder befremdend sie anmuten mögen, phänomenologisch und psychologisch betrachtet werden als Zeugnis eines Menschen für seine Erfahrung von Tao; durch diese Erfahrung bei der Übung des »Sitzens« fand er sein Selbst, seine Ganzheit in der innersten Tiefe seiner Introversion.

B. Das Kreisen des Lichts

Die wichtigste Lehre unseres Textes, wir haben es in der einleitenden Zusammenfassung bereits erwähnt, ist das Kreisen des Lichts; darüber sprechen die ersten acht Kapitel, die von Richard Wilhelm als die wichtigsten übersetzt wurden[89].

Der Ausdruck »Kreisen des Lichts« wird jedoch oft verbunden mit dem Ausdruck »Spiegeln des Lichts« *(hui-kuang fan-chao);* beides bezieht sich auf die Methode, das Elixier zu wirken durch meditatives Atmen beim »Sitzen« nach der Lehre des Innern Elixiers. So heißt es z. B. in einem Kommentar zum *Chou I Ts'an T'ung Ch'i:*

Wenn man sich übt im Kreisen des Lichts und im Spiegeln des Lichts, d. h. leise ausatmend und ebenmäßig einatmend den Atem fließen läßt, so kehren der Geist *(shen)* und *ch'i* (Vitalkraft der Materie) zu ihrer Wurzel zurück und werden mählich eins, weich, harmonisch und beständig. Wenn diese Einung lange genug anhält, hören Ein- und Ausatmen auf, und der Stoff des Elixiers beginnt sich zu kristallisieren[90].

Im Zen-Buddhismus bezeichnet dieser Ausdruck, Kreisen des Lichts und Spiegeln des Lichts, die wichtige Methode der Introversion, d. h. man soll das Auge seines Geistes ins Innere richten, um das Urbild seines Gesichtes und seiner Augen zu schauen (sich im Spiegel seines Selbst zu erblicken). So heißt es in den Dialogen des Lin-chi (gest. 866), im *Lin Chi Lu:*

Meine Jünger, hört meine Worte und übt euch im Kreisen des Lichts und im Spiegeln des Lichts, nach nichts anderem braucht ihr zu trachten. So werdet ihr wahre Weisheit erlangen und euch eures Seins freuen *(wu-shih),* denn ihr wißt, daß Leib und Seele eins sind wie bei den Patriarchen und den Buddhas[91].

Jünger des Tao! Ihr habt Vater und Mutter [in euch]: wonach sonst solltet ihr suchen? Spiegelt das Licht *(fan-chao)* nach innen und erkennt euch selbst[92].

Das Kreisen des Lichts, wir erwähnten es schon (S. 54-58), soll beim Sitzen nach der Methode des Rückläufigen *(ni-fa)* geübt werden. Diese Bezeichnung »Lichtkreislauf« wird in unserem Text vielfältig abgewandelt, und damit wird die Bedeutung betont, die ihm beim »Sitzen«, bei der Erfahrung von Tao, zukommt. In den Titeln von nicht weniger als fünf Kapiteln wird der Ausdruck gebraucht: 3. Kreisen des Lichtes als Wahrung der Mitte, 4. Kreisen des Lichts als Rhythmisierung des Atems, 5. Vom Lichtkreislauf und seinen Entstellungen und Fehlern, 6. Wie sich die Wirksamkeit des Lichtes offenbart und 7. Das Kreisen des Lichts im täglichen Leben. Zum besseren Verständnis des Textes soll daher vorerst der Begriff des Lichtkreisens erläutert werden.

1. Als Rhythmisierung des Atems

Rhythmisierung des Atems ist beim »Sitzen« unerläßlich; nur so kann Stille erreicht werden, kann das reine *yin* in der Introversion zum reinen *yang* sich wandeln, kann die Goldene Blüte sich entfalten. Der Titel des IV. Kapitels heißt »Das Kreisen des Lichts als Rhythmisierung des Atems« – die Rhythmisierung des Atmens ist also nicht bloß das Mittel, um die Stille zu erreichen, da Tao, die Goldene Blüte erfahren werden kann, sondern es ist an sich die »natürliche« Manifestation des *yin-yang*-Tao, wie es aus folgendem Zitat noch deutlicher wird:

Das körperliche Ein- und Ausatmen ist wie das Echo des innern Atemholens (IV: 11).

Also besitzt der Atem zwei Aspekte: der eine ist physiologischer Natur, der zweite mikromakrokosmischer – er ist identisch mit dem *yin-yang*-Tao von *ch'i,* das den Mikromakrokosmos durchdringt.

Die Rhythmisierung des Atems ist daher die Voraussetzung für die Erfahrung von Tao, denn der Wahre Atem, die Auswirkung des *yin-yang*-Tao von *ch'i,* manifestiert sich in und durch den physiologischen Atem. Dies wird sehr deutlich ausgedrückt durch das chinesische Ideogramm *hsi* (Atem) (s. Glossar): es besteht aus zwei Zeichen – *tzu* in der Bedeutung von »von, her, aus, selbst« und *hsin* »Herz, Seele, Geist« –, und damit ist der Himmlische Geist gemeint, also die Schöpferkraft des *yin-yang*-Tao, wie sie sich im und durch den Mikromakrokosmos manifestiert (IV: 1).

Da geistige Dumpfheit dem Zustand entspricht, »da die *yin*-Seele dominiert«, besteht die Heilung darin, daß man seinen Geist in den Zustand wandelt, da er das Wirken der *yang*-Seele, der schöpferischen Kraft des reinen *yang*, der Goldenen Blüte, wahrzunehmen vermag.

Die Stille, in die man durch Rhythmisierung des Atems eintritt, ist jene Stille des Himmlischen Geistes, aus der das *yin-yang*-Tao zu lebendiger Kraft erwacht.

2. Als Meditation beim »Sitzen«

Die Meditation im »Sitzen« bedeutet die Introversion aller psychischen Energie zur innersten Tiefe des Unterbewußten. Gleichzeitig bedeutet sie die Vorbereitung, das »Ausbrüten« eines neuen Lebens, eines neuen Universums aus der innersten Tiefe als Frucht des wunderbaren Wirkens des Urgeistes *(yüan-shen)* – es ist die Auswirkung von Tao im harmonisch-dynamischen Prozeß von *yin-yang*.

Unser Text vergleicht die Meditation im »Sitzen« als Vorbereitung zu einem neuen Leben geradezu mit einer brütenden Henne:

In einem Buch des Elixiers heißt es:

»Die Henne vermag ihre Eier auszubrüten, weil ihr Herz unentwegt hinhorcht.« Das ist das ganze Geheimnis. Das warme *ch'i* ist die Ursache des Ausbrütens. Wärme allein vermag kein Ei auszubruten; es braucht *ch'i* dazu, das die Wärme in die Schale eindringen läßt. Der Geist der Henne vermag dem *ch'i* (der Lebenskraft) Eingang zu verschaffen. Das eben ist ihr »Hinhorchen« *(t'ing)*, die Konzentration ihres Geistes *(i-hsin)*. Wo der Geist ist, da ist auch *ch'i*. Die Henne mag wohl zuweilen ihre Eier verlassen, aber ihre Aufmerksamkeit bleibt immer wach dabei. Wo der Geist wohnt, gibt es keine, auch nicht die geringste Unterbrechung.

Wenn das Wohnen des Geistes keine Unterbrechung erfährt, auch nicht die geringste, so wird auch die Wärme von *ch'i* nicht unterbrochen, weder tagsüber noch nachts, und der Geist wird lebendig. Der Geist wird lebendig, sobald das Denken erloschen ist. Das Denken auslöschen heißt nicht, es zum Welken und Verderben bringen, sondern es aus der Zersplitterung zur Einheit sammeln. Buddha sagt: »Wer seinen Geist auf einen Punkt hin eint, dem ist kein Ding unmöglich.« Der Geist neigt leicht zum Vagabundieren, aber man kann ihn klären (d.h. einen, konzentrieren) durch *ch'i* (Atemkraft). *Ch'i* wird leicht grob; daher muß man es durch den Geist verfeinern. Befolgt man dies, kann es nicht ausbleiben, daß der Geist sich konzentriert *(t'ing)* (VI: 8).

In diesem Zitat bedeutet das Ei die innere Ganzheit in Potenz, die keiner Ergänzung bedarf. Die warme Lebenskraft, das »Brüten«, das Wärmen bezieht sich auf die Meditation im »Sitzen«. Mit andern Worten: Soll neues Leben, ein neues Universum geboren werden, muß die warme Lebenskraft im Innersten sich konzentrieren, alle psychische Energie muß sich in innerster Tiefe sammeln. Oben hieß es: »Sowie die Seele sich regt, entsteht Lebenskraft« (IV: 1); wird umgekehrt die Seele zur Stille gebracht in der Meditation des »Sitzens«, so konzentriert und ballt sich *ch'i,* die Lebenskraft, die psychische Energie, die sonst in tausend Aktivitäten sich verströmt. Deshalb heißt es am Schluß des letzten Zitates: »Sofern ein Mensch sein Denken auszulöschen vermag, wird der Ur-Geist in ihm lebendig.« Das Wort »Denken« ist hier im weitesten Sinne verstanden, als wahrnehmen, fühlen, denken, wollen etc. – das ganze im Außen Wirksamwerden psychischer Energie. »Das Denken auslöschen« bedeutet daher, seine psychische Energie aus dem Außen zurücknehmen und nach Innen konzentrieren, die Stille des Geistes erreichen, wo der Ur-Geist, das leise Wirken von Tao, das Selbst lebendig wird. Dieses Zitat läßt sich also sehr wohl psychologisch interpretieren als transzendierende Funktion von Bewußt und Unterbewußt. Und diese Interpretation wird bestärkt durch das unmittelbar folgende Zitat:

Das Denken auslöschen (das Herz sterben lassen) heißt nicht, es zum Welken und Verderben bringen, sondern es aus der Versplitterung zur Einheit sammeln ... (IV: 8).

Sowie das Bewußtsein zur reinen Einheit gebracht ist, d.h. sobald die psychische Energie des Bewußtseins sich in der Konzentration sammelt, ist die Seele bereit und stark genug, den Inhalten des Unbewußten entgegenzutreten und sie zu integrieren und damit die Persönlichkeit auszuweiten und zu bereichern; andernfalls bestünde die Gefahr, daß die Seele von den Inhalten des Unterbewußten überschwemmt und überwältigt würde, wie es im V. Kapitel unseres Textes beschrieben wird: »Vom Lichtkreislauf und seinen Entstellungen und Fehlern«.

In unserem Zitat (»die Henne vermag ihre Eier auszubrüten, weil ihr Herz unentwegt hinhorcht«) wird das Wort »horchen« *(t'ing)* synonym gebraucht mit »wärmen, brüten« und vertritt daher, nebst der Funktion von Stillung und Konzentration der Gedanken, die feminine Rolle im Schöpfungsakt. Zum »Horchen« als Stillung und Konzentration des Denkens heißt es in unserem Text:

> Bei der Übung des »Sitzens« ist es unerläßlich, den Geist zur Ruhe zu bringen und *ch'i*, die vitale Lebenskraft, zu reinigen *(chun-ch'i)*. Was ist damit gemeint? Eben die Rhythmisierung des Atmens. Das Atemholen darf nicht gehört werden, nur innerlich soll man es wahrnehmen. Ist der Atem unhörbar, ist *ch'i* fein; ist *ch'i* fein, so ist es rein; wird er aber gehört, so ist *ch'i* grob und trübe. Sobald *ch'i* trüb ist, wird der Mensch dumpf und schläfrig. Das versteht sich von selbst (IV: 12).

Die feminine Rolle im Schöpfungsakt, da Tao, das reine *yang*, die Goldene Blüte in Erscheinung tritt, diese feminine Rolle, die ebenfalls mit »Horchen« gemeint ist, wird durch die *yin*-Linien des Hexagramms *fu* dargestellt. Es heißt in unserm Text:

> Man soll seine Atemzüge nicht mit den Ohren wahrnehmen. »Horchen« heißt Hinhören nach dem Unhörbaren. Solange der Atem hörbar ist, ist er grob und oberflächlich und vermag nicht ins Geheimnis einzudringen. Das heißt, der Geist muß ganz leicht und leise werden. Je mehr er sich von der äußern Wirklichkeit löst, um so leichter wird er; je leichter er wird, um so stiller wird er. Übt man dies lange genug, so kommt was leise und leicht ist plötzlich zum Stillstand. Dies ist die Offenbarung des Wahren Atems, und man erkennt das Wesen des Geistes ... (IV: 5).

»Horchen« ist also »Hinhören nach dem Unhörbaren«. Das ist der Zustand tiefer Versenkung, da kein Ton mehr vernommen wird, da der Ur-Geist, das Selbst, das geheime Wirken des *yin-yang*-Tao spontan sich manifestiert, nachdem das Bewußtsein »gestorben«

und reine Empfänglichkeit erreicht ist. »Horchen auf das Unhörbare« bedeutet demnach die feminine Empfänglichkeit, die durch die tiefe Innenschau der Meditation bereit und reif wird, die Wirkung des Tao aufzunehmen, an Stelle des Ego das Selbst zu setzen.

Die Auswirkung von Tao, oder des Selbst, das reine *yang* der Schöpferkraft des Mikromakrokosmos, wird auch bezeichnet als »Licht« oder »Reines Licht«; es ist das Licht eines Bewußtseins auf höherer Ebene, das erreicht wird durch die Innenschau beim »Sitzen«, durch die Introversion aller psychischen Energie in die Tiefe des Unbewußten, durch die Durchdringung von Bewußtem und Unbewußtem. So heißt es in unserem Text:

(Zum Lichtkreislauf) bedarf es ausschließlich des Ohren-Lichts. Es gibt ein Augen-Licht und ein Ohren-Licht. Das Augen-Licht ist die Vereinigung des Lichtes von Sonne und Mond (der Gestirne). Das Ohren-Licht ist der Schnittpunkt der Strahlen des inneren Mondes und der inneren Sonne im Samenkorn. Das Samenkorn ist also der Ort, wo das Licht sich sammelt und vereinigt. Das innere und das äußere Licht haben denselben Ursprung, aber verschiedene Namen. So ist denn Verstand und Weisheit (Verstehen durch das Ohr) und Klarheit und Einsicht (Erhellung durchs Auge) ein und dasselbe wunderbare Licht (IV: 4).

Das »Licht des Ohres« kann hier verstanden werden als die empfängliche Schöpferkraft, die durch ihre Wärme das Ei ausbrütet, die die Strahlen der inneren Sonne und des inneren Mondes im Ei sammelt und vereinigt, die also der männlichen Schöpferkraft, dem »Augen-Licht«, den Nährgrund bereitet, so daß das *yin-yang*-Tao sich manifestieren kann. Das Licht kreisen lassen heißt denn, sich des Ohren-Lichtes bedienen, hinhorchen, seine Seelenkräfte sammeln, die Strahlen der innern Sonne und des innern Mondes sich vereinigen lassen im Unterbewußten, damit das Samenkorn keime dort, wo auch die Strahlen des äußern Lichtes, des Augen-Lichtes, des Bewußtseins, sich sammeln und einen. Beide Lichter jedoch (Augen-Licht und Ohren-Licht, äußeres und inneres Licht) »haben denselben Ursprung, aber verschiedene Namen« – sie sind der Ausdruck für die Komplexität des *yin-yang*-Tao, für die coincidentia oppositorum. Es ist der Ur-Geist, das wunderbare Wirken von Tao, das in der Stille der Meditation sich ereignet.

3. Als Stille

Wie wir sahen, wird die Stille, welche im »Sitzen« durch Rhythmisierung des Atmens erreicht wird, gleichgesetzt dem Himmlischen Geist, durch den die Vitalkraft des *yin-yang*-Tao in Bewegung gesetzt wird. In der Stille also kann der lautere, wahrhafte Dynamismus eines neuen Lebens erfahren werden, welches durch das wunderbare Wirken des Tao als coincidentia oppositorum aus den beiden Gegensätzen *(yin* und *yang)* neu ersteht.

Die Bedeutung des »Stille-Werdens« wird sowohl vom Buddhismus als auch vom Konfuzianismus – besonders vom Sung-Konfuzianismus – immer wieder betont. So heißt es im Text:

> Was die Weisen aller Zeiten sich übermittelten, war nie etwas anderes als Spiegelung des Lichtes *(fan-chao)*. Konfuzius sagt »vollkommene Weisheit« *(chih-chih)*, Buddha nennt es »geistige Meditation« *(kuan-hsin)*, und das Tao spricht von »innerer Schau« *(nei-kuan)*, aber alle meinen sie dasselbe, eben diese Methode. Über dieses Wort, Spiegelung des Lichtes *(fan-chao)*, wird viel geredet, aber verstanden und erfahren wird es selten. Denn Spiegelung *(fan*, das zudem Rückkehr bedeutet) heißt Heimkehr zum Anfang, wo Form und Geist *(hsing-shen)* im Bewußtsein noch nicht zu Wissen und Verstehen auseinandergefallen sind. Dies ist nichts anderes als das Suchen nach der Ganzheit *(t'i)* innerhalb unseres Leibes, die war, bevor Himmel und Erde entstanden (III: 10).

Daraus wird deutlich, daß unser Text versucht, die drei Lehren Konfuzianismus, Buddhismus und Taoismus zu einen in der Lehre der Licht-Spiegelung, welche beim »Sitzen« erfahren werden kann.

Es heißt in obigem Zitat: »Spiegelung heißt Heimkehr zum Anfang, wo Form und Geist im Bewußtsein noch nicht zu Wissen und Verstehen auseinandergefallen sind« – darin sind zwei unausgesprochene Postulate enthalten. Erstens wird die Stille dem ununterschiedenen Ganzen gleichgesetzt, dem Ganzen, da Himmel und Erde noch nicht geschieden sind, dem Tao als der Mutter der Myriaden von Erscheinungen, dem Ganzen, das sich in die beiden Pole »Geist und Form«, »Himmel und Erde«, »Natur *(hsing)* und Leben *(ming)*« scheidet. Zweitens findet sich das »Ganze«, das die Rückkehr anvisiert, in der »wissenden und alles verstehenden Seele«; hier wird offenbar ein a priori-Wissen im Unbewußten vorausgesetzt, das Jung in den Phänomenen der Synchronizität bestätigt findet[93].

In diesem Zusammenhang ist es interessant zu bemerken, daß der erste Punkt, die uranfängliche Einheit von Tao, eine der grundlegenden Lehren des Neo-Konfuzianismus darstellt. So heißt es z. B. bei Chou Tun-i (1017-1073), dem Begründer des Neo-Konfuzianismus, in seinem Traktat *T'ai Chi T'u Shuo* (Erklärung des Diagramms für das Allerhöchste):

Der Weise richtet sein Leben ein entsprechend seinen Mitteln, verhält sich nach den Gesetzen des Rechts, der Liebe und der Gerechtigkeit und betrachtet als höchstes Gut die Stille; auf diese Weise setzt er den höchsten Standard der Menschlichkeit ...[94]

Chou kommentiert seine Aussage »betrachtet als höchstes Gut die Stille« folgendermaßen: »Indem man sich von allem Begehren freihält, lebt man im Zustand der Stille«[95]. Dieser Begriff der Stille, als Freiheit von Begierde oder Egozentrizität, ist der Grundgedanke in der konfuzianistischen Lehre von Chu Hsi (1130-1200); er nennt es »das Prinzip des Himmels aus den Nebeln menschlicher Begierden befreien« *(t'ien-li jen-yü)* (s. S. 58). Die von menschlichen Begierden freie Seele nennt Chu Hsi den »Geist Himmels und der Erden« *(t'ien-ti-chih-hsin)*[96]; in unserem Text heißt dies *t'ien-hsin*, Himmlischer Geist, und wird synonym gebraucht für Tao als Quelle alles Schöpferischen.

4. Als Kontemplation

Die Lehre vom Kreisen des Lichts als Rhythmisierung des Atmens, als »Sitzen«, als Stille scheint eine neue Formulierung für das buddhistische *samādhi* zu sein; das *chih-kuan*, das wörtlich »aufhören und kontemplieren« bedeutet, spielt eine wichtige Rolle im T'ien-T'ai-Buddhismus. So heißt es:

Chih (den streunenden Gedanken Einhalt gebieten) soll gefolgt werden von *kuan* (Kontemplation und Weisheit), und auf *kuan* muß wieder *chih* folgen. Dies ist nichts anderes als die »zweifache Übung von *samādhi* und *prajñā*«, und eben dies ist das Kreisen des Lichts. Kreisen ist *chih* und Licht ist *kuan*.

Chih ohne *kuan* ist Kreisen ohne Licht –
Kuan ohne *chih* ist Licht ohne Kreisen.
Darauf habt acht! (III: 16)

Es wird hier ganz deutlich gesagt: »Kreisen ist *chih* und Licht ist *kuan*« – diese Lehre des Lichtkreisens ist also eine taoistische Formulierung der buddhistischen Lehre von *chih-kuan,* der »zwiefachen Übung von *samādhi* und *prajñā*«, welche das Herzstück ist der Lehre des T'ien-T'ai-Buddhismus. *Kuan* bedeutet Kontemplation in Weisheit und wird erreicht in der Tiefe der Innenschau oder, in den Worten unseres Textes, durch »Sitzen in Stille«, d. h. durch Introversion der psychischen Energie in die Tiefe des Unterbewußten; dies ist nur möglich durch *chih,* Unterbrechen des egozentrischen Bewußtseins, so daß das Ego verstummt, damit das Selbst sich auszuwirken vermag. Indem also dem Ego-Bewußtsein Einhalt geboten wird, kann das Licht des Selbst zu zirkulieren beginnen, das *yin-yang*-Tao durchdringt den Mikromakrokosmos.

Hier ist bemerkenswert, daß der Begriff *hui* (Kreisen, Zirkulieren) sowohl als Transitivum gebraucht wird im Sinne von »zurückwenden, in Bewegung setzen« als auch als Intransitivum im Sinne von »zurückgehen, heimkehren«; *chih* als Transitivum bedeutet »anhalten« und als Intransitivum »aufhören, anhalten, bleiben« etc. Der Begriff *hui,* Kreisen, kann also gleichzeitig verstanden werden als »Rückkehr« zur Einheit des Anfangs (Tao). Das »Kreisen des Lichts« bedeutet also sowohl »das Licht kreisen lassen« als auch »zum Licht heimkehren«. Läßt man also das Licht kreisen, so kehrt man damit heim zum Licht – und dies eben ist die Wirkung von Tao als coincidentia oppositorum.

Diese Gleichsetzung des Lichtkreisens mit dem *chih-kuan* des Buddhismus ist wichtig zum Verständnis unseres Textes – das eine ohne das andere wäre nicht verständlich.

Vorerst ist *kuan* oder *prajñā* (Weisheit), hervorgegangen aus der tiefen Innenschau von *samādhi,* gleichzusetzen dem »Licht der Innern Natur« *(hsing-kuang)* (s. Kap. X), welches die Manifestation des Selbst, des innersten Kerns einer Persönlichkeit ist. Dieses innere Licht ist gegenüberzustellen dem »Licht des gewöhnlichen Bewußtseins«, einem Licht, das durch menschliche Schwächen wie Beschränktheit *(avidyā)* und Schuld *(kleśa)* getrübt wird (Kap. II u. X). Zusammenfassend läßt sich sagen: Die Lehre vom Kreisen des Lichtes *(chih-kuan)* hat zum Ziel, die ruhelose Geschäftigkeit der *yin*-Seele *(p'o)*, die sich von weltlichen Wünschen und Begierden *(avidyā* und *kleśa)* treiben läßt und damit die psychische Energie *(ch'i)* auf »natürliche«, »normale« Weise verströmt (s. S. 54-58), aufzuhalten und durch die Erfahrung von Tao in der Stille zu verwandeln in das höhere Bewußtsein der *yang*-Seele *(hun)*. Kürzer gesagt: Die Lehre vom Kreisen des Lichts will den Weg weisen zur Manifestation von Tao, des Selbst.

Ferner ist die Lehre vom Kreisen des Lichts gleichzusetzen mit *samādhi-prajñā*, der Auswirkung des »Himmlischen Lichtes«, des »Lichtes der Innern Natur«, des innersten Lichtes des Selbst; es ist nichts anderes als die Erfahrung der Stille in der Meditation, die Introversion und Inkubation in der innersten Tiefe einer Persönlichkeit, die der Buddhismus *samādhi* nennt. So bilden denn die beiden Komponenten Stille und Licht, *samādhi* und *prajñā*, *chih* und *kuan*, das reine *yin* und das reine *yang*, der »Anfang« und die »Heimkehr« zum Ur-Einen zusammen die Quelle alles Schöpferischen, ein Kontinuum, ein dynamisches Ganzes.

Drittens darf die Rhythmisierung des Atmens, die Übung des »Sitzens«, die Kontemplation durch Zählen der Atemzüge *(shu-hsi-kuan* in unserem Text), welches die Grundlage für Zen sowohl wie beim *samādhi* des T'ien-T'ai-Buddhismus ist, nicht bloß als Mittel zum Zweck betrachtet werden bei der Meditation. Im Gegenteil, diese Übung ist die Manifestation von *samādhi-prajñā*, von *chih-kuan*, des *yin-yang*-Tao – Mittel und Zweck, Übung und Ziel bilden ein kontinuierliches Ganzes.

Viertens ist festzuhalten, daß selbstverständlich diese Erfahrung von Tao als Transzendierung von Bewußtem und Unbewußtem ein niemals endender Prozeß ist und mit dem Lebensprozeß zusammenfällt. Dies ist zu verstehen unter dem Begriff von Tao als kontinuierliche *yin-yang*-Alternation. Hui Yüan (333-416) gibt dazu eine treffende Definition von Buddha, die vom Buddhismus weithin akzeptiert wurde; sie heißt: *tzu-chüeh chüeh-t'a chüeh-hsing ch'iung-man* und bedeutet: »Gründen und wachsen in der Erleuchtung und andern dazu verhelfen, ebenfalls in der Erleuchtung zu gründen und zu wachsen, so daß Erleuchtung zum unendlichen Prozeß wird.« In dieser Definition wird Buddha, der Erleuchtete, erfahren als das »Licht«, das unsere durch Gier und Schuld verdunkelte Existenz erhellt; dieses Licht »scheint hervor aus der

Dunkelheit«, aus unserer innersten Tiefe. In diesem Licht werden wir unseres Schattens bewußt. Bewußt und Unbewußt, Ego und Selbst bedingen sich so gegenseitig im endlosen, unaufhörlichen Prozeß der Erleuchtung in und durch unser schuldverstricktes Leben; ohne diesen dunklen Grund kann weder Buddha noch das Selbst im konkreten Leben erfahren werden.

5. Als »Auge«

Unsterblichkeit, so sagt die Lehre vom Innern Elixier, manifestiert sich im »dritten Auge« zwischen den beiden Augen (des Bewußten und des Unbewußten). Es ist die Manifestation von *shu-chi* (Drehpunkt der Übereinstimmungen) oder einfach von *chi* (Übereinstimmung) – psychologisch ausgedrückt: die transzendierende Funktion zwischen Göttlich und Menschlich, Ewig und Zeitlich, Bewußt und Unbewußt (vgl. S. 75-76) in der Stille des »Sitzens«. So heißt es:

Nur reine Innenschau und ruhiger Atem (Übung) bringen dem Menschen Erleuchtung. Dazu bedarf es der Methode der Umkehr. Im *Yin Fu Ching* (dem Buch der Geheimen Übereinstimmung) heißt es: »Der Augenblick der Übereinstimmung ist im Auge.« Im *Huang Ti Su Wen* (Die grundlegenden Fragen des Gelben Herrschers) heißt es: »Die Lebenskraft *(ching-hua)* des menschlichen Körpers strömt empor zur offenen Leere *(kung-ch'iao)*.« Das weist darauf hin. Wer dies versteht, der erkennt, daß darin Unsterblichkeit und die Überwindung dieser Welt beschlossen liegt. Darauf allein zielen alle drei Lehren (von Konfuzius, Buddha und Tao) (III: 6).

Die beiden Symbole Auge und Licht können in der Erfahrung von Tao nicht getrennt werden, denn beide beziehen sich auf die bewußte Einsicht (Auge) ins Tao des reinen *yang* (Licht), auf die Schöpferkraft des Mikromakrokosmos, auf die Manifestation eines Bewußtseins auf höherer Ebene. Unser Text beginnt mit den Worten:

Die Natur heißt Tao. Tao hat weder Namen noch Gestalt. Es ist die innere Natur des Seins, der Eine Geist. Die innere Natur und das Leben sind unsichtbar: Sie werden gehegt im Lichte des Himmels. Das Himmelslicht ist unsichtbar: Es wohnt im Zenit zwischen den beiden Augen (I: 1).

Der ursprüngliche chinesische Ausdruck, der hier mit »hausen« und »wohnen« übersetzt ist, heißt *chi* und bedeutet zugleich »symbolisieren«. Der Ort »zwischen den beiden Augen« also, die Mitte zwischen links und rechts, bewußt und unbewußt, der Wohnort des himmlischen Lichts ist ein Symbol für den Sitz von Sein und Leben, und die Vereinigung dieser beiden wird genannt das Eine Sein, der Eine Geist des Anfangs, Tao, oder einfach Natur *(tzu-jan).* Diese vier Bezeichnungen sind also synonym und werden wechselweise gebraucht für ein und dasselbe: Natur, Tao, Ur-Geist (der Eine Geist des Anfangs), das Eine Sein: all dies bedeutet die coincidentia oppositorum von Natur und Leben, des maskulinen und des femininen Prinzips – es sind weitere Bezeichnungen für das den Mikromakrokosmos durchdringende *yin-yang*-Tao. Der »Ort zwischen den beiden Augen« bedeutet »das dritte Auge«, mit dem das »Himmlische Licht«, das Bewußtsein auf höherer Ebene wahrgenommen wird, wo das *yin-yang*-Tao, die coincidentia oppositorum, sich manifestiert.

Der Begriff von Tao, es kann nicht deutlich genug wiederholt werden, ist also nicht statisch zu verstehen, sondern nach chinesischer Weltanschauung als Dynamismus, als endlose Wechselwirkung zwischen *yin* und *yang* im Mikromakrokosmos, und das Ordnungsprinzip *(li),* ein Begriff des Sung-Konfuzianismus, wird als inhärent in diesem ewigen Wechselprozeß betrachtet. Dieses dem dynamischen Ganzen von Tao inhärente Ordnungsprinzip scheint anvisiert zu sein mit der Bezeichnung »der Eine Geist des Anfangs«; die beiden Attribute »Eine« und »Anfang« bezeichnen die Ganzheit sowohl als den transzendentalen Charakter eines Seins, das einem andern ontologischen Ordnungsprinzip zugehört, während »Geist« für den ewigen Prozeß von Schöpfung und Wandlung, für das wunderbare Wirken von Tao im Mikromakrokosmos steht. So heißt es im *Hsi Tz'u* des *I Ging:*

> ein *yin* und ein *yang* –
> dieser Wechselprozeß heißt Tao.
> Sich ihm zu fügen ist gut,
> und ihn zu erfüllen wirkt die Natur (*hsing*, die innere Natur) ...
> Die Folge von *yin* und *yang* übersteigt das Verstehen.
> Das Mysterium von Tao ist dies Geschehn *(shen)*[97].

Wird alle psychische Energie in der Introversion des »Sitzens« nach innen konzentriert, verschmelzen Bewußtes und Unbewußtes, und ein Bewußtsein auf höherer Ebene, das »dritte Auge«, vermag »das Licht des Himmels« wahrzunehmen, das Wirken des »Einen Geistes des Uranfangs«, des Ur-Geistes, der zwar »jenseits« ist, sich aber im Hier manifestiert. Diese Erfahrung von Tao, das Schauen mit dem »dritten Auge« ist nur möglich, so heißt es, »wenn man seine eigene Natur erkennt«:

Aber auf dem Ur-Geist, dem Nicht-Endlichen *(wu-chi)* beruht die Erschaffung Himmels und der Erden. Wenn der Tao-Sucher den Ur-Geist zu wahren vermag, dann transzendiert er das Leben über *yin-yang* hinaus und ist nicht mehr der dreifältigen Welt verhaftet. Diese Transzendierung ist nur möglich, wo Einer seine wahre Natur erkennt. Eben diese Erkenntnis ist gemeint mit dem Ausdruck »sein ursprüngliches Antlitz schauen« (II: 2).

Der Ausdruck »das ursprüngliche Antlitz schauen« ist ein bekanntes Zen-Wort. Die Erfahrung von Tao wird also der Grunderfahrung von Zen gleichgesetzt – es ist eben das Erkennen der eigenen Natur, das Schauen des »ursprünglichen Antlitzes«. Dieses »Antlitz« repräsentiert die eigene Verantwortlichkeit, Zuverlässigkeit, Prestige, Identität, Charakter etc., die im bewußten Dasein verankerte Persönlichkeit. Diese Erfahrung von Tao als Erkennen seiner eigenen Natur ist ein fortgesetzter Prozeß im täglichen Leben, der sich abspielt entsprechend dem Wechsel im Hier und Jetzt[98]. Das Schauen mit dem »dritten Auge«, das Leben als transzendierende Funktion spielt sich also ab im Hier und Jetzt; der Mensch, der sein Innen und Außen voll integriert, wird erst zum wahren Menschen *(chen-jen);* denn Tao ist die den Mikromakrokosmos durchdringende coincidentia oppositorum.

6. Als Individuationsprozeß

Der Begriff des »dritten Auges« als Vereinigung der zwei Gegensätze, die vom rechten und linken Auge repräsentiert werden, kann jedoch erst verstanden werden, wenn man den Individuationsprozeß damit in Verbindung bringt. Eines der grundlegenden empirischen Postulate der analytischen Psychologie heißt, es gebe einen psychischen Prozeß, der sein eigenes Ziel verfolge ungeachtet äußerer Umstände[99]. Dieser psychische Prozeß auf sein Ziel hin ist die Bewußtwerdung der Ganzheit, die sich in Symbolen vollzieht und eine Frucht ist der dialektischen Konfrontation, der Transzendierung von Bewußt und Unbewußt.

Dieser Individuationsprozeß beginnt mit der Bewußtwerdung des »Schattens«, der dunklen Züge eines Individuums, die unterdrückt und ins Unterbewußte verdrängt oder, da sie zwar da, aber nicht akzeptabel sind, auf einen andern projiziert werden. Dieses Problem der Integration des Schattens wird in unserm Text unter der Bezeichnung »*yin*-Seele« und »*yang*-Seele« folgendermaßen behandelt:

Der Leib ist aber nicht bloß der sieben Fuß große Körper: in ihm birgt sich zudem die *yin*-Seele. Die *yin*-Seele haftet am unterscheidenden Bewußtsein und dessen Funktionen, und umgekehrt hängt das Entstehen des unterscheidenden Bewußtseins von der *yin*-Seele ab. Die *yin*-Seele, *yin*-zugehörig, ist die Substanz des trennenden Bewußtseins. Solange das unterscheidende Bewußtsein nicht unterbrochen wird, verwandelt die *yin*-Seele ihre Inhalte ohne Unterlaß durch immer neue Existenzen und Generationen hindurch (II: 7).

Dann ist da aber noch die *yang*-Seele; sie ist im Geist enthalten. Tagsüber wohnt die *yang*-Seele in den Augen, nachts aber in der Leber. In den Augen wohnend, sieht sie; in der Leber hausend, träumt sie. Träume sind die Wanderungen des Geistes, der die neun Himmel und die neun Erden im Augenblick zu durchmessen vermag. Erwacht der Mensch, so ist er wieder dem Dunkel und dem Abgrund der Erscheinungen verfallen, er ist wieder Sklave der *yin*-Seele (II: 8).

Die *yin*-Seele wird hier gesehen als dem *yin*-Prinzip zugehörig, mit den Eigenschaften des Körpers behaftet, im Leibe wohnend, erdgebunden zur Tiefe sinkend, ins Unbewußte. Die *yang*-Seele dagegen, von geistiger Beschaffenheit, steigt empor. Die *yin*-Seele, heißt es weiter, sei die Substanz des unterscheidenden Bewußtseins und als solche verstrickt in Gier und Schuld – sie sei damit die Ursache der Wandlung in immer neue Lebensformen. Nur wenn sie sich zur *yang*-Seele zu wandeln, aus Verstrickung und Vergiftung zu lösen vermöge, werde sie aus dem Wandlungsprozeß entlassen und frei.

Nun sind aber beide, *yin* und *yang*, Komponenten des geheimen Wirkens von Tao *(shen)*. Soll das unterscheidende Bewußtsein der *yin*-Seele von seiner Verstrickung in Sehnsucht und Schuld frei werden, muß es sich dem Geheimnis von Tao öffnen lernen und das Wunder in sich wirken lassen. Dies kann gelernt werden durch das »Kreisen des Lichts«. Unser Text fährt fort:

Das Licht zirkulieren zu lassen, dient also zur Stärkung der *yang*-Seele, d. h. zur Erhaltung des Geistes, zur Unterwerfung der *yin*-Seele, zur Unterbrechung des diskriminierenden Bewußtseins. Um die vergängliche Welt zu überwinden, übten sich die Alten in der Methode, die Schlacken der *yin*-Seele restlos wegzuschmelzen und so zum reinen Ursprung zurückzufinden *(ch'ien,* Himmel). Dies eben ist das Auslöschen der *yin*-Seele und das Vollenden der *yang*-Seele (II: 9).

Die Formulierungen »Stärkung der *yang*-Seele«, »Erhaltung des Geistes«, »Unterwerfung der *yin*-Seele«, »Unterbrechung des Bewußtseins« lassen auf einen Einfluß der buddhistischen *Vijñapti-mātratā*-Lehre schließen (s. Anm. zum II. Kap. des Textes).

Diese Lehre unterweist, wie das unterscheidende Bewußtsein sich in *prajñā,* Weisheit, wandeln lasse. Dieses buddhistische *prajñā* deckt sich offenbar mit dem Begriff des reinen *yang,* des reinen *ch'ien* – und dieses *ch'ien* ist gleichzeitig der Name für das Hexagramm, das aus sechs *yang*-Linien besteht und für das reine *yang* der Schöpferkraft des Mikromakrokosmos steht – für das wunderbare Wirken von Tao.

Das chinesische Wort *p'o, yin*-Seele, wurde von Richard Wilhelm übersetzt mit »Anima« und dem Begriff *hun* (*yang*-Seele) gegenübergestellt, die R. Wilhelm als Animus bezeichnete. Diesen Ausdruck Anima übernahm C. G. Jung zur Bezeichnung des »Affektiv-Weiblichen« im Charakter des Mannes[100], während Animus das entsprechende männliche Element im weiblichen Charakter darstellt[101]. Jung sagt:

Der Animus auf niederer Stufe ist ein minderwertiger Logos, eine Karikatur des differenzierten männlichen Geistes, wie die Anima auf niederer Stufe eine Karikatur des weiblichen Eros ist[102].

Es stellt sich also die Aufgabe, die Anima, den niederen Eros des Mannes, und den Animus, den minderwertigen Logos der Frau, zu befreien, ins Bewußtsein zu heben, soll sich eine Persönlichkeit voll und ausgeglichen entfalten können.

In dieser Erlösungstheorie der analytischen Psychologie entsprechen also Anima, der inferiore Eros im Manne, und Animus, der minderwertige Logos der Frau, der *yin*-Seele, d.h. beide sind keine integren Partner des Selbst, sind nicht *shen*, lebendiger Geist, Ausdruck des Tao, sondern gehören der dunklen, niedrigen, minderwertigen, erdgebundenen Sphäre, dem unerquicklich irritierenden Unbewußten einer Persönlichkeit einerseits zu. Andererseits sind es Potentiale höchster Entwicklungsmöglichkeit von Liebe und Geist. »Die Schlacken der *yin*-Seele restlos wegschmelzen« (II: 9) bedeutet demnach psychologisch, Animus und Anima, die Inhalte des Unbewußten, zum Bewußtsein zu erheben, und »die Unterwerfung der *yin*-Seele« (II: 9) bedeutet die Integration der unbewußten Inhalte im Bewußtsein. Auf diese Weise wird das Bewußtsein von der Verhaftung an die dunklen unbewußten Bezirke befreit und gleichzeitig erweitert und bereichert, es wird durchlässig für das wunderbare Wirken des Tao, des reinen Geistes *(shen):* dies ist die Heimkehr zur Ur-Einheit. Um dies zu erreichen, muß man das »Licht des dritten Auges«, das aus der Transzendierung von Bewußt und Unbewußt geborene Bewußtsein auf höherer Ebene, durch den Körper kreisen lassen, auf daß der Leib ein Tempel des Geistes werde, in dem Tao regiert:

> Dieser himmlische Geist gleicht einem Haus, dessen Herr das Licht ist. Darum, sowie das Licht seinen Kreislauf beginnt, steigt die Lebenskraft *(ch'i)* des ganzen Leibes zum Thron empor ... (I: 7).

Gelingt einem Tao-Sucher diese Integration nicht, so wirkt sich die *yin*-Seele, das Unbewußte, auf unangenehme, negative Weise aus und knechtet das Individuum durch ihre machtvolle Autonomie. Unser Text erwähnt zwei Gefahrenquellen: »Dumpfheit« und »Zerstreutheit« (IV: 9), der Bezirk, wo Zerstreuung und Verstrikkung durch »das *māra* der Fünf Sinne« (V: 6) die Oberhand gewinnen und wo man sogar der Starre »des dürren Baumes und des Felsens« verfallen kann (V: 6), d.h. psychologisch gesprochen, wo eine vollständige Dissoziation zwischen unbewußten Inhalten und bewußter Persönlichkeit stattfindet.

In unserem Text wird die Gefahr des unerlösten (unerkannten) Unbewußten für das Bewußtsein mangelnder Kraft der *yang*-Seele zugeschrieben: *yang* ist das Prinzip, das Wärme, Leben, Licht,

Kraft spendet. Das Mittel, diesen Gefahren der Überflutung durch das Unbewußte zu begegnen, liege allein in der Bewußtwerdung:

Der Augenblick, da man seiner Zerstreutheit gewahr wird, ist der Moment des Sieges über sie. Dösig zu sein und es nicht zu wissen, oder dösig zu sein und sich dessen bewußt zu werden, das sind zwei Dinge, die mehr als tausend Meilen weit auseinander liegen. Wenn ein Mensch sich seines dumpfen Geistes nicht bewußt ist, dann ist er wirklich stumpf. Wird er dessen aber gewahr, so ist er bereits nicht mehr wirklich stumpf. Denn Klarheit und Einsicht sind bereits erwacht (IV: 9).

Aus allen diesen Untersuchungen geht hervor, daß die Erfahrung von Tao, der Goldenen Blüte in der Lehre vom Innern Elixier, gleichbedeutend ist mit der Introversion aller psychischen Energie zum innersten Kern der Persönlichkeit während des »Sitzens«; es ist die »Rückkehr« zum Allerhöchsten *(t'ai-chi)* und zugleich der »Neubeginn«, die Manifestation der den Mikromakrokosmos durchdringenden schöpferischen Kraft des *yin-yang*-Tao als coincidentia oppositorum par excellence, als »Rückkehr« und »Neubeginn«, deckt sich genau mit Jungs Begriff der Individuation, den er definiert als »Prozeß der Zentralisierung, das Setzen eines neuen Persönlichkeitszentrums«:

Die Symbole des Individuationsprozesses, die im Traum erscheinen, sind archetypische Bilder, welche den Prozeß der Zentralisierung, die Schaffung eines neuen Persönlichkeitszentrums darstellen ... Dieses Zentrum nenne ich »Selbst« und möchte es als Totalität der Persönlichkeit verstanden wissen. Das Selbst ist nicht bloß Zentrum, sondern umfaßt auch den ganzen Umfang von Bewußt und Unbewußt. Es ist der Kern dieser Totalität, so wie das Ego der Kern des Bewußtseins ist[103].

Der Individuationsprozeß kann sich nur vollziehen, wenn das Ego »weich«, nachgiebig, durchlässig wird für die schöpferische Kraft des Selbst. Als Symbol für diese »Weichheit« erscheint in der Lehre vom Innern Elixier immer wieder das Bild des Kindes (10. Kap. *Lao Tzu,* vgl. S. 32).

Dieser Archetyp des Kindes ist der Träger neuen Lebens, eines Bewußtseins auf höherer Ebene, nachdem das Bewußtsein die Manifestation des Unbewußten z. B. in Religion, Alchemie, Märchen, Träumen aufgenommen und assimiliert hat. Der Hauptakzent in der Lehre vom Innern Elixier sowohl wie bei Lao Tzu liegt auf dem »Nicht-Tun mitten im Tun« in Übereinstimmung mit der Natur *(tzu-jan);* danach strebt der wahre Mensch *(chen-jen),* der sein Leben »nachgiebig«, »weich«, harmonisch nach innen und außen sich erfüllen läßt und damit zur Manifestation des den Mikromakrokosmos durchdringenden Tao wird.

Zweiter Teil:

DIE LEHRE VON DER GOLDENEN BLÜTE DES GROSSEN EINEN

Text und Kommentar

I. DER HIMMLISCHE GEIST *(T'IEN-HSIN)*[1]

1. Meister Lü[2] sprach: Die Natur *(tzu-jan)*[3] heißt Tao. Tao hat weder Namen noch Gestalt *(wu-ming-hsiang)*[4]. Es ist die innere Natur des Seins *(hsing)*[5], der Eine Geist *(yüan-shen)*[6]. Die innere Natur und das Leben *(ming)* sind unsichtbar: sie werden gehegt[7] im Lichte des Himmels. Das Himmelslicht *(t'ien-kuang)* ist unsichtbar: Es wohnt im Zenit zwischen den beiden Augen[8].

2. a) Seit Urbeginn haben die Unsterblichen *(hsien)*[9] und die wahren Menschen *(chen)*[10] das Eine *(i)* von Mund zu Mund empfangen und übermittelt *(te-i)*[11]. Vor Zeiten, da T'ai Shang[12] erschienen war und sich offenbart hatte, gab Tung-Hua[13] seine Lehre an mich weiter[14], und durch mich wiederum kam sie an die Schulen des Südens und des Nordens (des Ch'üan Chen Chiao-Ordens)[15].

b) Der Ch'üan Chen Chiao-Orden gedieh zu höchster Blüte. Es war eine fruchtbare Zeit der lebendigen geistigen Übermittlung (der Lehre) *(hsin-ch'uan)*[16]. Dann aber geriet der Orden in Wirrnis und schlimmen Verfall und wurde schließlich verdrängt und ging unter, und heute ist er vergessen. Aus einem Extrem pflegt als logische Folge das entgegengesetzte Extrem zu erwachsen.

c) Daher verkündete der verblichene Ch'ing Ming Hsu Tsu[17] in seinem Erbarmen zur Erlösung aller eine neue Lehre der Übermittlung, nicht durch Unterweisung[18], sondern durch Erwählung[19] eines überragenden Geistes zum Führer.

d) Hören und Vernehmen *(wen)*[20] ist ein Schwieriges auch nach Tausenden von Äonen *(chieh)*[21] des Lernens; das Empfangen jedoch findet statt im Moment der Erfahrung. Ein jeder sollte mit Ehrfurcht den Forderungen[22] des Meisters Hsu Folge leisten und unerschrocken[23] voranschreiten, im Bemühen um die tägliche

Pflicht[24], sich in der Wahrheit zu üben und die innere Natur *(hsing)* wahrzunehmen.

e) In aller Demut bin ich zum Lehrer und Führer geworden und möchte damit beginnen, die Lehre der Goldenen Blüte des Allerhöchsten erstrahlen zu lassen; und danach will ich sie Schritt für Schritt erklären.

3. *T'ai-i,* das Große Eine, ist die Bezeichnung dessen, was nichts Höheres über sich hat. Das Geheimnis des Elixiers *(tan)*[25] (d.h. wie es zu erlangen ist) besteht darin, durch das Tun *(yu-wei)* zum Nicht-Tun *(wu-wei)* zu gelangen. Dabei handelt es sich nicht um den absoluten Sprung, den direkten Zugang (zum Nicht-Tun)[26]. Die Lehre, die ich übermittle, unterweist in der Entwicklung der menschlichen Natur *(hsing)*[27] und schreitet nicht durch die mindere Pforte der Erfahrung. Sie ist daher wunderbar *(miao).*

4. Die Goldene Blüte *(chin-hua)* ist Licht. Das Licht – in welcher Form *(se)*[28] erscheint es denn? In der Gestalt *(hsiang)*[29] der Goldenen Blüte. Dieses ur-anfängliche Licht des Geheimnisses, des Großen Einen[30] erscheint im Innen, es ist die wahre Kraft *(chen-ch'i)* des Großen vor-himmlischen Einen *(hsien-t'ien t'ai-i)*[31]. Darauf bezieht sich das Wort: »Das Blei der Wassergegend hat nur den einen Geschmack«[32].

Kommentar:
Das Himmlische Eine *(t'ien-i)*[33] erschafft das Wasser. Das ist die wahre Kraft des Großen Einen. Erlangt der Mensch dies Eine, so lebt er *(sheng);* verliert er es, so stirbt er. Obwohl sein Leben abhängt von diesem Einen, vermag der Mensch es nicht zu sehen, so wie der Fisch das Wasser nicht wahrnimmt, das sein Lebenselement ist. Der Mensch stirbt, wenn er diese Lebenskraft nicht hat, gleichwie der Fisch umkommt ohne Wasser. Daher haben die Unsterblichen *(hsien)* und Meister die Menschen gelehrt, sich dem Urgrund zu vereinen und das Eine zu wahren *(pao-yüan shou-i)*[34], den Kreislauf des Lichtes zu fördern und die Mitte zu hüten *(hui-kuang shou-chung)* (s. Kap. III). Indem man diese wahre Lebenskraft hegt, kann man sein Leben verlängern, und durch Wärmen und Schmelzen auf rechte Weise wird der unsterbliche Leib erschaffen (s. II: 12, h-n).

5. Dieses Werk, das Licht kreisen zu lassen *(hui-kuang),* beruht auf der Methode der rückläufigen Bewegung *(ni-fa),* d.h. die Gedanken müssen auf den Geist des Himmels *(t'ien-hsin)* konzentriert werden. Der Himmelsgeist wohnt zwischen Sonne und Mond[35].

Das Buch des Gelben Hofes *(Huang T'ing Ching)* sagt: »Das zollgroße Feld im fußgroßen Haus vermag das Leben zu lenken«[36]. Das fußgroße Haus ist das Gesicht[37]. Im Gesicht das zollgroße Feld[38] – was anderes könnte das sein als der himmlische Geist?

6. Inmitten des Geviertzolls steht der Palast der jadegrünen Stille im Hof des Elixiers, bewachsen mit *yü*[39], hier haust der Geist *(shen)*[40] der äußersten Leere *(chih-hsü)* und des höchsten Mysteriums *(chih-ling)*[41]. Konfuzius nennt es »das Zentrum der Leere« *(hsü-chung)*, die Buddhisten »den Schrein des Mysteriums« *(ling-t'ai)*[42] und die Taoisten »das Land der Ahnen« *(tsu-t'u)* oder »den Gelben Hof« *(huang-t'ing)*[43] oder »die Schranke des Mysteriums« *(hsüan-kuan)*[44], »das Offene vor Erschaffung Himmels und der Erde« *(hsien-t'ien-ch'iao)*[45].

7. Dieser himmlische Geist gleicht einem Haus, dessen Herr das Licht ist. Darum, sowie das Licht seinen Kreislauf beginnt, steigt die Lebenskraft (*ch'i*, die vitale Kraft der Materie) des ganzen Leibes zum Thron[46] empor, gleich wie alle Gesandten zur Huldigung erscheinen mit Jade und Seide, sobald ein heiliger Herrscher seinen Thron bestiegen und seine Gesetze erlassen hat; oder wie Knechte und Mägde einem klugen und weisen Meister aus freien Stücken gehorchen und guten Willens ihrer Arbeit obliegen.

8. Ihr, meine Schüler, solltet alles daransetzen, den Kreislauf des Lichts zu fördern. Das ist das höchste und herrlichste Geheimnis. Das Licht ist leicht zu bewegen, aber schwer zu konzentrieren. Dies Licht, hat man es lang genug zirkulieren lassen, kristallisiert sich. Und eben dies ist die Einung des Dharma-Leibes mit der Natur *(tzu-jan)*[47]. Diese Einung des Geistes geschieht jenseits der Neun Himmel[48]. So wird es gelehrt im Buch vom Siegel des Herzens *(Hsin Yin Ching)*: »Still schwebst du empor in der Morgenfrühe«[49].

9. Zur Übung dieser Lehre[50] braucht man nach keiner andern Methode zu suchen, als einzig und allein seine Gedanken rein darauf (auf den Lichtkreislauf) zu sammeln *(ch'un-hsiang)*[51]. Im *Leng Yen Ching*[52] heißt es: »Wenn du deine Gedanken reinigst und sammelst, wirst du emporfliegen und ohne Fehl im Himmel geboren werden.« Der Himmel bedeutet nicht das blaue Himmelszelt: Es ist vielmehr der Ort, wo der Leib geboren wird[53]. Übt man diesen Lichtkreislauf lang genug, wird aus dem sterblichen Leib ein neuer Leib geboren werden[54].

10. Die Goldene Blüte *(chin-hua)* ist das Goldene Elixier *(chin-tan)* (Goldkugel, Goldpille, Goldkorn). Alle Wandlungen, vom Geist und Licht *(shen-ming)* in der Seele erweckt, hängen in ihrer Auswirkung vom Erwachen der Seele ab. Dies ist ein tiefes Geheimnis, das aber zu höchster Wirkung gelangt, wenn man ohne Fehl, mit Intelligenz und Scharfsinn, in äußerster Konzentration und Ruhe sich aufrichtiger Übung hingibt. Ohne Klugheit und Weisheit, ohne äußerste Anspannung aller Kräfte und ohne Versenkung in Ruhe und Stille kann dieser Weg nicht begangen werden.

Kommentar:

a) Der Anfang dieses Kapitels legt die Wurzel und Quellen *(ken-yüan)*[55] des Großen Tao frei.

b) Der Himmlische Geist ist Wurzel und Keim des Großen Tao. Vermag man im Tiefsten still zu werden, dann offenbart sich der Himmlische Geist ohne eigenes Dazutun. Wenn Liebe *(ch'ing)*[56] sich regt und sich bis zur Erschaffung eines neuen Menschen entfaltet, empfängt dieser Mensch seine ursprüngliche Natur *(yüan-hsing)* vom Himmelsgeist.

c) Zur Zeit, da Vater und Mutter das neue Wesen noch nicht erschaffen haben, zur Stunde, da das Kind empfangen wird, wohnt seine ursprüngliche Natur im Wahren Offenen (Elixier-Feld) *(chen-ch'iao)*. Bei der Geburt, mit dem ersten Schrei, werden Wesen (Natur) und Sein (Leben) *(ming)* getrennt und sind von nun an Zwei[57]. Von diesem Augenblick an ist die reine Stille verloren und Wesen und Sein sind einander fremd. So sagt das Diagramm des Äußersten Pols (T'ai Chi T'u): »Das Allerhöchste beschließt in sich die wahre Kraft, Essenz und Geist des Samens, *yang*-Seele und *yin*-Seele *(hun-p'o)* und das Denken *(i)*.« Wenn des Menschen Geist zur tiefsten Stille findet, so findet der Himmelsgeist des Wesens spontan zurück zu seinem Ursprung.

d) Das innere Wesen *(hsing)* wohnt im Wahren Offenen, doch wohnt sein Licht in den beiden Augen. Daher lehrt der Meister den Kreislauf des Lichts, auf daß man sein wahres Wesen erkennen lerne.

e) Das wahre Wesen ist der ursprüngliche Geist *(yüan-shen)*, und der ursprüngliche Geist ist Natur und Leben. Im letzten Sinne ist dies nichts anderes als die Ur-Kraft *(yüan-ch'i)*. Das eben ist das Große Tao.

f) Der Meister ist besorgt, daß man die tiefe Weisheit nicht erkenne, wie man durch Tun *(yu-wei)* zum Nicht-Tun *(wu-wei)* gelange. Darum sagt er: »Das Geheimnis des Lebenselixiers besteht darin, durch Tun ins Nicht-tun zu finden« (s. I: 3). Denn das Tun ist der Anfang: Man läßt das Licht kreisen und spiegeln[58] *(hui-kuang fan-chao)* und sucht darin die Manifestation der himmlischen Übereinstimmung zu erkennen[59]. Dann wird der wahre Samen *(chen chung)* erzeugt, und durch Wärmen und Schmelzen nach richtiger Lehre erwächst daraus das Goldene Elixier *(chin-tan)*[60]. Danach kann es (das Goldene Elixier) durch die Sperre *(kuan)* eingehen und als Embryo *(t'ai)* empfangen werden. Übt man sich unentwegt im Wärmen und Nähren *(wen-yang)*, im Baden und Waschen *(mu-yü)*, so erreicht und betritt man das Reich des Nicht-Tuns. Es bedarf der Feuerprobe *(huo-hou)* eines vollen Jahres, bevor der Embryo geboren wird, bevor die Hüllen fallen und die Transzendenz aus dem Hiesigen ins Heilige geschehen kann.

g) Diese Lehre ist ganz einfach und schlicht, aber die Möglichkeiten zu Wandlungen und Variationen sind unendlich. Deshalb heißt es, die Lehre enthülle nicht den absoluten Sprung (Ur-Sprung) und den direkten Zugang (zum Nicht-Tun) (s. I: 3). Wer das ewige Leben sucht, der sollte nach dem Urquell suchen, wo die Natur *(yüan-hsing)* ihren Ursprung hat.

II. URGEIST *(YÜAN-SHEN)* UND BEWUSSTER GEIST *(SHIH-SHEN)*

1. Meister Lü sprach: Im Angesicht von Himmel und Erde gleicht des Menschen Leben einer Eintagsfliege.

Kommentar:
Die Eintagsfliege ist ein Wasserinsekt, am Morgen geboren, am Abend tot.

In der Sicht des Großen Tao sind selbst Himmel und Erde bloß eine Luftblase und ein Schatten. Allein der Urgeist, die Wahre Natur *(chen-hsing)* vermag Raum und Zeit *(yüan-hui)* zu transzendieren und zu überdauern.

Kommentar:
Ein *hui* ist 10 800 Jahre. Bekanntlich nimmt der Himmel seinen Anfang im *tzu-hui* (12. Stunde, Mitternacht) und endet im *hai-hui* (11. Stunde, Mittag) – kurz alle 12 *huis* (s. Diagramm der Entsprechungen der Yin-Yang-Schule S. 43) entsprechen einem *yüan,* d.h. einer Periode von 129600 Jahren. In dieser Zeitspanne vollenden sich Werden und Vergehen von Himmel und Erde. Dies bedeutet: Allein durch behutsame Pflege und stetes Verfeinern seiner wahren Natur vermag der Mensch Werden und Vergehen (die Zeit) zu überwinden.

2. Die Samen-Kraft *(ching-ch'i)*[61] folgt dem zyklischen Werden und Vergehen von Himmel und Erde und ist ebenfalls vergänglich. Aber auf dem Ur-Geist, dem Nicht-Endlichen *(wu-chi)*[62] beruht die Erschaffung Himmels und der Erden.

Wenn der Tao-Sucher[63] den Urgeist zu wahren vermag, dann transzendiert er das Leben über *yin-yang* hinaus und ist nicht mehr der dreifältigen Welt[64] verhaftet. Diese Transzendierung ist nur möglich, wo einer seine wahre Natur erkennt. Eben diese Erkenntnis ist gemeint mit dem Ausdruck sein »ursprüngliches Antlitz« schauen.

3. Wenn ein Mensch im Mutterleib empfangen wird[65], wohnt der Ur-Geist im Geviertzoll (s. I: 6); der bewußte Geist aber wohnt in der Tiefe des Herzens. Dieses Herz aus Fleisch und Blut hängt wie ein großer Pfirsich im Leib, beschützt und beschirmt von den Lungenflügeln, gestützt von Leber und Eingeweiden. Lebt man auch nur einen Tag lang ohne Nahrung, so leidet das Herz; hört man etwas Erschreckendes, so beginnt es wild zu schlagen; hört man etwas Böses, so windet es sich in Qualen; begegnet man dem Tod, wird es betrübt; erblickt man Schönheit, so läßt es sich blenden. Der Himmelsgeist jedoch, der oben im Kopf wohnt – wie sollte der auch nur im geringsten berührt werden?

4. Du fragst: »Kennt der Himmelsgeist denn keine Bewegung?«[66] Das Wahre Denken[67] im Geviertzoll, wie sollte das sich bewegen? Sowie Bewegung entsteht, so schwindet das Wunderbare (Licht). Sogar im Augenblick höchster irdischer Stille, im Augenblick des Todes, ist noch Bewegung, und das wunderbare Licht erlischt (VIII: 24 u. 25). Wäre die Stille rein und lauter, würde das Licht sich kristallisieren zur Dharma-Gestalt (I: 8), deren verborgene Kraft *(ling)* allmählich alles zu durchdringen und die natürlichen Triebe zu beherrschen begänne. Dies ist ein Geheimnis, das seit Jahrtausenden nicht mehr verkündet worden ist.

5. a) Das irdische Bewußtsein ist wie ein mächtiger Feudalstaat oder ein rauher General, der den Himmlischen Herrscher hintergeht und dadurch schwächt, um die Macht selber an sich zu reißen. Geschieht dies lange genug, so gerät alles in größte Unordnung.

b) Gelingt es aber, das Licht zu kristallisieren und damit den Palast des Urbeginns *(yüan-kung)* zu bewahren, so gleicht dies der Herrschaft eines Erhabenen auf seinem Thron. Das kreisende Licht der beiden Augen gleicht den Adjutanten zur Rechten und zur Linken, die beide ihrem Herrn von ganzem Herzen ergeben sind. Wenn so die innere Ordnung gesichert ist, wird keiner der wilden Helden umhin können, seine Lanze aus freien Stücken zu senken und um sein Leben zu flehen[68].

6. Das Tao des Elixiers wird durch das dreifache Geheimnis erlangt: das Samen-Wasser *(ching-shui)*, das Geist-Feuer *(shen-huo)* und die Gedanken-Erde *(i-t'u)*. Was ist Samen-Wasser? Es

ist das *ch'i* (Schöpferkraft) des Einen vor der Zeit *(hsien-t'ien chen-i)*[69]. Das Geist-Feuer ist Licht. Die Gedanken-Erde ist der Himmelsgeist im Mittleren Palast *(chung-kung)*. Das Geist-Feuer bedeutet den Impuls (zur Erschaffung des Elixiers) *(yung)*; die Gedanken-Erde ist die Substanz (des zu erschaffenden Elixiers); und das Samen-Wasser ist die Grundlage (zur Erschaffung des Elixiers) *(chi)*[70].

7. Es heißt, ein Menschenleib werde durch Gedanken *(i)* erzeugt[71]. Der Leib ist aber nicht bloß der sieben Fuß große Körper: in ihm birgt sich zudem die *yin*-Seele *(p'o)*. Die *yin*-Seele haftet am unterscheidenden Bewußtsein und dessen Funktionen, und umgekehrt hängt das Entstehen des unterscheidenden Bewußtseins von der *yin*-Seele ab. Die *yin*-Seele, *yin* zugehörig, ist die Substanz *(t'i)* des trennenden Bewußtseins. Solange das unterscheidende Bewußtsein nicht unterbrochen wird, verwandelt die *yin*-Seele ihre Inhalte[72] ohne Unterlaß durch immer neue Existenzen und Generationen hindurch[73].

8. Dann aber ist da noch die *yang*-Seele *(hun)*[74]. Sie ist im Geist *(shen)* enthalten. Tagsüber wohnt die *yang*-Seele in den Augen, nachts aber in der Leber. In den Augen wohnend, sieht sie; in der Leber hausend, träumt sie. Träume sind die Wanderungen des Geistes *(shen-yu)*, der die neun Himmel und die neun Erden[75] im Augenblick zu durchmessen vermag. Erwacht der Mensch, so ist er wieder dem Dunkel und dem Abgrund der Erscheinungen verfallen, er ist wieder Sklave der *yin*-Seele.

9. Das Licht zirkulieren zu lassen, dient also zur Stärkung der *yang*-Seele *(lien-hun)*, d. h. zur Erhaltung des Geistes *(pao-shen)*, zur Unterwerfung der *yin*-Seele, zur Unterbrechung des diskriminierenden Bewußtseins *(tuan-shih)* (II: 11). Um die vergängliche Welt zu überwinden, übten sich die Alten in der Methode, die Schlacken der *yin*-Seele restlos wegzuschmelzen und so zum reinen Ursprung *(ch'un-ch'ien)* zurückzufinden (s. I: 9). Dies eben ist das Auslöschen der *yin*-Seele und das Vollenden der *yang*-Seele (VIII: 7).

10. Das Licht kreisen zu lassen ist das Geheimnis, welches das *yin* auslöscht und die *yin*-Seele unter Kontrolle bringt. Man braucht sich nicht darum zu bemühen und nicht zu sorgen, zum reinen Ursprung zurückzufinden; man halte sich einfach getreu daran, das Licht zirkulieren zu lassen. Das Licht ist der Ursprung:

es zirkulieren lassen, bedeutet Rückkehr zum Ursprung. Wird dies getreu geübt, so wird das Samen-Wasser steigen, das Geist-Feuer wird sich entzünden, die Gedanken-Erde wird sich festigen und kristallisieren und der Heilige Embryo *(sheng-t'ai)* kann geboren werden[76]. Der Skarabäus *(ch'iang-lang)* rollt seinen Ball aus Kot, in dem sich der Lebenskeim entwickelt[77]. Das ist das Strömen des Geistes, das Werk des reinen *yang* (s. III: 14). Wenn sogar im Kotball Leben erweckt werden kann, das seine Schalen sprengt, wie sollte da in unserm Herzen, wenn wir das Bewußtsein rein darauf konzentrieren, nicht der Geist-Leib, der *dharma*-Leib zu entstehen vermögen (s. I: 8).

11. Die eine wahre, wunderbare Natur *(i-ling-chen-hsing)* wird geschieden in *yang*- und *yin*-Seele, sowie sie sich in die Behausung des Vergänglichen (des *ch'ien*-Palastes) senkt. Die *yang*-Seele gehört dem Bereich des Himmlischen zu; es ist *ch'i*, die vitale und materielle Kraft, welche rein und leicht ist. Sie kommt aus der Großen Leere[78] und ist ihrem Wesen nach identisch mit dem Uranfang. Die *yin*-Seele ist *yin* zugehörig und zudem *ch'i*, der vitalen und materiellen Kraft, welche schwer und trüb ist. Sie haftet am gewöhnlichen Bewußtsein[79]. Die *yang*-Seele liebt das Leben, die *yin*-Seele dagegen ersehnt den Tod. Alle möglichen Wunschträume und Begehren sind Auswirkungen der *yin*-Seele, d. h. Wirkung oder Bedingung des unterscheidenden Bewußtseins. Nach dem Tode lechzt sie nach Blut, im Leben aber erleidet sie schwere Not. *Yin* gesellt sich zu *yin*, denn Verwandtes zieht sich an. Wenn aber ein Tao-Sucher so lange die *yin*-Seele bearbeitet, bis das *yin* darin versiegt, so wandelt sie sich in reines *yang*[80].

Kommentar:

a) Dieses Kapitel ist von Bedeutung wegen der genauen Beschreibung, wie sowohl der Ur-Geist als auch der bewußte Geist die kontrollierende Kraft haben, einen Menschen zu *ch'i* umzuwandeln.

b) Der Meister sagt: »Des Menschen Leben gleicht der Eintagsfliege. Nur der Ur-Geist, die Wahre Natur, vermag Raum und Zeit zu transzendieren und zu überdauern (s. II: 1).

c) Die Wahre Natur hat ihren Ursprung im Nicht-Endlichen *(wu-chi)* und wird vollendet durch die Ur-Kraft *(yüan-ch'i)* des Allerhöchsten *(t'ai-chi)*. Indem sie die Natur von Himmel und Erde erhält, wird sie zum unterscheidenden bewußten Geist, und indem sie die Eigenschaften von Vater und Mutter empfängt, wird sie zum Ur-Geist. Der Ur-Geist, ohne unterscheidendes Bewußtsein und Wissen, vermag Erschaffung und Wandlung des lebendigen Leibes zu bewirken. Der Ur-Geist ist mächtig und herrlich[81] und vermag unermüdlich zu wirken und des Menschen Geist zu lenken. Solange er einem Leib innewohnt, ist es die *yang*-Seele; sowie er den Leib verläßt, wird es zur körperlosen *yin*-Seele[82].

d) Nur der Ur-Geist ist unabhängig von der Existenz eines Leibes. Sowie ein Menschenkind empfangen wird und ein Embryo heranwächst, kristallisiert sich der Ur-Geist im Allerhöchsten. Beim Fall ins Leben dann (d. h. bei der Geburt), beim ersten Schrei, folgt das unterscheidende Bewußtsein dem ersten Atemzug, breitet sich mit der Lebensluft im Leibe des Neugeborenen aus und macht ihn zu seiner Wohnstatt. Im Herzen nimmt der unterscheidende bewußte Geist Wohnsitz und ist von nun an der Herrscher. Der Ur-Geist verliert seinen Thron, solange das Bewußtsein an der Macht ist.

e) Der Ur-Geist liebt die Stille, während der bewußte Geist Bewegung sucht. Er läßt sich dabei von Affekten und Wünschen treiben. Bei diesem Raubbau bei Tag und Nacht versiegt der Quell des Lebens. Und es kommt die Zeit, da die Lebenskraft des Ur-Geistes erschöpft ist und das Bewußtsein seine Wohnstatt (den Leib) verläßt.

f) Wenn einer, der sich treulich in rechter Weise geübt hat, zum Sterben kommt, verläßt die Lebenskraft seines Geistes, durch Übung lauter und rein geworden, den Leib durch Mund und Nase (die oberen Öffnungen, s. Anm. 56). Dann heißt es, das reine, lichte *ch'i* schwebe zum Himmel empor und werde *yin*-Geist, begabt mit den »fünf wunderbaren Erkenntnissen«.

g) Bei denjenigen aber, deren Ur-Geist durch das Bewußtsein geschwächt und verwischt wurde und die aus Gier, Zorn, Ungerechtigkeit und Neid sündhaft gehandelt haben, trübt und verwirrt sich der bewußte Geist im Augenblick des Todes, so daß er den Leib im Gefolge von *ch'i* (Lebenskraft) durch den Anus verläßt. Es heißt dann, daß das stumpfe und trübe *ch'i* sich nach unten konzentriert und der Unterwelt verfällt und dort ein *kuei* (böser Geist) wird. Damit ist nicht allein der Ur-Geist verloren, sondern auch die geheime Weisheit der wahren Natur vermindert. Eben dies meint Meister Lü, wenn er sagt: »So wie Bewegung entsteht, schwindet das Wunderbare (Licht)«.

h) Will einer den Ur-Geist erhalten, so kann er dies nur, wenn er seinen bewußten Geist in Zucht und Zaum nimmt. Solche Beherrschung kann realisiert werden durch die Zirkulation des Lichtes.

i) Wenn man sich im Kreisen des Lichtes übt, soll man beide, Leib und Seele, vergessen: das alte Bewußtsein stirbt, und der Geist lebt und wirkt. Wenn der Geist aktiv wird, verwandelt die (reine) Atemkraft mit ihrer geheimen Weisheit den ganzen Leib. Dies meint der Meister, wenn er vom »höchsten Geheimnis« redet (II: 4). Dann läßt man den Geist in die Bauchhöhle hinabtauchen. Wenn Lebenskraft und Geist zusammenarbeiten, vereinigen sie sich und werden zu Einem. Das ist der Beginn des Werkes *(hsia-shou)* (V: 10 c).

j) Wird dies lange genug geübt, so verwandelt sich der Geist im Palaste des Lebens *(ming-kung)* ins wahre *ch'i*. Die Zeit ist nun gekommen, das Wasserrad in Schwung zu bringen *(ho-ch'e chuan-yun)*, um das Goldene Elixier zu wirken. Das heißt: das Werk fördern *(chuan-shou)*.

k) Ist das Goldene Elixier vollendet, so wird der Heilige Embryo empfangen. Von nun an muß die Bemühung sich darauf konzentrieren, den Tao-Embryo *(tao-t'ai)* zu wärmen und zu nähren. Das heißt: das Werk vollenden *(liao-shou)*.

l) Sowie die Lebenssubstanz des werdenden Kindes vollendet ist, muß die Geburt und die Rückkehr zur Leere *(hsü)* von neuem geleistet werden. Das heißt: das Werk sprengen *(sa-shou)*.

m) Dies ist das wahre Gesetz des Großen Tao seit alten Zeiten, dies ist der Weg zu Unsterblichkeit und ewigem Leben *(hsin)* – und dies sind wahrlich keine leeren Worte.

n) Sowie aber das begonnene Werk diesen Punkt erreicht, ist der Vorrat an *yin* vollkommen geschmolzen und seine Substanz restlos verwandelt in das reine *yang*: Der bewußte Geist ist in den Ur-Geist gewandelt. Ein Mensch, der dies erreicht, ist wahrlich ein Goldener *hsin (chin-hsin)* (s. VI: 6), der zu unendlicher Wandlung fähig ist und die Kraft besitzt, das Rad der zyklischen Wandlung (Raum und Zeit) zu transzendieren durch die sechs wunderbaren Erkenntnisse[83].

III. DAS KREISEN DES LICHTS ALS WAHRUNG DER MITTE

1. Meister Lü fragt: Wann wurde die Bedeutung des Ausdrucks »Licht-Kreislauf« erkannt? Sie wurde erkannt durch Wen Shih Chen-jen.

Kommentar: nämlich Kuan Yin Tzu[84].

Solange das Licht zirkuliert, bleibt das *ch'i* von *yin-yang* im Himmel und auf Erden unfehlbar vereint. Dies eben ist reines Erkennen *(ching-ssu)*, d. h. das reine *ch'i (ch'un-ch'i)*. Was Reines Denken *(ch'un-hsiang)* genannt wird, ist nichts anderes denn dies (vgl. I: 9).

2. Wenn man sich in diesem Geheimnis zu üben beginnt, so ist es (Reines Denken, reines *ch'i*, Erkenntnis) wie ein Nicht-Seiendes im Sein. Wird das Werk lange genug und in richtiger Weise fortgeführt, so entsteht neben dem natürlichen Leib ein zweiter Leib: Es ist wie ein Sein im Nichtsein.[85] Nach hundert Tagen konzentrierten Übens wird das Licht schließlich rein und wandelt sich zum Geist-Feuer. Nach dem Werk der hundert Tage entwickelt sich inmitten des Lichtkerns der neue Lebenskeim[86] des Reinen *yang*, aus dem die Hirsenperle entsteht[87] (vgl. VI: 11). Es ist wie bei der Vereinigung von Mann und Frau, aus der sich ein Embryo entwickelt, d. h. man muß ruhig darauf warten. Das Zirkulieren des Lichts nämlich ist die Feuer-Periode *(huo-hou)*[88].

3. Inmitten nun der Großen Wandlung *(yüan-hua)* ist das *yang*-Licht *(yang-kuang)*, das als oberster Herrscher gilt. In der Welt der Erscheinungen ist dies die Sonne. Für den Menschen ist es das Auge (vgl. I: 1). Nichts entspricht ihm (d. h. dem *yang*-Licht) besser als der Geist *(shen)* (d. h. der Ur-Geist) und das Bewußtsein

(shih) (d. h. der bewußte Geist), das sich so schnell verströmt. Daher beruht das Tao der Goldenen Blüte ausschließlich auf der Methode der Umkehr *(ni-fa)*.

Kommentar:
Der Menschengeist entspricht dem Feuer[89]. Die Lichtessenz *(kuang-hua)*, vom Feuer ausgestrahlt (vom Menschengeist), steigt empor und strahlt aus den beiden Augen. Wenn die Augen die Myriaden der Erscheinungen wahrnehmen, so heißt dies »normales Sehen«. Schließt jedoch der Mensch die Augen und blickt einwärts, hält Ausschau nach dem Offenen der Ahnen *(tsu-ch'iao)*, so ist dies die Methode der Umkehr.

Das *ch'i* der Nieren entspricht dem Wasser. Wenn Liebe *(ch'ing)* erwacht und niederschießt, so wird dadurch (Eros und Sexus) ein neuer Mensch erschaffen. Wenn nun ein Mann im Augenblick der Vereinigung (Erfüllung) *(chi-fa)* das Verströmen verhindert, indem er seine Gedanken auf das Kreisen konzentriert (vgl. I: 5) und empor zum Dreifuß des Himmels *(ch'ien-ting)* sendet, um dadurch Körper und Seele zu nähren und zu stärken, so ist eben dies die Methode der Umkehr.

4. Der Kreislauf des Lichts ist nicht bloß ein Kreislauf der körperlichen Lebenskraft, sondern ein Kreislauf des Wahren *ch'i* des Schöpferischen und der Wandlung (d. h. des reinen *yang*). Es heißt nicht bloß, einer Ablenkung durch den Augenblick Einhalt zu gebieten, sondern es bedeutet, unvermittelt den Zyklus (Himmels und der Erde sowohl als von Leben und Tod) von Tausenden von Äonen zu unterbrechen. Es ist daher menschliche Zeitmessung, zu sagen, ein Atemzug entspreche der Dauer eines Jahres; heißt es dagegen: »ein Atemzug entspricht hundert Jahren«, so ist dies die lange Nacht der Neun Pfade[90].

5. Mit seinem ersten Schrei bei der Geburt beginnt der Mensch sich den Umständen seines Lebens anzupassen. Wenn er bis ins hohe Alter niemals zurückschaut *(ni)* (vgl. I: 5, III: 3), dann verfällt und erlöscht die Kraft des reinen *yang-ch'i*. Dieses Verfallen (des *yang-ch'i*) ist gemeint mit der Neunfachen Unterwelt (vgl. I: 8, 11, Anm. 48).

6. Daher heißt es im *Leng Yen Ching*: »Reines Denken fliegt (ermöglicht das Fliegen), aber bloße Emotion *(ch'ing)* fällt (bringt einen zu Fall).« Der Tao-Sucher, der wenig denkt und sich seinen Emotionen überläßt, sinkt tief. Nur reine Innenschau und ruhiger Atem (Übung) bringen dem Menschen Erleuchtung. Dazu bedarf

es der Methode der Umkehr. Im *Yin Fu Ching* (dem Buch der Geheimen Übereinstimmung[91]) heißt es: »Der Augenblick der Übereinstimmung ist im Auge.« Im *Huang Ti Su Wen* (Die grundlegenden Fragen des Gelben Herrschers) heißt es: »Die Lebenskraft *(ching-hua)* des menschlichen Körpers strömt empor zur offenen Leere *(k'ung-ch'iao)*.« Das weist darauf hin. Wer dies versteht, der erkennt, daß darin Unsterblichkeit und die Überwindung dieser Welt beschlossen liegt. Darauf allein zielen alle drei Lehren (von Konfuzius, Buddha und Tao).

7. Das Licht ist weder ausschließlich im Körper noch außerhalb des Körpers. Berge und Ströme, die große Erde und darüber das Leuchten von Sonne und Mond – all dies ist dieses Licht. So ist es also nicht allein im Leib. Gutes Hören *(ts'ung)*, scharfes Sehen *(ming)*, Einsicht *(chih)* und Verstand *(hui)* und alle Bewegungen gehören ebenfalls zu diesem Licht. So ist es also auch nicht bloß außerhalb des Leibes. Der Lichterkranz Himmels und der Erden erfüllt das gesamte unermeßliche Weltall *(ta-ch'ien)*[92]. Gleichermaßen durchstrahlt die Lichtfülle des Leibes Himmel und Erde. Sowie dann das Licht zu kreisen beginnt, kreisen gleichzeitig Himmel und Erde, Berge und Ströme und alle Dinge mit ihm. Die Lebenskraft des Menschen strömt empor zu seinen Augen, in denen Schlüssel und Riegel seines Leibes geborgen sind. Meine Freunde, bedenkt dies wohl!

8. Wenn ein Mensch einen Tag lang sich nicht im »Sitzen« übt, verströmt dieses Licht unaufhaltsam und unwiederbringlich. Wenn sich jedoch ein Mensch eine Zeitlang im »Sitzen« übt, vermag er Tausende von Äonen und ungezählte Lebensphasen zu bewältigen, und die Myriaden der Erscheinungen kehren zur Stille *(ching)* zurück. Dies übersteigt wahrlich unser Verständnis – es ist geheime Erkenntnis *(miao-ti)*.

Kommentar:
Damit beginnt die Erklärung der Methode des Übens. Wer Tao sucht, sollte sich damit vertraut machen.

Wenn man zu üben beginnt, muß man wissen, daß man zur Tiefe nur aus dem Seichten her Zugang gewinnt und zum Feinen vom Groben her. Der Wert der Übung liegt in der Ausdauer, von Anfang bis zum Ende muß man anhalten ohne Unterbruch, ungeachtet aller Wechsel, die der Suchende empfinden mag wie Wärme und Kühle des Wassers, das er trinkt[93]. Das Wesentliche ist, zur Schrankenlosigkeit des Himmels und zur Weite des Meeres vorzustoßen[94]. Das So-Sein *(wan-fa ju-ju)*[95] der Myriaden von Erscheinungen besteht eben im Erreichen dieses Zieles.

10. Was die Weisen aller Zeiten sich übermittelten, war nie etwas anderes als Spiegelung des Lichtes *(fan-chao)*. Konfuzius sagt »vollkommene Weisheit« *(chih-chih)*[96], Buddha nennt es »geistige Meditation« *(kuan-hsin)*, und das Tao spricht von »innerer Schau« *(nei-kuan)*, aber alle meinen sie dasselbe, eben diese Methode[97]. Über dieses Wort, Spiegelung des Lichtes *(fan-chao)*, wird viel geredet, aber verstanden und erfahren wird es selten. Denn Spiegelung *(fan*, das zudem Rückkehr bedeutet) heißt Heimkehr zum Anfang, wo Form und Geist *(hsing-shen)* im Bewußtsein noch nicht zu Wissen und Verstehen auseinandergefallen sind. Dies ist nichts anderes als das Suchen nach der Ganzheit *(t'i)* innerhalb unseres Leibes, die war, bevor Himmel und Erde entstanden.

Wenn heute ein Mensch sich auf eine oder zwei Stunden zur Meditation hinsetzt und dabei sich selbst und seine Umgebung bedenkt (Dinge, Verhalten, Gedanken etc.), so mag er das »Spiegelung des Lichtes« nennen. Wie aber soll er auf diese Weise zum Höchsten gelangen?

11. Die Meister des Buddhismus und des Taoismus lehrten, man solle den Blick auf die Nasenspitze richten. Das heißt jedoch nicht, man solle seine Gedanken an die Nasenspitze heften noch seinen Blick krampfhaft auf die Nasenspitze konzentrieren. Sondern es bedeutet, man solle seine Gedanken auf die Gelbe Mitte *(chung-huang)* hin richten (vgl. I: 6). Wo der Blick ist, da ist auch der Geist. Wie kann ein Auge nach oben und das andere nach unten blicken? Und wie können beide in rascher Folge hinauf und hinunter schauen? Alle diese Fragen bedeuten, daß man statt nach dem Mond hinzuschauen mit dem Blick am Finger hängenbleibt, der darauf hinweist[98].

12. Was denn soll das alles schließlich bedeuten?

Antwort: Der Ausdruck »Nasenspitze« ist sehr geschickt gewählt. Die Nase soll den Augen als Richtlinie dienen, nichts weiter. Wenn man zu Beginn der Übung den Blick nicht auf die Nasenspitze richtet, so öffnet man entweder die Augen zu weit oder man senkt die Lider zu tief. Öffnet man die Augen zu weit, verliert man die Kontrolle über den Blick und wird abgelenkt durch das Geschaute *(san-luan)*; schließt man sie aber zu sehr, so verliert sich der Blick nach innen und man gerät leicht in träumerische Versunkenheit *(hun-ch'en)*[99]. Nur wenn man den Vorhang (Lider) in richtiger Weise halbwegs senkt, erblickt man die Nasenspitze, die auf diese Weise zur Richtlinie für den Blick wird. Deshalb heißt es, man soll den Vorhang richtig hängen (d. h. die Lider in rechter Weise senken), um das Licht ungehindert einströmen zu lassen, ohne sich weiter darum zu kümmern.

13. Zu Beginn der Übung soll man an einen ruhigen Ort gehen und seine Augen in der angegebenen Weise blicken lassen, ohne sich dann weiter darum zu bemühen. Es sei wie bei einem Maurer, der ein Senkblei aufhängt und seine Arbeit danach richtet, ohne sich weiter um die Leine zu kümmern.

14. *Chih-kuan*[100] ist eine buddhistische Lehre und war ursprünglich kein Geheimnis.

Kommentar:
Der Meister fürchtet wohl, daß ein Laie den Ausdruck *chih-kuan* mißverstehen könnte als geheime Lehre eines Eingeweihten, die noch nicht geoffenbart wurde. Daher erklärt der Meister vorerst, *chih-kuan* sei eine buddhistische Lehre und ursprünglich kein Geheimnis. Man soll das Wort nicht als bloße Einführung für Anfänger betrachten.

Man richte seinen Blick auf die Nasenspitze, sitze aufrecht in gelöster Haltung und konzentriere den Geist auf die Mitte der Bedingungen *(yüan-chung)*[101] (vgl. III: 17 d).

Kommentar:
Der Taoismus nennt dies *(yüan-chung)* »die Gelbe Mitte« *(chung-huang)*, während der Buddhismus von der »Mitte der Bedingungen« spricht. Tatsächlich handelt es sich um ein und dasselbe.

Damit ist nicht unbedingt die Mitte des Kopfes gemeint. Sondern es heißt nichts anderes, als seine Gedanken auf den Punkt zu sammeln, der genau in der Mitte zwischen den beiden Augen liegt.

Kommentar:
Wer nach dem Tao sucht, sollte alle Sorgfalt darauf richten, seine Übung damit zu beginnen.

Das Licht ist beweglich wie ein springender Fisch. Wenn man seine fliehenden Gedanken sammelt und auf die Mitte zwischen den beiden Augen konzentriert, so strahlt das Licht von selbst hinein. Man braucht seine Aufmerksamkeit gar nicht besonders auf den Palast der Mitte zu richten. In diesen wenigen Worten liegt der Kern der Wahren Lehre beschlossen. Für alles weitere beim Üben, vom Eintreten in die Stille bis zum Wiederverlassen der Stille, kann man sich an die Vorschriften des Buches *Chih Kuan*[102] halten.

15. Die beiden Lettern *yüan-chung* (Bedingung und Mitte) sind von tiefer Bedeutung. *Chung*, die Mitte, das Zentrum, ist allgegenwärtig, und jedes Ding der weiten Welt ist darin beschlossen[103]. Das Wort weist hin auf den Augenblick der Übereinstimmung *(chi)* zwischen Schöpfung und Wandlung. Läßt man sich leiten davon (von *chi*), so tritt man durch die Pforte (der Lehre). *Yüan* (Bedingung) bedeutet, diese Führung (durch *chi*) zu betrachten als Anfang und als Ende, ohne Verhaftung und Fesselung[104]. Die Bedeutung dieser beiden Lettern ist zugleich von höchster Dynamik und Subtilität.

16. Die beiden Begriffe von *chih-kuan* dürfen ursprünglich nicht getrennt werden, sie bedeuten nämlich *ting-hui (samādhi* und *prajñā)*[105]. Wenn nun ein flüchtiger Gedanke auftaucht, soll man nicht krampfhaft an der Meditation festhalten, zu der man sich gewichtig hingesetzt hat[106], sondern man soll die Natur dieses Gedankens untersuchen, wie er entstand, wohin er entschwindet. Wenn man auf diese Weise einem Gedanken genau und gründlich nachgeht, erfährt man seine Wesenlosigkeit *(pu-k'o-te)*[107] – dies ist der Ort seines Entstehens. Nun braucht man sich nicht länger damit zu befassen. »Ich suchte nach dem Geist *(hsin)* und konnte ihn nicht finden« (fand ihn im Nichts, fand ihn im Wesenlosen, konnte seine Spur nicht finden). »So ließ ich deine Seele Frieden finden!«[108] Dies ist richtige Kontemplation *(cheng-kuan)*. Was dem nicht entspricht, ist falsch. Hat man auf diese Weise das Nicht-Erfahrbare erfahren, soll man zu seiner anfänglichen Übung zurückkehren und sie wie den Faden eines Kokons unaufhaltsam weiterspinnen. *Chih* (den streunenden Gedanken Einhalt gebieten) soll gefolgt werden von *kuan* (Kontemplation und Weisheit), und auf *kuan* muß wiederum *chih* folgen. Dies und nichts anderes ist die »zwiefache Übung von *samādhi* und *prajñā*«[109], und eben dies ist das Kreisen des Lichts. Kreisen ist *chih* und Licht ist *kuan*.

Chih ohne *kuan* ist Kreisen ohne Licht –
Kuan ohne *chih* ist Licht ohne Kreisen.
Darauf habt acht!

Kommentar:

a) Der Grundgedanke dieses Kapitels betont, daß der Lichtkreislauf sich auf die (Gelbe) Mitte konzentrieren sollte. Das letzte Kapitel hat bereits erwähnt, daß das höchste Gut eines Menschenlebens der Ur-Geist sei, daß dieser Ur-Geist aber Tag und Nacht unentwegt vom bewußten Geist verdrängt, geschmälert und in alle Winde versprengt werde; ist er schließlich völlig erschöpft, so stirbt der Mensch. Dieses Kapitel nun zeigt, daß man nicht erlernen kann, den bewußten Geist zu bezähmen und den Ur-Geist zu wahren, es sei denn, man beginne, das Licht kreisen zu lassen.

b) Dieses Werk wird verglichen mit dem Bau eines Hauses. Will man ein herrliches Haus erbauen, muß man zuerst einen soliden Grund finden. Wenn das Fundament gelegt ist, werden die Basen der Mauern fest verankert und die Säulen und Mauern darauf erstellt. Legt man keinen zuverlässigen Grund, wie sollte ein Haus da Bestand haben?

Genau so verhält es sich mit der Methode, das Leben zu erhalten.

c) Das Kreisen des Lichts wird verglichen mit dem festen Fundament beim Hausbau. Steht das Fundament fest, kann das Haus darauf schnell erbaut werden. Die Konzentration auf die Gelbe Mitte des Geist-Feuers (vgl. II: 6) gleicht dem Werk des Bauens. Daher legt der Meister der Vorbereitung zur Ernährung des Lebens großes Gewicht bei, indem er seine Schüler gründlich anweist, den Blick auf die Nasenspitze zu richten, die Lider halbwegs zu schließen und die Gedanken nach einwärts zu richten, in entspannter Haltung aufrecht zu sitzen und den Geist auf die Mitte der Bedingungen zu lenken.

d) »Den flüchtigen Gedanken auf den Mittelpunkt zwischen beiden Augen zu konzentrieren« heißt ursprünglich: das Licht einströmen lassen. Danach betritt der geeinte Geist die Mitte der Bedingungen (s. II: 12, i). Die Mitte der Bedingungen ist das Untere Elixier-Feld *(hsia-tan-t'ien)*, d. h. das Offene von *ch'i (ch'i-ch'iao)*.

e) Der Meister deutet es im geheimen an, wenn er sagt: Zu Beginn der Übung soll man sich in einen stillen Raum setzen, der Körper wird zu einem verdorrten Baum und der Geist zu kalter Asche (d. h. ohne Feuer)[110]. Man senke die Augenlider, richte den Geist nach innen und lasse ihn still werden, reinige seine Gedanken, enthalte sich aller Begierden und bewahre den Samen *(ching)*. Wenn man das Sitzen mit gekreuzten Beinen (Lotos-Position) Tag für Tag unentwegt übt, kristallisiert sich das Licht der Augen und die Ohren hören im Rhythmus. Man schränke auch den Geschmackssinn ein, indem man die Zunge an den oberen Gaumen preßt. Man rhythmisiere das Atmen durch die Nase und richte seine Gedanken auf die geheime Sperre *(hsüan-kuan)*. Wenn man nicht als erstes seinen Atem reguliert, so sind Störungen durch Luftmangel und Kurzatmigkeit zu befürchten. Um den Blick beider Augen in natürliche Richtung zu bringen, ist es am besten, ihn auf den Nasenrücken fallen und ihn dort ruhen zu lassen. Der Ort, wo der Blick beider Augen sich kreuzt, liegt nicht tiefer als ungefähr einen halben Zoll, also ziemlich genau auf der Nasenspitze. So beginnt man die flüchtigen Gedanken zu sammeln und zu konzentrieren.

f) Ist der Atem geregelt, werden Körper und Geist still und friedvoll. Das Licht der Augen muß ruhig fließen, um zur Erleuchtung tauglich zu werden, und es darf weder Zerstreutheit noch Dumpfheit (Schläfrigkeit, Benommenheit) überhandnehmen. Das Auge blickt nicht nach außen, bei gesenkten Lidern blickt es nach innen und erleuchtet jenen Ort (das Offene von *ch'i*). Der Mund spricht und lacht nicht, mit geschlossenen Lippen atmet man innerlich – der Atem fließt an jenem Ort. Wenn das Ohr die Geräusche der Umwelt nicht mehr wahrnimmt, so geschieht auch das Hören an jenem Ort[111]. Wenn man seine Aufmerksamkeit redlich und aufrichtig nach innen wendet *(i-hsin)*, so geschieht dies an eben jenem Ort.

g) Wenn also die Gedanken nicht nach außen fließen, so bleibt der Wahre Gedanke des Augenblicks *(chen-nien)* bewahrt. Bleibt der Gedanke des Augenblicks gewahrt, so bleibt der Samen erhalten. Bleibt der Samen erhalten, bleibt auch *ch'i* erhalten. Bleibt *ch'i* erhalten, so bleibt der Geist *(shen)* bewahrt. Denn der Geist ist der Gedanke des Augenblicks; und der Gedanke des Augenblicks ist das Bewußtsein; das Bewußtsein ist Feuer, und das Feuer ist der Rohstoff zum Elixier *(yao)*. Blickt man nach innen, entfaltet sich die Lebenskraft *(ch'i)* im Ein- und Ausatmen und wird zum unbegrenzten Wunder. Ohne diese Übung und Atemtechnik jedoch wird das Wunder von Schöpfung und Verwandlung nie erfahren.

h) Wenn ein Lernender zu üben beginnt und seine Gedanken nicht auf die Mitte zwischen den beiden Augen konzentrieren kann und nicht geduldig wartet, bis sein Geist und seine Lebenskraft sich harmonisch einigen beim Schließen der Augen[112], und wenn er vorschnell und auf verkürztem Wege das Offene von *ch'i* zu erreichen versucht, dann besteht die Gefahr, daß sein Atem stoßweise und hart zu gehen beginnt und weitere Störungen verursacht. Denn bevor man Körper und Geist zu vergessen vermag, schwebt *ch'i* im Ungewissen und der Atem ist unruhig und willkürlich, und gewaltsam lassen beide sich nicht beherrschen.

i) Wenn man jedoch den Gedanken des Augenblicks in die Mitte zwischen den beiden Augen konzentriert, ohne den Geist in der Mitte der Bedingungen zu einen, so bedeutet dies, »man ist wohl zum Tempel emporgestiegen, hat aber das Allerheiligste noch nicht betreten«. Dann kann das Geist-Feuer nicht entfacht werden, und *ch'i* bleibt kalt, und der Wahre Samen kann sich nicht offenbaren.

j) Daher befürchtet der Meister, daß die Menschen beim Üben es dabei bewenden lassen, ihre Aufmerksamkeit auf das richtige Atmen durch die Nasenöffnung zu lenken, statt den Gedanken des Augenblicks aufs Offene von *ch'i* hin zu richten. Daher gebraucht er das Gleichnis vom Maurer mit dem Senkblei, das in den Schlamm gesenkt wird, um festzustellen, ob ein Ding gerade oder verschoben sei, d. h. um es nach der Richtschnur auszurichten. Wenn das Senkblei gesetzt ist, kann die Arbeit begonnen werden. Es ist klar, daß der Maurer seine Arbeit an der Mauer vollbringt und nicht an der Richtschnur. Seine Gedanken auf die Mitte zwischen den beiden Augen zu konzentrieren entspricht genau dem Setzen des Bleis, es ist ein Hilfsmittel. Der Meister kommt immer wieder auf dieses Gleichnis zurück, denn er fürchtet, man könnte ihn mißverstehen.

k) Nachdem er so gezeigt hat, wie das Werk zu beginnen sei, befürchtet er, die Lernenden könnten das Werk unterbrechen. Daher sagt er: »Nach hundert Tagen konzentrierten Übens wird das Licht schließlich rein und wandelt sich zum Geist-Feuer« (III: 2). Hat man sich dieser Übung mit unermüdlicher Aufmerksamkeit gewidmet, so erscheint nach hundert Tagen inmitten des Lichts der eine Punkt des Reinen Lichts, des reinen *yang* (III: 2). Wer nach dem Tao sucht, soll reinen und ungeteilten Herzens dies bedenken.

IV. KREISEN DES LICHTES ALS RHYTHMISIERUNG DES ATEMS

1. Meister Lü sprach: Unserer Lehre kann nur genügen, wer sich gesammelten Herzens übt. Erfolg hat nur, wer sich absichtslos müht, ohne Schielen nach Erfolg. Die Fehler der Anfänger sind zwiefacher Art: schläfrige Benommenheit (Dösigkeit, Dusligkeit) *(hun-ch'en)* und Zerstreutheit *(san-luan)* (III: 12); darin sind alle übrigen Fehler enthalten. Um sie zu überwinden, gibt es den Augenblick der Übereinstimmung und den Augenblick der Eröffnung *(chi-ch'iao)* (Aus- und Einatmen).

Man kann nie genug seinen Geist mit dem Atem in Übereinstimmung zu bringen suchen. Unser Atem ist unser Geist und unser Geist ist unser Atem. Sobald der Geist sich regt, entsteht *ch'i* (vitale, materielle Kraft). So ist *ch'i* ursprünglich eine Verwandlung des Geistes.

2. Unsere Vorstellungen folgen sich in schnellem Wechsel, ein flüchtiger Gedanke dauert bloß einen Atemzug lang. Deshalb ist das körperliche Ein- und Ausatmen wie ein Echo des inneren Atemholens. Täglich tun wir Tausende und aber Tausende von Atemzügen und haben ebenso viele Phantasievorstellungen. Aber wenn der Geist klar wird und *kleśa* zum Erlöschen kommt *(lou-chin)*[113], dann gleicht man einem dürren Baum und kalter Asche (III: 17). (Wilhelm braucht das Bild im negativen Sinn: »so entrinnt die Geistesklarheit, wie das Holz verdorrt und die Asche stirbt«).

3. Man mag noch so sehr wünschen, den flüchtigen Gedanken Einhalt zu gebieten, es gelingt nie, ebensowenig wie man ohne Atemholen zu leben vermag. Das beste ist also, aus der Krankheit eine Medizin zu machen: Sobald Geist und Atem miteinander übereinstimmen, hat das Übel (Dumpfheit und Zerstreutheit) ein

Ende. Daher soll man, will man das Licht kreisen lassen, gleichzeitig sich in der Rhythmisierung des Atems üben.

4. Dazu bedarf es ausschließlich des Ohren-Lichts. Es gibt ein Augen-Licht und ein Ohren-Licht. Das Augen-Licht ist die Vereinigung des Lichtes von Sonne und Mond (der Gestirne). Das Ohren-Licht ist der Schnittpunkt der Strahlen des inneren Mondes und der innern Sonne im Samenkorn *(ching)*. Das Samenkorn ist also der Ort, wo das Licht sich sammelt und vereinigt. Das innere und das äußere Licht haben denselben Ursprung, aber verschiedene Namen. So ist denn Verstand und Weisheit (Verstehen durch das Ohr) und Klarheit und Einsicht (Erhellung durchs Auge) ein und dasselbe wunderbare Licht *(i-ling-kuang)* (s. III: 7).

5. Hat man beim »Sitzen« den Vorhang der Augen (Lider) niedergelassen, läßt man den Blick sich in natürlicher Weise senken und achtet nicht mehr darauf (s. III: 13). Befürchtet man jedoch, sich nicht auf die Ruhe seines Blickes verlassen zu können[114], so richte man seine innere Aufmerksamkeit auf den Atem. Man soll seine Atemzüge nicht mit den Ohren wahrnehmen: »Horchen« *(t'ing)* heißt hinhören nach dem Unhörbaren *(wu-sheng)*[115]. Solange der Atem hörbar ist, ist er grob und oberflächlich und vermag nicht ins Geheimnis einzudringen. Das heißt, der Geist muß ganz leicht und leise werden. Je mehr er sich von der äußern Wirklichkeit löst, um so leichter wird er; je leichter er wird, um so stiller wird er. Übt man dies lange genug, so kommt, was leise und leicht ist, plötzlich zum Stillstand. Dies ist die Offenbarung des Wahren Atems *(chen-hsi)*, und man erkennt das Wesen des Geistes *(hsin-t'i)*.

6. Ist der Geist gut, so taugt auch der Atem. Sobald der Geist sich regt, so regt sich *ch'i* (s. Anm. 56). Ist der Atem in Ordnung, so taugt auch der Geist. Sobald *ch'i* sich regt, regt sich auch der Geist. Will man den Geist zur Ruhe bringen, muß man sich erst um *ch'i* (den Atem) kümmern, denn der Geist ist nicht direkt zu fassen (III: 16). So wird der Geist von Anfang bis zum Ende durch *ch'i* bedingt (III: 15). Das heißt die Bewahrung des reinen *ch'i (ch'un-ch'i)*.

7. Merkt auf: Wir haben den Begriff der Bewegung *(tung)* noch nicht abgeklärt. Bewegung gleicht einer vibrierenden Sehne. Es ist eine andere Bezeichnung für Meisterschaft. Das bedeutet, man darf den Geist nicht ausschließlich in konzentrierter Stille bewahren,

sondern soll ihn auch der Bewegung freigeben. So hat der große Heilige denn scharf beobachtet und klar erkannt, wie der Geist und *ch'i* (vitale Lebenskraft) in Wechselwirkung miteinander stehen und sich gegenseitig bedingen, und er ersann eine kluge Methode, um in seinem Erbarmen der Nachwelt zu helfen.

8. In einem Lehrbuch des Elixiers *(tan-shu)* heißt es: »Die Henne vermag ihre Eier auszubrüten, weil ihr Herz unentwegt hinhorcht.« Das ist das ganze Geheimnis. Das warme *ch'i* ist die Ursache des Ausbrütens. Wärme allein vermag kein Ei auszubrüten; es braucht *ch'i* dazu, das die Wärme in die Schale eindringen läßt. Der Geist der Henne vermag dem *ch'i* (der Lebenskraft) Eingang zu verschaffen. Das eben ist ihr »Hinhorchen« *(t'ing)*, die Konzentration ihres Geistes *(i-hsin)*. Wo der Geist ist, da ist auch *ch'i*. Die Henne mag wohl zuweilen ihre Eier verlassen, aber ihre Aufmerksamkeit bleibt immer wach dabei. Wo der Geist wohnt, gibt es keine, auch nicht die geringste Unterbrechung. Wenn das Wohnen des Geistes keine Unterbrechung erfährt, auch nicht die geringste, so wird auch die Wärme von *ch'i* nicht unterbrochen, weder tagsüber noch nachts, und der Geist wird lebendig. Der Geist wird lebendig, sobald das Denken erloschen ist. Das Denken auslöschen heißt nicht, es zum Welken und Verderben bringen, sondern es aus der Zersplitterung zur Einheit sammeln. Buddha sagt: »Wer seinen Geist auf einen Punkt hin eint, dem ist kein Ding unmöglich.« Der Geist neigt leicht zum Vagabundieren, aber man kann ihn klären (einen, konzentrieren) durch *ch'i* (Atemkraft). *Ch'i* wird leicht grob; daher muß man es durch den Geist verfeinern. Befolgt man dies, kann es nicht ausbleiben, daß der Geist sich konzentriert *(ting)*.

9. Die beiden Übel, Dumpfheit und Zerstreutheit, können durch stilles Bemühen bekämpft werden. Übt man täglich ohne Unterlaß, findet man unfehlbar hin zum großen Ruheort. Es sei denn, man übe sich im »Sitzen«, wird man seiner Zerstreutheit nicht gewahr. Der Augenblick, da man seiner Zerstreutheit gewahr wird, ist der Moment *(chi)* des Sieges über sie. Dösig zu sein und es nicht zu wissen, oder dösig zu sein und sich dessen bewußt zu werden, das sind zwei Dinge, die mehr als tausend Meilen weit auseinanderliegen. Wenn ein Mensch sich seines dumpfen Geistes nicht bewußt ist, dann ist er wirklich stumpf. Wird er dessen aber gewahr, so ist er bereits nicht mehr wirklich stumpf. Denn Klarheit und Einsicht sind bereits erwacht.

10. Zerstreutheit beruht darauf, daß der Geist umherschweift; Dumpfheit ist der Zustand, da der Geist noch nicht rein ist. Zerstreutheit ist leichter zu heilen als Dumpfheit. Es ist wie bei einer Krankheit: Schmerzen und Reizungen kann man mit Medikamenten beikommen. Aber Dumpfheit und Trägheit sind wie eine Lähmung, der Mensch ist fühllos wie ein Baum. Zerstreutheit *(san)* kann man unter Kontrolle und Verwirrung *(luan)* in Ordnung bringen. Aber ein dumpfer Mensch windet sich wie ein Wurm im Dunkeln. Zerstreutheit und Wirrnis sind noch faßbar, die *yang*-Seele schlummert darin. Aber in der Dumpfheit regiert allein die *yin*-Seele.

11. Während des »Sitzens« wird man zuweilen schläfrig. Dies eben ist der Dumpfheit zuzuschreiben. Das einzige Heilmittel dagegen ist Rhythmisierung des Atems. Und zwar des Atems, der durch Nase und Mund ein und aus geht. Zwar ist das nicht der Wahre Atem *(chen-hsi)*, jedoch das Wahre Atemholen vollzieht sich gleichzeitig mit dem physischen Atmen.

12. Bei der Übung des »Sitzens« ist es unerläßlich, den Geist zur Ruhe zu bringen und *ch'i*, die vitale Lebenskraft, zu reinigen *(ch'un-ch'i)*. Was ist damit gemeint? Eben die Rhythmisierung des Atmens. Das Atemholen darf nicht gehört werden, nur innerlich soll man es wahrnehmen. Ist der Atem unhörbar, ist *ch'i* fein; ist *ch'i* fein, so ist es rein; wird er aber gehört, so ist *ch'i* grob und trüb. Sobald *ch'i* trüb ist, wird der Mensch dumpf und schläfrig. Das versteht sich von selbst.

13. Jedoch es ist kein Leichtes, den Geist beim Atmen auf Stille auszurichten. Wird dies richtig geleistet, so ist es ein Tun im Nicht-Tun. Es ist nur möglich durch Erleuchtung und durch innerliches waches Hinhorchen.

14. Dieser Ausdruck (Erleuchtung und waches Horchen) ist von tiefer Bedeutung[116]. Was heißt »Erleuchtung«? Es bezeichnet die natürliche (spontane) Leuchtkraft des Auges. Das Auge blickt nach innen und nicht nach außen. »Nach innen blicken« heißt: die äußere Welt nicht wahrnehmen, aber in der Stille das Licht schauen – es handelt sich nicht um tatsächliches Einwärtsblicken. Was heißt »waches Horchen«? Es ist das natürliche, spontane Horchen auf das Licht des Ohrs. Die Ohren horchen nach innen und nicht nach außen. »Nach innen horchen« heißt, die Umwelt nicht vernehmen, sondern auf die Stille horchen. Es handelt sich nicht um tatsächli-

ches Hören des Innern[117]. Dieses Hören vernimmt das Unhörbare, und dieses Sehen erblickt das Unsichtbare. Wenn das Auge nicht nach außen blickt und das Ohr nicht nach außen hört, so sind sie im Innen beschlossen und neigen dazu, dort zu versinken. Nur durch waches Blicken nach innen und waches Horchen nach innen verlieren sich Auge und Ohr weder im Innen noch im Außen, sondern begegnen sich wach und ohne Trägheit im Zentrum. Dies eben ist die Vereinigung der Strahlen von Sonne und Mond im Zentrum des Samens *(chung)*.

15. Wenn man beim »Sitzen« dösig und schläfrig wird, sollte man aufstehen und umhergehen. Sobald der Geist sich geklärt hat, soll man sich wieder hinsetzen. Am besten ist es, in der frühen Morgenkühle bei einer Weihrauchkerze zu »sitzen«. Am Nachmittag wird man durch Geschäftigkeit leicht abgelenkt und verfällt in Schläfrigkeit und Dumpfheit. Das Abbrennen einer Weihrauchkerze braucht man sich nicht zur Regel zu machen. Das Wichtige ist, sich aus der Verstrickung *(yüan)* zu lösen. Übt man lange genug jeden Tag für eine kleine Weile das Stille-Sitzen, so wird es gelingen, ohne daß man in Schläfrigkeit und Dumpfheit verfällt.

Kommentar:

a) Der Grundgedanke dieses Kapitels ist die Rhythmisierung des Atems beim Kreislauf des Lichts.

b) Je weiter die Übung voranschreitet, um so klarer enthüllt sich die Wahrheit. Wer nach dem Tao sucht, sollte während dem Kreisen des Lichts Geist und Atem aufeinander abstimmen, um den Gefahren der Trägheit und der Zerstreutheit zu entgehen.

c) Der Meister befürchtet, daß der Anfänger, sobald er die Lider senkt, durch wilde und wirre Gedanken abgelenkt wird und die Herrschaft verliert. Deshalb rät er, seine Atemzüge zu zählen, um so Herz und Gedanken zu beruhigen und zu verhüten, daß die Geisteskraft *(shen-ch'i)* sich nach außen verströmt.

d) Da der Atem aus der Seele *(hsin)* kommt, so ist die Unregelmäßigkeit des Atems durch die Unruhe des Herzens bedingt. Deshalb sollte man so sachte aus- und einatmen, daß nichts davon zu hören ist, und dazu ganz still und konzentriert die Atemzüge zählen. Wenn man sich beim Zählen irrt, so ist das ein Zeichen, daß man seine Gedanken wandern läßt. Und wenn der Blick nicht auf dem Nasenrücken ruhen bleibt, so bedeutet auch dies, daß die Seele sich ins Außen verliert. Oder man wird schläfrig und verfällt ins Dösen. Dann muß man schnellstens den Geist *(chin-shen)* zur Ordnung rufen. Wenn man beim Senken der Lider und Fixieren des Nasenrückens den Mund nicht fest schließt und die Zähne zusammenbeißt, so bedeutet auch dies, daß die Seele nach außen irrt. Also muß man schleunigst den Mund fest schließen und die Zähne zusammenbeißen.

e) Dies alles, um die Sinne der Seele untertan zu machen und die Atemkraft *(ch'i)* für den Geist einzusetzen. Darin besteht die Wechselwirkung zwischen Geist und Lebenskraft *(ch'i)*. Übt man getreulich auf diese Weise, so beginnen Seele und *ch'i* bereits nach zehn Tagen voneinander abhängig zu werden und sich aufeinander einzustimmen; darnach braucht man nicht unbedingt die Atemzüge weiterzuzählen, der Atem wird ganz von selbst rhythmisch. Und als natürliche Folge werden auch die beiden Übel der Zerstreutheit und der Dumpfheit immer weniger häufig auftreten.

V. VOM LICHTKREISLAUF UND SEINEN ENTSTELLUNGEN UND FEHLERN

1. Meister Lü sprach: Euer Werk wird allmählich Reinheit und Reife erlangen; bevor man jedoch den Zustand des dürren Baumes (III: 17 e) und des starren Felsens erreicht, gilt es noch viele Wirrungen und Mißerfolge zu bestehen, die ich genau erklären möchte. All dies aber wird man erst verstehen, wenn man es persönlich erlebt. In diesem Sinne will ich darüber sprechen.

2. Unsere Lehre unterscheidet sich von jener des *Chan (Zen)*, indem sich uns Schritt um Schritt die Wirksamkeit offenbart. Ich möchte zuerst über die Unterschiede sprechen, und dann, im nächsten Kapitel, über die sich offenbarende Wirklichkeit.

3. Bevor man sich in der Lehre zu üben beginnt, muß man sich klarmachen, daß dabei dem Geist keine Hauptrolle zufällt. Man vergesse die Lehre und lasse sich in der lebendigen Weite (des (Absoluten) leben, wo *ch'i* (Lebenskraft) harmonisch und der Geist ausgeglichen ist. So wird man in den Zustand der Stille einzutreten vermögen. Und in der Stille wird man in der Folge den Augenblick der Übereinstimmung *(chi)* und des Offenen *(ch'iao)* erfahren (s. IV: 1 u. 9).

4. Beim »Sitzen« darf man sich nicht gehenlassen[118], d. h. in den Zustand der »Leere ohne Erkenntnis« verfallen[119]. Indem man alle Verhaftungen *(yüan)* losläßt, sitzt man in gesammelter Aufmerksamkeit und innerer Bereitschaft.

5. Dabei darf man seinen Willen nicht zu sehr anspannen, um Erkenntnis zu erlangen. Gewöhnlich ereignet sich die erste Erkenntnis der Wahrheit unerwartet. Das heißt nun nicht, daß man die Wahrheit nicht auch mit seinem Denken zu erfassen vermöchte; aber Wahrheit liegt in der Mitte zwischen Sein und Nichtsein[120]

und wird erfahren in der Belanglosigkeit des Bedeutungsvollen[121]. Mit gesammelter Aufmerksamkeit und lebendiger Klarsicht lasse man los, gebe sein Wollen preis in tiefer Ruhe.

6. Ferner soll man sich nicht in die Welt der Verstrickungen und Unterscheidungen verirren[122]. Verstrickung und Wahrnehmung ist der Bezirk, wo das *māra* der Fünf Agglomerate herrscht[123]. Es scheint, daß sogar noch im Zustand der Konzentration *(samādhi)* die Neigung zum »dürren Baum und kalter Asche«[124] besteht, mehr als die Neigung »zur großen Erde und dem herrlichen Frühlingstag«. Dies eben ist die Verirrung in den Bezirk der Fünf Agglomerate, wo *ch'i* (Lebenskraft) kühl bleibt und der Atem stagniert. In jenem Bezirk gibt es viele kalte und leblose, starre Bilder und Figuren, und wenn man lange genug dort verbleibt, verfällt man der Starre wie ein dürrer Baum und ein Fels.

7. Ferner soll man sich vor den Gefahren vielfältiger Verstrikkung hüten. Sobald man nämlich den Raum der Stille betritt, scheinen die unzähligen Fäden der Verhaftung plötzlich lebendig zu werden. Man möchte sie zerschneiden, vermag es aber nicht. Verfolgt man sie, findet man Gefallen daran und glaubt recht zu tun. So läßt man den Herrn zum Sklaven werden. Bleibt man lange genug dabei stehen, so verfällt man der Welt der Formen und Begierden *(se-yü)*[125].

Kommentar:
Dies ist die Beschreibung jenes Zustandes, die der Meister das »Sitzen in Stagnation und Dürre« nennt. Darin offenbart sich zwar Natur, aber nicht Leben. Das ist die Gefahr für alle, die noch nicht zum Offenen von *ch'i* hingefunden haben.

8. Wer empor schwebt, wird im Himmel geboren, wer sich fallen läßt, kommt zu den Tieren, ins Reich der Fuchsgeister[126]. Sie leben auf dem berühmten Berg und lassen sich's wohl sein, sie genießen Wind und Mond, Blüte und Frucht, Korallenbäume und Juwelengräser. Sie leben dreimal fünfhundert Jahre (also 1500 Jahre)[127]. Viele von ihnen werden Tausende von Jahren alt. Wenn jedoch die Bedingungen des füchsischen Geistes erfüllt sind, so werden sie wiedergeboren in der Form anderer Existenzen.

9. All dies sind Wege der Verirrung. Wenn man sie eingesehen hat, soll man die Offenbarung der Wirklichkeit suchen.

10. Kommentar:

a) In diesem Kapitel belehrt der Meister den Tao-Sucher über die Fehler und Verirrungen während der Übung im Licht-Kreisen.

b) Im vorausgehenden Kapitel hat der Meister auf die Wichtigkeit der Atem-Regulierung hingewiesen. In diesem Kapitel nun warnt der Meister den Tao-Sucher vor den beiden drohenden Irrwegen während des Lichtkreisens. Er möchte, daß der Suchende darüber Bescheid weiß, wenn er die Erfahrung selber macht (V: 1).

c) Um es nochmals nachdrücklich zu sagen: Auch wenn man durch Atemrhythmisierung höchste Stille erlangt hat, dabei aber nicht darauf achtet, daß der Geist *(shen)* und *ch'i* (Lebenskraft) in harmonischer Wechselwirkung zueinander stehen (II: 12 i), so daß der Geist ins Offene von *ch'i* einzudringen vermag (V: 3), dann verfällt man entweder in leere Stagnation oder man verliert sich in den Bezirken von *māra.* Dies meint der Meister, wenn er sagt: »Bevor man zum dürren Baum und starren Felsen wird, gilt es mancherlei Irrungen und Mißerfolge zu bestehen« (V: 1).

d) Wenn man lange mit gesenkten Lidern »sitzt«, sieht man zuweilen Erscheinungen von Lichtblitzen und Farbenspielen, oder das Herabsteigen von Bodhisattvas[128] oder Göttern oder Heiligen. Solche Phantome gehören allesamt nicht zum geheimen Ort, den man sucht, sondern zum Bezirk von *māra*.

e) Hat man zwar durch das Kreisen des Lichts Stille erlangt, aber die Atemkraft des gesamten Körpers ist noch nicht mühelos und harmonisch geworden, so kann das Wasser der Nieren nicht emporwallen, und die niedere Ur-Kraft *(yüan-ch'i)* erkaltet und ihr Lebensatem sinkt ab und wird trüb. Das heißt, »man hat nicht die Kraft zur weiten Erde und zum herrlichen Frühlingstag«, sondern verliert sich in stagnierender Leere.

f) Ferner weiß jeder, daß beim langen »Sitzen« weltliche Gedanken emporschießen wie Unkraut. Man mag sich noch so sehr anstrengen, man vermag sie nicht loszuwerden. Überläßt man sich ihnen hingegen, so scheint das angenehm und in Ordnung. Hier darf das »Sitzen« unter keinen Umständen abgebrochen werden. Mag man dabei auch warm geworden sein und ein Gefühl von Ausgeglichenheit erlangt haben, so hat doch solches »Sitzen« nicht den geringsten Wert. Man sollte also einhalten und etwas umhergehen, langsam, ohne die Meditation zu unterbrechen. Sobald *ch'i* wieder harmonisch und der Geist ruhig geworden ist, soll man das »Sitzen« wieder aufnehmen.

g) Während des »Sitzens« stellt sich eine Art wahrnehmender Intuition ein *(chüeh, chih).* Sobald die Atemkraft weich, rhythmisch und warm geworden ist, regt sich im Augenblick der großen Übereinstimmung das Wahre *yang* und möchte sich ausbreiten, und man steht auf der Schwelle zum Offenen hin. Wenn man diese Schwelle betritt, so ist die Gefahr der Erscheinungen, der Begierden und der *māras* behoben.

VI. WIE SICH DIE WIRKSAMKEIT DES LICHTES OFFENBART

1. Meister Lü sprach: Auch das Offenbarwerden der Wirksamkeit ist mannigfach. Man sollte sich nicht mit der kleinen (angeborenen oder anerzogenen) Natur und ihren beschränkten Möglichkeiten begnügen. Man sollte seiner Berufung eingedenk sein, allen lebenden Wesen ohne Ausnahme zur Erlösung zu verhelfen[129]. Man sollte sich nicht abfinden mit seinem flüchtigen Menschengeist und seiner eitlen Selbstsucht. Wollt ihr, daß euer Werk gelinge, so trachtet ohne Unterlaß danach, diese Worte zu befolgen.

2. In der Stille finden Geist und Gefühl *(shen-ching)* zu tiefer und bleibender Heiterkeit und Fröhlichkeit, als wären sie berauscht und neu gebadet. Dies bedeutet, daß der ganze Körper von *yang* und Harmonie erfüllt ist wie ein heller Frühlingstag. Dies ist »das Knospen der Goldenen Blüte«.

3. Dann geschieht es, daß alle Geräusche verstummen und daß der leuchtende Mond am Himmel aufgeht. Dann wird man gewahr, daß die weite Erde mit dem klaren Himmel und dem leuchtenden Mond der Lichtsphäre zugehört. Das ist »die reine Entfaltung des eigenen Geistes«, das Erstrahlen der Goldenen Blüte.

4. Der ganze Körper ist nun gestärkt mit neuer Kraft und braucht weder Sturm noch Frost zu fürchten. Den Dingen, vor denen sich andere Menschen abwenden, begegne ich mit erneuter Kraft. Ich erbaue mein Haus aus purem Gold auf einem Fundament aus reiner Jade. Die Dinge dieser Welt, die in Fäulnis und Verderbnis zerkrümeln, erstehen zu neuem Leben, sobald mein Hauch sie berührt. Rotes Blut wird zu Milch, und der Klumpen Fleisch von sieben Fuß Höhe (Körper) wird zum goldenen Schatz. Das ist das Zeichen, daß die Goldene Blüte sich kristallisiert.

5. Die erste Erfahrung entspricht dem, was das Meditations-Sutra *(Kuan Ching)*[130] mit seinem Bilde meint: »Die Sonne sinkt in die Wasser des Westens, und die Allee der Bäume erscheint in klaren Konturen.«[131] »Die Sonne sinkt« bedeutet, im Chaos das Prinzip des Nichtseins *(wu-chi)* als Fundament zu gewinnen. Das höchste Gut ist wie Wasser, rein und unbefleckt. Das ist der Herr *(ti)* des Allerhöchsten *(t'ai-chi)*, des Zeit- und Grenzenlosen (Wilhelm: »der Herr der großen Polarität«), der Gebieter (über Schöpfung und Wandlung), der aus *chen* (d. h. dem Osten) hervortritt[132]. *Chen* entspricht dem Holz. Daher das Symbol »die Allee der Bäume«. Die Bäume, die in siebenfacher Reihe stehen[133], bedeuten das Licht der sieben Öffnungen[134].

Wenn *ch'ien* um eine Position nach oben rückt, nach Nordwesten, wird es *k'an*. »Die Sonne sinkt in die Wasser des Westens« ist das Symbol von *ch'ien* und *k'an*. *K'an* ist die Himmelsrichtung von *tzu* (Mitternacht, Ratte). Das bedeutet: Wie um die Wintersonnenwende der Donner tief in der Erde verborgen ist, so ist jeder Neubeginn verborgen und doch schon kraftvoll. Wird *chen* (Osten) erreicht, tritt *yang* aus dem verborgenen Grund hervor. Das wird symbolisiert durch »die Baumallee«. Alles Übrige kann entsprechend interpretiert werden[135].

6. Die zweite Erfahrung nun besteht darin, ein festes Fundament auf der ersten zu bauen. Die weite Erde wird zum glitzernden Kristall. Es ersteht ein arkadischer Turm, und dann erscheint Buddha; das Goldene Wesen wird manifest – wer anders könnte das sein denn Buddha? Buddha ist der Goldene Heilige der großen Erleuchtung *(chin-hsien)*[136]. Dies ist die Erfahrung der Wirksamkeit.

7. Die Offenbarung der Wirksamkeit wird in drei Stufen erlebt: In der Stille betritt der Geist *(shen)* das Tal *(ku)*[137]. Man hört Stimmen, die sich miteinander verständigen, obwohl sie meilenweit voneinander entfernt sind[138]. Die Stimmen hallen wie Echo durchs Tal, ähnliches hörte man nie. Das ist die Erfahrung des Geistes im Tal, ein jeder muß das zu seiner Zeit selber erfahren.

8. Die zweite Stufe: Mitten in der Stille flammt das Licht der Augen zur Stirn empor, so daß alles hell wird, als wäre man in einer durchleuchteten Wolke. Öffnet man die Augen, um sich seines Körpers zu vergewissern, findet man ihn nicht. Dies heißt: »Im leeren Raume *(hsü)* wird es licht.« Alles, sowohl innen wie außen, wird durchscheinend hell, und darin wohnt die Seligkeit.

9. Die dritte Stufe: Mitten in der Stille wird der Leib mit *ch'i* erfüllt und blüht auf, wird leicht wie Spinnweben und lauter wie Jade. Man scheint zu sitzen, doch man schwebt empor. Dies heißt: »Der Geist kehrt heim ins Himmelreich.« Übt man dies lange genug, mag man eine wirkliche Levitation erleben.

Kommentar:
Diese Worte beziehen sich auf das Zirkulieren des Lichts, wenn die Stille ihren Höhepunkt erreicht und das Geist-Feuer *(shen-huo)* sich eint und das Offene von *ch'i* betritt. Im Offenen wird das wahre *ch'i* durch das Feuer freigesetzt und entschwebt dem himmlischen Dreifuß wie ein Duft. Dies bedeutet, daß der Geist von *yang* (Geist des Lichts, *yang-shen*) in diesem Augenblick, da das Elixier noch nicht vollendet ist, emporschwebt.

10. Dies ist die dreifache Offenbarung der Wirksamkeit, die in diesem Leben voll erfahren werden kann. Damit ist zwar noch nicht alles erklärt. Die Wirksamkeit offenbart sich verschieden, je nach den natürlichen Veranlagungen und Fähigkeiten eines Individuums, wie es im *Chi Kuan*[139] ausgesprochen wird: »die Manifestation früherer guter Tat, die ihres Lohnes wert ist«. Dies muß jeder selber erfahren, so wie man Wärme oder Kühle des Wassers nur fühlt, wenn man es selber trinkt. Man soll zuversichtlich sein, daß man sich von der Wahrheit selbst zu überzeugen vermag.

11. Das Eine vor-himmlische *ch'i* manifestiert sich spontan in der jeweiligen Offenbarung der Wirksamkeit. Sucht man nach dem Einen *ch'i* und erlangt es, dann ist das Elixier in Wahrheit vollendet. Dies ist das wahre Samenkorn (III: 2). Ein Samenkorn ums andere verwandelt allmählich das Unsichtbare ins Offenbare. Ein einziges Samenkorn ist das Ewige im Zeitlichen. Das Ewige im Raum- und Zeitlosen – das sind die ungezählten Samenkörner in ihrer Gesamtheit. Jedes einzelne Samenkorn aber schließt in sich den Keim des Ewigen. Deshalb sollte man es als eine Sache von höchster Wichtigkeit betrachten, seinem Geist die Möglichkeit zur Erweiterung zu geben.

Kommentar:

a) In diesem Kapitel weist der Meister auf das Resultat des Licht-Kreisens hin.

b) Wenn man seinen Scharfsinn eifrig und unermüdlich im Kreisen des Lichts übt, so offenbart sich seine Wirksamkeit spontan. Es hängt dabei alles vom Eifer und von der Ausdauer des Übenden ab. Es ist wie mit dem Wasser, nur wenn man es selber trinkt, spürt man, ob es warm oder kalt ist.

c) Von Anfang an befürchtet der Meister, der Tao-Sucher könnte an sich und seiner Erfahrung zu zweifeln beginnen, wenn er in die Tiefe vordringt, da es ihm noch an Einsicht fehlt, den richtigen vom falschen Weg zu unterscheiden. Deshalb läßt er den Tao-Sucher aus seiner eigenen Erfahrung Gewinn ziehen, indem er ihm die erlebte Wirksamkeit deutlich schildert. Seine größte Befürchtung ist, der Tao-Sucher könnte auf einem Nebengeleise steckenbleiben, ohne des verläßlichen Weges der Weisheit gewahr zu werden.

d) Wenn man der Sache nachgeht, so findet man etliche, die zwar die Stille kennen, aber nicht bedenken, daß ihr Ich welken muß, damit sich die verborgene Kraft *(ch'i)* regen und neues Leben erwecken kann. Daher ermahnt der Meister den Übenden, nicht bei den ersten Erfahrungen steckenzubleiben, sondern in die Tiefe vorzudringen, um die Wirksamkeit sich schrittweise offenbaren zu lassen. Sobald *kleśa* versiegt ist, hat man die Gnade erlangt.

e) Obwohl die Offenbarungen der Wirksamkeit mannigfacher Art sind, so ist doch die eine von erster Ordnung: Sobald während des »Sitzens« die Atemkraft gleichmäßig, unbehindert und fließend geworden ist und man sich berauscht von Glück und gebadet in neuer Frische fühlt, so bedeutet dies, daß die Lebenskraft des ganzen Körpers licht *(yang)* und harmonisch geworden ist, wie ein strahlender Frühlingstag; d.h. das Geist-Feuer durchdringt die Wassergegend der Nieren (V: 10 e). Sowie das *ch'i* dieser beiden (Geist – Feuer und Nieren – Wasser) lange genug vereint waren, findet mitten im Offenen das Feuer zu seinem Ursprung zurück und der Augenblick der Einung des Lebens *(ming-chi)* wird manifest. Dies nennt der Meister »die plötzliche Entfaltung der Goldenen Blüte«. Diesen Augenblick nennen die Konfuzianer »das Wesen erschöpfen und das Leben gewinnen« *(chin-hsing chih-ming)*[140].

f) Wenn aber der *yin*-Geist seinen Wandlungspunkt erreicht, gerät das *yang-ch'i* (Lebenskraft des Lichts) in Bewegung. Das bedeutet: »Zur Wintersonnenwende ist der Donner tief in der Erde verborgen.« Hier erreicht das geeinte *ch'i fu* (s. Hexagramm).

g) Übt man sich lange genug im »Sitzen«, kommen die schweifenden Gedanken zur Ruhe.

Wenn der Geist im Offenen von *ch'i* sich eint, wird *ch'i* beständig und der Geist gestillt. Dies ist gemeint mit dem Bild »der Geist betritt das Tal«. Das Tal bedeutet das Offene von *ch'i.*

h) Übt man sich im Kreisen des Lichts, um dies zu erreichen, so wird das warme *ch'i* des Elixier-Feldes geschmolzen und in Einklang gebracht, und dieses *ch'i,* geschmolzen und ausgeglichen, steigt langsam empor aus seiner tiefen Quelle (*hsia-yüan,* aus der Unteren Elixier-Ebene) und erfüllt den ganzen Körper. Dies heißt, »den Leib aus Bein und Fleisch emsig mit *ch'i* erfüllen«.

i) In diesem Augenblick kommen Leib und Seele zur Ruhe und zum Frieden, und der Wahre Samen *(chen-chung)* wird geboren. Dies ist der Augenblick, da das eine Samenkorn sich manifestiert (III: 2, V: 11).

j) Wie kann man an diesen wunderbaren Punkt gelangen, außer durch Atemkontrolle und unermüdliches Suchen nach dem einen Samenkorn? Die Hauptsache ist, man lasse Leib und Seele los, senke die Augenlider und blicke nach innen. Wenn Leib und Seele vergessen sind, so zerrinnt das Denken nicht ins Äußere hin, und das Wahre *ch'i* erfüllt sich. Wenn *ch'i* sich erfüllt, so erfüllt sich auch der Geist. Sowie der Geist im Offenen von *ch'i* wohnt, wird *ch'i* frei und sicher, und der Körper fühlt sich leicht und friedlich, und der Wahre Samen kommt zum Sein. Auf diese Weise ist es leicht und natürlich, langes Leben zu gewinnen. Die Öffnung von *ch'i* ist 3,6 Fuß unterhalb des Herzens *(hsin)*.

VII. DAS KREISEN DES LICHTS IM TÄGLICHEN LEBEN

1. Meister Lü sprach: Man sollte sich gründlich und ausdauernd im Kreisen des Lichtes üben. Dabei braucht man seine tägliche Arbeit nicht aufzugeben. Die Alten lehrten: »Wenn sich Aufgaben *(shih)* stellen, soll man sie zuverlässig erfüllen. Um die Dinge *(wu)* des Alltags soll man sich eingehend kümmern.« Wenn ihr euch in rechter Weise eurer Angelegenheiten annehmt *(cheng-nien)*, so wird das Licht dadurch nicht beeinträchtigt und zirkuliert von selber fort. Dies ist der gestaltlose Lichtkreislauf, der sich zuweilen in der Welt der Erscheinungen manifestiert[141]. Es ist dem Menschen möglich, sogar diesen gestaltlosen Lichtkreislauf wahrzunehmen. Wieviel mehr den tatsächlichen Kreislauf des Lichts, der in den Dingen und durch sie in Erscheinung tritt[142].

2. Wenn man im Alltag Stunde um Stunde das Licht in den Dingen und in seinem Tun sich spiegeln läßt, ohne um Haaresbreite davon abzuweichen, ohne den leisesten Gedanken an sein Ich *(jen-wo-hsiang)*[143] dazwischentreten zu lassen, so heißt dies: das Licht kreisen lassen in der Welt. Dies ist der erste geheime Erfolg.

3. Es ist sehr zu empfehlen, in der Morgenfrühe sich aus allen Verstrickungen zu lösen und sich für ein oder zwei Stunden zu stiller Meditation hinzusetzen. Hat man sich darauf seinen Geschäften und Verpflichtungen zu widmen, sollte man sich dabei bemühen, das Licht ungestört sich spiegeln zu lassen. Übt man sich in dieser Weise ohne Unterlaß, ohne auch nur eine Minute der Unterbrechung, während drei oder sechs Monaten[144], werden alle Vollendeten aus den Himmeln herbeieilen, um solches Bemühen zu besiegeln[145].

Kommentar:

a) Das vorhergehende Kapitel hatte darüber gesprochen, wie die Anstrengung Früchte trägt und wie man die Region der wunderbaren Erfahrung betritt. Dieser Abschnitt spricht darüber, wie der Suchende seinen Scharfsinn im täglichen Leben üben kann, um langsam der Erlangung des Lebenselixiers näherzukommen.

b) Und doch betont der Meister gerade hier, man solle seinen bürgerlichen Beruf nicht aufgeben. Man könnte glauben, er wolle dem Suchenden die Erlangung des Lebenselixiers vorenthalten.

c) Der Wissende sagt: Dem ist nicht so. Wahrscheinlich befürchtete der Meister, der Lernende könnte seinem Alltag nicht in der richtigen Weise begegnen, deshalb sprach er so.

d) Denn wenn jemand in rechter Weise sucht und die Sphäre der wunderbaren Erfahrung betritt, so wird sein Geist wie ein Wasserspiegel: Die auftauchenden Dinge reflektiert er; verschwinden sie wieder, so ziehen Geist und Lebenskraft sich in ihre stille Einheit zurück und lassen sich nicht durch Vergängliches ablenken und zerstreuen. Dies meint der Meister, wenn er sagt: »das Licht spiegeln lassen, ohne um Haaresbreite davon abzuweichen, ohne den leisesten Gedanken an sein Ich« (VII: 2).

e) Wenn der Suchende es vermag, sein wahres Denken im Offenen von *ch'i* wohnen zu lassen, so braucht er sich nicht zu bemühen, das Licht zum Strömen zu bringen, und trotzdem strömt es. Wenn aber das Licht strömt, so erzeugt sich das Elixier von selbst, und die Geschäfte des Alltags vermögen es nicht zu schmälern.

f) Anders verhält es sich für den Anfänger: Bei ihm werden Geist und Lebenskraft zu sehr abgelenkt und verwirrt *(san-luan)* durch die Angelegenheiten der Welt, wenn er sie nicht entschlossen beiseite legt und einen ruhigen Ort aufsucht, um sich ungestört dem Werk des Wärmens und Schmelzens zu widmen. Sonst mag es geschehen, daß er den Tag zwar voll guten Willens beginnt, aber des Abends erschöpft und träge innehält – wie sollte er auf diese Weise zum tiefinnersten Geheimnis vordringen können?

g) Deshalb heißt es, man solle zu Beginn des Übens seine häuslichen Geschäfte niederlegen. Ist dies nicht möglich, soll man jemanden bitten, sie stellvertretend zu übernehmen, so daß man sich nicht mehr darum zu kümmern braucht und seine Gedanken ausschließlich aufs Üben konzentrieren kann. Hat einer es durch waches Schärfen seiner Sinne erreicht, den Bereich des tiefen Geheimnisses zu betreten, so bedeutet es für ihn kein Hindernis mehr, wenn er gleichzeitig seine gewohnten Pflichten wieder aufnimmt und auch seine menschlichen Bedürfnisse wieder befriedigt. Dies bedeutet, das Licht im täglichen Leben kreisen zu lassen.

h) Vor langem sagte der Chen Jen Tzu Yang[146]: »Wenn jemand sich übt, ein alltägliches Leben zu führen und dabei sein Licht abzuschirmen[147], so ist das Runde rund und das Eckige eckig. Dieser enthüllt das Geheimnis, indem er auf andere Menschen eingeht, statt ihnen seine Gedanken aufzuzwingen; auf diese Weise vermag er sie in unergründliche Tiefen zu führen. Wer vermöchte die nach außen wirkende Kraft und die verborgene Gewalt solch eines Menschen zu erkennen?«[148] »Das Licht im täglichen Leben kreisen lassen«, das heißt: sein Licht für die Umwelt abschirmen und sich gemeinsam mit ihr bemühen.

VIII. DAS GEHEIMNIS DER WIRKUNG INS WEITE

1. Meister Lü sagt:
   a) Hört das Geheimnis vom Reinen Licht (der Jade-Reinheit, *yü-ch'ing*)[149],
   wo es wohnt, wie es herabsteigt und sich ausbreitet in unserer Welt.
   b) Indem man die Vier Worte[150] befolgt, wird der Geist geeint und betritt das Offene von *ch'i*.
   c) Im sechsten Monat sieht man plötzlich weißen Schnee fliegen.
   d) Zur dritten Nachtwache[151] erscheint die Sonne in strahlendem Glanz.
   e) Im Wind des Sanften steigen die Säfte im Winter.
   f) Es durchmißt das Hiesige, ernährt sich von den Kräften der Erde *(k'un)* und kehrt zum Himmel zurück.
   g) Und das tiefste aller Geheimnisse ist dies:
   h) Wo immer du gehst, dort ist deine Heimat.
2. Dieses *Lü Shi*[152] ist von tiefer Bedeutung.

Der Kern des großen Tao liegt in den vier Worten beschlossen: *wu-wei-erh-wei* (Nicht-tun-und-doch-Tun). Man bedenke es wohl: Das Nicht-Handeln verhindert, daß der Mensch in einer Richtung, an einem Ort, bei einer Form oder in einem Bilde stagnierend verhaftet bleibt. Indem man aber im Nicht-Tun dennoch handelt, verliert man sich nicht in lähmender Leere und totem Nichts[153].

3. Dieses Nicht-tun-und-doch-Tun ist die Auswirkung der Einheit der Mitte[154]. Und die Nabe der Übereinstimmung *(shu-chi)*[155] liegt in den beiden Augen. Die beiden Augen sind wie der Griff an der Deichsel des Großen Wagens *(tou-ping)*[156], der die ganze

Schöpfung und Wandlung bewegt und der *yin-yang* zum Kreisen bringt. Die Substanz des Elixiers ist von Anfang bis Ende das Gold inmitten des Einen Wassers *(i-shui-chung-chin)*, d.h. das Blei in der Wassergegend (s. I: 4).

4. Bisher war vom Lichtkreislauf die Rede, der das Innere von außen her unter Kontrolle zu bringen und zu harmonisieren trachtet. Dies hilft dem Suchenden die Herrschaft erlangen. Dies ist die Weisung für den Anfänger, der sich in den zwei untern Sperren *(hsia-erh-kuan)* übt[157]. Auf diese Weise wird allmählich der Schlüssel gefunden und der Augenblick der Übereinstimmung reift heran, so daß der Himmel den Weg freigibt und das höchste Geheimnis enthüllt. Ihr Suchenden, richtet euren Sinn auf dieses Geheimnis und scheut keine Mühe!

5. Der Ausdruck »Lichtkreislauf« ist bloß ein Hinweis. Je mehr man sich anstrengt und je weiter man fortschreitet, um so herrlicher entfaltet sich die Goldene Blüte und um so reiner durchdringt die Wahrheit *(fa)* das Leben. Bisher bemühten wir uns, das Innen von außen her unter Kontrolle zu bringen, nun aber sind wir im Zentrum und herrschen von hier aus über das Außen. Bis dahin waren wir bescheidene Knechte im Dienste des Herrschers, nun aber tragen wir die Gebote dieses Herrn hinaus. Das ganze Verhältnis ist vollständig gewendet.

6. Wenn das Kind der Wahrheit die Stille betritt, so bemüht es sich, Körper und Seele zu ausgeglichener Ruhe und zum Frieden zu bringen, sich aus allen Verstrickungen zu lösen und dabei nicht eine einzige Fessel ungesprengt zu lassen, so daß der Himmelsgeist genau in der Mitte *(chung)* Wohnung nimmt. Danach senkt der Suchende die Augenlider wie einen Vorhang, um die Befehle des Meisters zu empfangen und sich berufen zu lassen. Wer wagte da nicht zu gehorchen? Dann lasse man das Licht seiner Augen das Abgründige (*K'an*-Palast, Nieren- oder Wassergegend) erleuchten. Wo immer das Licht der Goldenen Blüte hintrifft, tritt sogleich das Wahre Licht *(chen-yang)* hervor und vereinigt sich mit ihm.

7. Das Trigramm *li* besteht aus zwei *yang*-Linien außen und einer *yin*-Linie innen (wie das Licht aus dem hellen Mantel und dem dunklen Kern) – das ist der Leib von *ch'ien* (Wilhelm: des Schöpferischen). Ein *yin* tritt ins Innere (von *ch'ien*) und wird zum Herrn; so wird der Sinn erfüllt von den Dingen, verströmt sich nach außen und wird umgetrieben vom zyklischen Wandel, vom

Wechsel zwischen Geburt und Tod. Wenn jedoch durch Kreisen des Lichts die Lichtstrahlen aufs Innere gesammelt werden, so wird der Sinn nicht mehr beherrscht von den Dingen und wird frei zum Schöpferischen. Die Kraft von *yin* wird fixiert, und wenn die Strahlen der Lichtblüte darauf treffen, so wird *yin* selber zum reinen *yang (ch'un-yang)* (s. II: 9).

Gleiches zieht Gleiches an. Deshalb ist das *yang* des Abgrunds, das emporsteigt, nicht länger abgründiges *yang*, sondern es wird zum Reinen *yang*, das dem unerschaffenen Lichte (dem schöpferischen *yang*) begegnet und sich mit ihm vereinigt.

8. Diese Vereinigung ist unauflöslich und schafft unerschöpfliches Leben, das kommt und geht, steigt und fällt. Man fühlt, wie im Palast des Ursprungs *(yüan-kung)* die Unendlichkeit der Großen Leere sich geheimnisvoll zu regen beginnt. Der Leib wird licht und leicht und möchte entschweben. Das ist der Zustand, von dem es heißt: »Wolken erfüllen die tausend Täler.«

9. Allmählich werden Kommen und Gehen spurlos, Steigen und Fallen unmerklich, der Puls steht still und der Atem hält an. Das ist der Augenblick der wahren zeugenden Vereinigung (von *yin* und *yang*), der Zustand, von dem es heißt: »Der Mond taucht ein in die zehntausend Wasser.«

10. Inmitten dieser abgründigen Tiefe und Dunkelheit beginnt sich plötzlich der Himmelsgeist zu regen. Dieser Augenblick ist gemeint, wenn es heißt: »das eine *yang* gesellt sich zu *fu* (Hexagramm ䷗)«. Das ist die Stunde der Wiederkehr *(huo-tzu-shih)*.

Kommentar:
Das ist die Stunde, da Weisheit und Leben *(hui-ming)* sich manifestieren wollen. Wenn man aber diese spontane Manifestation nicht zuläßt, sondern eine Umkehr erzwingt, so heißt dies »das Öl wahren und das Leben mehren« *(tien-yu chieh-ming)*. Dies ist der Weg zur Buddha- oder Meisterschaft.

11. Allein, die Einzelheiten dieser Situation müssen sorgfältig erläutert werden.

Kommentar:
Es ist schwierig, dies alles zu verstehen, da die Hauptsache immer nur mündlich von Meister zu Meister weitergegeben wird.

12. Wenn der Mensch nach etwas ausschaut, auf etwas hinhört, so folgen Auge und Ohr den Dingen in ihrer Bewegung, bis sie entschwunden sind, dann kommen die Organe zur Ruhe. Diese Bewegung, dieses Einhalten sind die Untertanen, denen der Himmlische Herr, statt sie zu beherrschen, Folge leistet. Dann haben zuweilen[158] die Dämonen freies Spiel (*kuei*, körperlose *yin*-Seelen) (s. II: 12, c).

13. Wenn nun aber sowohl Bewegung wie Ruhe vom Menschen kontrolliert werden, so bedeutet dies, der Wahre Mensch *(chen-jen)*[159] ist der Himmlische Herrscher. Steht die Bewegung im Einklang mit dem Wahren Menschen, so hat die Bewegung ihre Wurzel im Himmel *(t'ien-ken)* (s. VIII: 38).

Steht die Ruhe im Einklang mit dem Wahren Menschen, so ist es die Stille in der Höhle des Mondes *(yueh-k'u)* (s. VIII: 38)[160]. Der endlose Wechsel zwischen Bewegung und Stille, das Ruhen, Steigen und Fallen – wenn all dies im Einklang mit dem Wahren Menschen geschieht, so heißt dies »das Kommen und Gehen zwischen der Wurzel im Himmel und der Höhle des Mondes«.

14. Wenn Bewegung vorschnell einsetzt, solange der Himmelsgeist noch still und ruhig ist, so verliert man sein wahres Sein, weil man zu jung ist. Regt sich aber der Himmelsgeist und man folgt dieser Regung zu spät, so verliert man sein wahres Sein, weil man zu alt ist.

15. Sowie der Himmelsgeist sich regt, steigt er empor im Wahren Denken *(chen-i)* zum Palast des Himmels *(ch'ien-kung)* (s. I: 11, c). Und das Licht des Geistes *(shen-kuang)* trifft die Turmspitze des Himmelspalastes. Das ist *tao-yin*[161]. Das ist die Bewegung, die der Zeit entspricht, weder verfrüht noch verspätet.

16. So steigt denn der Himmelsgeist zur Höhe des Himmelspalastes empor und breitet sich in voller Freiheit aus; doch plötzlich verlangt er nach Stille, dann führe man das Wahre Denken in den Gelben Hof hinein (s. Anm. 43), dort fällt das Licht des Auges auf die gelbe Mitte *(chung-huang)*, die Wohnung des Geistes *(shen-shih)*.

Kommentar:
Zu besserem Verständnis sollte der Suchende das Bild zu Hilfe ziehen, das in einer späteren Schrift, dem *Hsü Ming Fang* (*Hui Ming Ching*, Wie man sein Leben verlängern kann, Fortsetzung)[162] die sechs Perioden des *dhar-*

ma-Rades darstellt. Jene Darstellung erklärt, was es heißt, »zur Stunde von *tzu* einatmen und das *yang*-Feuer von hinten aufsteigen lassen aus dem Dreifuß (Sitz) von *Ch'ien* (mittleres Elixierfeld in der Nähe des Herzens), und zur Stunde von *wu* ausatmen und die geheime Übereinstimmung des Augenblicks, da Himmel und Erde *(yin-fu)* sich berühren, behutsam zurückführen zum Bezirk des Elixiers«. Der Bezirk des Elixiers ist der Gelbe Hof. Eben dies meint der Buddhismus, wenn er vom ewig sich drehenden *dharma*-Rad spricht; und dies ist gemeint mit der geheimen Lehre des Taoismus, die vom Verfeinern des Samens und von der Wiederkehr (Umkehr, Wandlung) von *ch'i* spricht. Sobald man dies versteht, vermag man den unsterblichen Leib zu erschaffen und zu vollenden.

17. Wenn der Himmelsgeist nach Stille verlangt, so vermag sich auch nicht der leiseste flüchtige Gedanke zu regen. Wer nach innen blickt, ist sich dieses Blickens nicht bewußt. In diesem Augenblick werden Leib und Seele leicht, und die vielfältigen Verstrickungen *(yüan)* verschwinden spurlos. Dann weiß man auch nicht mehr, wo der Sitz des Elixierfeldes, die Wohnung des Geistes ist. Will man sich seines Leibes vergewissern, so ist er nicht mehr verfügbar *(pu-k'o-te)* (s. III: 16). Dies ist der Zeitpunkt, da der Himmel sich der Erde vereint und da alle Wunder zu ihrer Wurzel finden (s. *Lao Tzu* XVI, S. 31). Dies ist gemeint, wenn es heißt, »der geeinte Geist tritt ins Offene der Kraft *(ch'i)*«.

18. Sowie das Licht zirkuliert, wird das Zerstreute gesammelt (d.h. *ch'i* des ganzen Körpers). Die sechs Funktionen (*liu-yung*, sechs Sinne) werden stillgelegt. Dies ist »die Pflege und Ernährung der ursprünglichen Quelle *(pen-yüan)*, das Wahren des Öls[163] und Mehren des Lebens.«

19. Hat man sich gesammelt, wird man friedvoll und still (Wilhelm: leicht und frei) ohne Mühe. Das heißt: »Der Geist kommt zur Ruhe im Raume des Ursprungs.« Das ist das Einen und Sammeln (von *ch'i*).

20. Alsdann werden Schatten und Widerhall ausgelöscht, und man betritt das Große *samādhi (ta-ting)*, die große Versenkung in tiefste Ruhe. Das heißt: »das Bergen der Kraft *(ch'i)* im Offenen von *ch'i* und die Heimkehr aller Wunder zu ihrer Wurzel«.

21. Jeder der oben erwähnten Abschnitte (18, 19 und 20) enthält drei Paragraphen, und jeder dieser Paragraphen enthält wiederum neun Abschnitte. Das soll später genauer ausgeführt werden (s. VIII: 33, 34 und 35).

22. Dieses »Drei in Einem« ist so zu verstehen:

Stille sollte erreicht werden durch Pflegen und Ernähren, Einung und Sammlung sind ebenfalls Pflegen und Ernähren, und auch Begrenzen und Bergen sind Pflegen und Ernähren.

Später werden Pflegen und Ernähren selber zum Begrenzen und Bergen. Seiner Erfahrung entsprechend sollte man die Mitte wahren (Einen und Sammeln).

23. Ohne daß man den Ort wechselt, verändert sich der Ort. Das ist das Offene von *ch'i* ohne Grenzen, da sind tausend und abertausend Orte wie ein Ort. Ohne daß man die Zeit verändert, wechselt die Zeit. Das ist die unteilbare, unmeßbare Zeit, da alle Äonen zum einen Augenblick werden (s. II: 1).

24. Solange der Geist nicht höchste Stille erreicht hat, kann er sich nicht regen. Denn die Bewegung, die blindlings und zufällig sich treiben läßt, ist keine Regung des Ur-Seins *(pen-t'i)*[164]. Darum heißt es, Bewegung, die durch die Dinge verursacht wird, beruht auf den Trieben der Natur *(hsing)*. Bewegung jedoch, die nicht auf dem Einfluß der Dinge beruht, ist das Regen des Himmels. Die durch die Dinge verursachte Bewegung entspricht den Trieben der Natur, während die spontane Bewegung, von keinem äußern Impuls hervorgerufen, die Regung des Himmels ist[165].

Wenn die Regung des Himmels nicht mit unserer himmlischen Natur wahrgenommen wird, fallen wir ab von unserer eigentlichen himmlischen Natur und geraten unter die Herrschaft der Triebe. Denn wo die Dinge herrschen, regiert der Trieb. – Diese Erörterung soll helfen, den Schritt über sich selbst hinaus zu vermögen, d.h. mitten in der Bewegung hinaus aus der Bewegung.

25. Wenn kein flüchtiger Gedanke uns trübt, wird das wahre Denken *(chen-i)* geboren (s. II: 4). Mitten in der Versenkung in die Große Stille beginnt der Himmel sich plötzlich zu regen *(t'ien-chi)*. Dies eben ist die Bewegung ohne Absicht (unreflektiert, spontan). Dies ist gemeint mit dem Ausdruck »Nicht-Tun-und-doch-Tun« (s. VIII: 2).

26. Die ersten beiden Verse der Strophe (am Anfang des Kapitels) fassen die Wirkung der Goldenen Blüte zusammen.

27. Die nächsten beiden Verse sprechen vom gegenseitigen Sich-Durchdringen von Sonne und Mond. »Der sechste Monat« bedeutet *li*, das Feuer *(li-huo)*, »der wirbelnde weiße Schnee« ist das wahre *yin* (der dunkle Kern) inmitten des Feuers *(li)*, der zur Erde

(k'un) zurückstrebt. »Die dritte Nachtwache« ist das Abgründige, *k'an*, das Wasser. »Das Sonnenrad« ist das eine ursprüngliche *yang* inmitten von *k'an* (inmitten des Abgründigen), das strahlend zu *ch'ien* (ins Schöpferische) zurückkehrt.

Damit ist die Wechselwirkung zwischen *k'an* (*yin*, dem Dunklen, Abgründigen, Wasser) und *li* (*yang*, dem Feuer, dem Lichten) erklärt.

28. Die beiden nächsten Verse sprechen über die Deichsel des Großen Wagens und seine Funktion und über den Augenblick der Übereinstimmung *(ch'üan-chi)* zwischen Steigen und Fallen. Was denn könnte gemeint sein mit dem »Wasser« wenn nicht *k'an*, das Abgründige? »Der sanfte Wind« ist das Auge. Das Licht der Augen tritt erhellend in den Palast des Abgründigen, um den Keim *(ching)* des großen *yang (t'ai-yang)* zu wecken und zu nähren. Das ist die Bedeutung des ersten Verses. »Zum Himmel empor« (im folgenden Vers) bedeutet ins Reich des Schöpferischen (*ch'ien*-Palast). »Es durchmißt das Hiesige und kehrt zum Himmel zurück, nachdem es sich von den Kräften der Erde ernährt hat« – das bedeutet, der Geist durchdringt *ch'i*, die Kraft; der Himmel vereint sich der Erde, um das Feuer zu nähren.

29. Die beiden letzten Verse schließlich deuten auf das tiefste aller Geheimnisse. Dieses größte Mysterium muß von Anfang bis zu Ende allgegenwärtig sein. Es ist das Waschen des Herzens und das Reinigen der Gedanken, das Waschen und Baden *(mu-yü)*.

30. Die Lehre des Heiligen (Konfuzius) beginnt mit dem Wissen um das Anhalten *(chih-chih)* und endet mit dem Erlangen des höchsten Gutes *(chih-chih-shan)*. Das heißt, sie beginnt im Sein jenseits von Anfang und Ende (*wu-chi*, Nicht-Endlich) und kehrt wieder dorthin zurück (s. II: 2).

Buddha spricht vom Nicht-verhaftet-Sein und dennoch zum Bewußtsein erwachen *(wu-chu-erh-sheng-hsin)*[166] als von der grundlegenden Lehre im Großen *Tripiṭaka*. Unser Tao zielt darauf hin, Natur und Leben zur Fülle und Vollendung zu bringen durch die beiden Worte *chih-hsü*, Erfahrung der Leere (s. *Lao Tzu* XVI, s. VIII: 17).

31. Alle drei Religionen verkünden ein und dieselbe Lehre: wie das Elixier des Geheimnisses *(shen-tan)* zu finden sei, um aus dem Tod ins Leben einzugehen[167].

32. Was ist das Elixier des Geheimnisses? Es ist dies: immer und

überall im Absichtslosen verweilen, spontan aus dem Unbewußten leben *(wu-hsin)*. Das größte Geheimnis unseres Tao ist »Waschen und Baden«. Das A und O dieses Textes liegt in den beiden Ideogrammen *hsin-k'ung*[168], Leere des Bewußtseins. Darin liegt die Erkenntnis. Noch ein einziges Wort (zum Beweis unverfälschter Erleuchtung), und man kann seine Lehr- und Wanderjahre um Jahrzehnte abkürzen.

33. Wenn euch die drei Abschnitte des einen Paragraphen noch nicht deutlich sind (VIII: 21), so will ich es euch am Beispiel der buddhistischen dreifachen Kontemplation *(san-kuan)* über Leere *(śūnyatā, k'ung)*, Bedingtheit unserer Vorstellungen *(chia)* und Mitte *(chung)* erläutern (s. Anm. 103).

34. Die erste Stufe der dreifachen Kontemplation ist die Leere *(śūnyatā)*: Alles und jedes erscheint als leer. Dann folgt Bedingtheit: Obwohl man weiß, daß jegliches Ding leer ist, zerstört man es nicht, sondern läßt es sicher inmitten von *śūnyatā* wohnen. So vermag man, die Myriaden von Dingen bestehen zu lassen, ohne ihnen verhaftet zu sein. Dies eben ist die Kontemplation der Mitte (Integration von *śūnyatā* und Wahn). Während man sich in der Kontemplation der Leere übt, weiß man zugleich, daß die Welt der Erscheinungen nicht negiert werden kann, doch ist man ihr nicht verhaftet. In dieser Kontemplation der Leere ist die ganze dreifache Kontemplation enthalten.

35. Im letzten Sinne jedoch bedeutet die Erfahrung der Leere einen Zuwachs an Kraft *(te-li)*. Pflegt man also der Kontemplation der Leere, so ist die Leere natürlich leer, auch die Bedingtheit ist leer, und die Mitte ist ebenfalls leer. Übt man sich in der Kontemplation der Bedingtheit und gebraucht dazu die oben erwähnte neugewonnene Kraft, so erscheint die Bedingtheit natürlich als Bedingtheit, auch die Leere erscheint als Bedingtheit, und die Mitte erscheint gleichermaßen als Bedingtheit. Übt man sich in der Betrachtung des Mittleren Weges, so erscheint ebenfalls die Leere, sie heißt jedoch nicht mehr Leere, sondern Mitte. Auch die Bedingtheit unserer Vorstellung heißt dann nicht mehr Bedingtheit, sondern Mitte. Wenn man diese Mitte erfahren hat, so braucht man darüber keine Worte zu machen, denn die Mitte ist jenseits aller Worte (s. Anm. 103).

36. Zuweilen sprach ich von *li* (Feuer) als solchem und zuweilen von *li* im Zusammenhang mit *k'an* (Wasser); im letzten Sinne war

es immer ein und dasselbe. Zu Beginn dieses Kapitels sagte ich bedeutsam: Die Nabe, der Drehpunkt der Übereinstimmungen, liegt in den beiden Augen (VIII: 3). Dieser Drehpunkt, die Achse der Übereinstimmungen, bedeutet Tun, Handeln *(yung)*. Und Handeln bedeutet, die ganze Schöpfung sich wandeln lassen und nicht sich im Wahrnehmen beschränken. Es sind die Sinnesorgane und die sieben Öffnungen (Ohren, Augen, Nüstern, Mund), die das Licht wahren *(kuang-ming-ts'ang)*. Sollte man sich da auf die beiden Augen beschränken und den Rest unbeachtet lassen? *K'an-yang* (*yang* der Wassergegend, reines Licht) gebrauchen heißt nichts anderes, als das reine Licht von *li* allem zur Erleuchtung werden zu lassen (s. VIII: 7). Eben dies möchte dieses Kapitel erklären.

37. Chu Tzu, der Meister Yün Yang, der eigentlich Yüan Yü hieß und der zur nördlichen *Sung*-Schule gehörte[169], sagte einmal: »Der Blinde kann sich nicht im Tao üben, aber der Taube mag diesen Weg einschlagen. Man muß das Wichtige (das Sehen, die Augen) vom Unbedeutenden (Hören, Ohren) unterscheiden können.« Das stimmt genau mit meinen Worten überein.

38. Sonne und Mond sind ursprünglich Eins. Der dunkle Kern *(yin)* inmitten der Sonne *(yang)*[170] ist die Essenz *(ching)* des Wahren Mondes (das unverfälschte *yin*). Die Höhle des Mondes ist daher nicht im Mond, sondern in der Sonne (s. VIII: 13). Sonst genügte es, einfach vom Mond zu reden[171]. Der weiße Fleck *(yang)* inmitten des Mondes[172] (das reine *yin*) ist nämlich das Licht der wahren Sonne (unverfälschtes *yang*). Wie die Höhle des Mondes in der Sonne, so findet sich das Licht der Sonne inmitten des Mondes. Dies ist »die Wurzel des Himmels«. Sonst genügte es, einfach vom Himmel zu sprechen[171].

39. Sowie Sonne und Mond sich trennen[173], existieren sie nur noch als Hälften. Erst, wenn sie sich vereinen, bilden sie das Ganze eines Individuums. Es ist wie bei Mann und Frau, die, solange sie unabhängig voneinander leben, keine Familie bilden können. Erst wenn sie sich vereinen, bilden sie zusammen eine Familie.

40. Es ist jedoch eine heikle Angelegenheit, Tao durch Vergleiche erklären zu wollen. Wenn Mann und Frau getrennt leben, sind sie immerhin zwei verschiedene Individuen. Wenn aber Sonne und Mond getrennt sind, so sind sie kein Ganzes.

41. Ähnlich ist es mit Ohren und Augen. Ich sagte, die Blinden

haben keine Ohren und die Tauben haben keine Augen. Wenn man die Dinge so betrachtet, wo bleibt dann das Eine (*i-wu*, Buddha-Natur, Erleuchtung)? Was sind beide Augen? Was die sechs Sinnesorgane? Als Ganzes betrachtet, ist alles nur Eines, und die sieben Öffnungen sind bloß eine Öffnung.

42. Ich spreche nur von Dingen, die transparent sind für das Wesentliche. Daher sehe ich keine Unterschiede. Ihr Schüler aber, ihr seht nur, was getrennt und unterschieden ist, aber die Pupille des Auges, das Zentrum, das Wesentliche, vermögt ihr nicht wahrzunehmen.

Kommentar:

a) Dieses Kapitel beginnt mit dem Geheimnis vom Reinen Licht (Jade-Reinheit) – wo es wohnt, wie es herabsteigt und sich ausbreitet in unserer Welt. Wenn man die vier Worte befolgt, wird der Geist geeint und betritt das offene Reich der Kraft *(ch'i)*. Im sechsten Monat sieht man plötzlich weißen Schnee fliegen. Zur dritten Nachtwache erblickt man die Sonne in strahlendem Glanz.

Im Wind des Sanften steigen die Säfte im Winter.

Das Reine Licht durchmißt das Hiesige, ernährt sich von den Kräften der Erde und kehrt zum Himmel zurück.

Und das tiefste aller Geheimnisse ist dies: Wo immer du gehst, dort ist deine Heimat.

b) Das geheimnisvolle Wunder von Tao entsteht aus dem Nichts *(wu)*; dort hat es seinen Urquell. Wenn der Geist und *ch'i* (Kraft) lange genug vereint waren, erscheint mitten im leeren Nichts *(hsü-wu)* ein Funke des Wahren Feuers. Dann wird der Geist immer stiller, aber das Feuer um so verzehrender. Dieses sengende Feuer ist wie die Sommerhitze des sechsten Monats. In dieser Glut beginnen die Wasser des Abgründigen zu sieden, und die steigenden Dämpfe gleichen einem Schneegestöber. Dies ist gemeint mit dem fliegenden weißen Schnee des sechsten Monats (im dritten Vers).

c) Wenn so die Wasser vom Feuer verdampft emporsteigen wie ein Duft, dann regt sich die Wahre Kraft *(chen-ch'i)*. Erst wenn *yin* ruht, erscheint *yang*. Es ist wie das Geschehen um Mitternacht, wenn im tiefsten Dunkel der neue Tag erwacht. Darum nennen die Taoisten dies die Stunde der Wiederkehr (VIII: 10). Zu dieser Zeit hat man die Herrschaft über *ch'i* (die Lebenskraft) gewonnen, indem man es denkend lenkt; man läßt es bewußt mit dem Atem rückläufig emporsteigen und rechtläufig niedergehen, so wie das Sonnenrad durch den Zenit hin rollt. Daher heißt es: »Zur dritten Nachtwache erscheint die Sonne in strahlendem Glanz« (vierter Vers).

d) Die Methode des zyklischen Kreisens hängt eng zusammen mit Ein- und Ausatmen.

Sowie man das Feuer an der Pforte des Lebens (*ming-men* Samenstrang) gewinnt, vermag man seine Lebenskraft zu befreien und zu ihrem Ursprung zurückzuführen[174]. Das bedeutet der fünfte Vers: »Im Winde des Sanften steigen die Säfte im Winter«.

e) So gewinnt das einige *ch'i* des Ursprungs (*ch'i* von Vor-der-Zeit) den Lebensatem durch das Ein- und Ausatmen im Hiesigen. Es steigt im Rükken vom Kreuzbein aus empor zum Zenit (Gehirn) und geht durch den *ch'ien*-Palast hinunter zum Doppelten Palast und weiter zur Leibeshöhle, um den Embryo zu wärmen und zu nähren (vom Gehirn zu den beiden Lungenflügeln und zum Leib (s. Anm. 157). Deshalb heißt es: »Es durchmißt das Hiesige, ernährt sich von den Kräften der Erde und kehrt zum Himmel zurück« (sechster Vers).

f) So ist die wahre Kraft heimgekehrt ins leere Nichts *(hsü-wu)*. Übt man sich darin lange genug, so wird die Lebenskraft voll und reich, und Körper und Geist werden leicht und heiter. Unterläßt man jedoch diese Übung des zyklischen Kreisens, wie sollte es da möglich sein, eine Erweiterung des Seins zu erfahren.

g) Das Wesentliche dieser Übung besteht darin, daß der geeinte Geist das Geist-Feuer zu spiegeln vermag. Sowie die Stille den Kulminationspunkt erreicht, regt sich der Drang zur Tat. Dieses Wirken wird angefacht durch das Feuer inmitten des Wassers in der grenzenlosen Leere der Kraft. Dies meint der Meister, wenn er sagt: »Wo immer du gehst, dort ist deine Heimat.«

h) Hat der Suchende durch aufmerksames und unermüdliches Üben diesen Punkt erreicht und ist in die geheimnisvollen Tiefen eingedrungen, so kann das Goldene Elixier doch nicht zustande kommen, es sei denn, er wisse auch in der Methode des Wärmens und Schmelzens Bescheid. Daher versucht der Meister das von frühern Heiligen streng gewahrte Geheimnis zu erklären.

i) Wenn der Suchende seinen geeinten Geist im Offenen der Kraft wohnen läßt und tiefste Stille wahrt, so entsteht im Dunkel der innersten Tiefe ein neues Sein aus dem Nicht-Sein *(wu)*: die Goldene Blüte entfaltet sich.

j) In diesem Augenblick scheidet sich das Licht des Bewußtseins *(shih-kuang)* vom Licht der Natur *(hsing-kuang)* (s. Kap. X). Daher heißt es: Entsprechend dem Anreiz der Dinge sich bewegen, so daß Wirkung auf Wirkung ordnungsgemäß aufeinanderfolgt, das ist: im Licht des Bewußtseins handeln. Der Suchende jedoch läßt die wahre Kraft, sowie sie voll und reich geworden ist, nicht sich in äußere Wirkungen verströmen, sondern lenkt sie nach innen; das heißt das »Licht der Natur«. Wenn das zyklische Kreisen des wahren *ch'i* geübt wird, unablässig wie ein sich drehendes Wasserrad, dann kehrt die Kraft *(ch'i)* Tropfen um Tropfen zur

Wurzel zurück, das Rad hält an und das Gefährt bleibt stehen, der Leib wird rein und die Kraft wird neu[175].

k) Ein einmaliges Kreisen heißt Himmelsumlauf *(i-chou-t'ien)*, das nennt der Meister Ch'iu (d. h. Lü-tsu): einen Kleinen Himmelsumlauf *(hsiao-chou-t'ien)*[176]. Wenn man die Kraft erntet, bevor sie genügend gereift ist, dann ist die Zeit noch nicht gekommen und die Elixier-Substanz *(yao-wu)* kann sich nicht bilden. Ist die Kraft aber reif und man erntet sie nicht, so wird sie überreif und alt und das Elixier kommt schwerlich zustande. Wachen Sinnes die Kraft einsetzen, sowie sie weder zu schwach noch bereits im Abnehmen ist, das ist der richtige Augenblick (s. VIII: 14).

l) Dieser Augenblick ist gemeint, wenn Buddha sagt: »Erscheinung ist Leere« (*se-chi-shih-k'ung*, das heißt: den Samen sublimieren und wandeln zu Kraft, *lien-ching-hua-ch'i*). Wenn der Suchende dies nicht versteht und seine Kraft in die Dinge verströmen läßt, dann wird sie verwandelt zu Samen. Das heißt »die Leere wird zur Erscheinung« *(k'ung-chi-shih-se)*.

m) Wenn ein Mann sich einer Frau vereinigt, so folgt auf die Lust sogleich das Leid. Nach dem Erguß des Samens ist der Leib müde und der Geist erschöpft. Ganz anders der Heilige, der Geist und Kraft sich vereinen läßt, der sich zuerst reinigt und dann erst erfrischt, und dessen Leib frisch und frei wird, während der Same sich wandelt zu Kraft. Damit hängt eine Legende über den Meister P'eng zusammen, der 808 Jahre alt geworden sein soll, indem er Hofdamen benützte, um sein Leben zu nähren. Das ist ein Mißverständnis. In Wirklichkeit hat er die Methode des Verschmelzens von Geist und Kraft gebraucht. In der alchimistischen Literatur werden häufig Bilder verwendet, und da wird denn das Feuer des Seins *(li)* einer Braut verglichen *(ch'a-nü)* und die Wasser des Abgründigen *(k'an)* einem Knaben *(ying-erh, Puer aeternus)*. Daher der unsinnige Verdacht, der Meister P'eng habe seine Männlichkeit durch Weibliches gestärkt, und daher die widersinnige Legende.

n) Die Taoisten üben sich in der Methode, das Abgründige (*k'an*, Wasser) mit dem Feuer des Seins zu erfüllen. Ohne wahres Denken *(chen-i)* kann die Harmonie zwischen *k'an* und *li* nicht erfahren werden. Wahres Denken ist der Erde zugehörig. Die Farbe der Erde ist gelb, daher wird wahres Denken in der alchimistischen Literatur einer goldenen Knospe *(huang-ya)* verglichen. Sowie *k'an* und *li* geeint sind, kann die Goldene Blüte sich entfalten. Die Farbe des Goldes ist weiß, daher der Vergleich mit dem weißen Schnee. Aber die Kinder der Welt verstehen die Geheimsprache der Adepten *(tan-chia)* nicht und glauben, es handle sich darum, Steine (weiß) in Gold (gelb) zu verwandeln.

o) In alter Zeit sagte ein Weiser: »Dieser Schatz findet sich in jedem Hause. Wer das weiß und doch nicht versteht, ist ein Narr.« So wissen wir denn, daß die Alten in der Tat darum bemüht waren, ihren eigenen Samen mit der Kraft in sich zu vereinen und dadurch Leben zu gewinnen; sie suchten nicht die Spanne ihres Lebens dadurch zu verlängern, daß sie irgendwelche Lebenselixiere schluckten. Warum mißachten die Kinder der Welt die Wurzel und halten sich bloß am Zweig?

p) In einem alten Text über das Elixier *(tan-ching)* heißt es: »Wenn der rechte Mann einen falschen Weg geht, so führt dieser falsche Weg doch an den richtigen Ort.« Das bedeutet dasselbe wie »den Samen wirken, um ihn in Kraft zu wandeln«. »Wenn aber ein verkehrter Mensch den rechten Weg geht, dann führt der rechte Weg ins Üble.« Das heißt: »Mann und Frau vereinigen sich leiblich und erzeugen Kinder.«

q) Der Tor verschwendet das höchste Kleinod seines Leibes in unbeherrschter Lust und versteht es nicht, Samen und Kraft zu erhalten. Sobald beides erschöpft ist, geht der Leib zugrunde. Die Heiligen und Weisen lehrten, wie man sein Leben ernähre, indem man die Lüste abtöte, den Samen bewahre und die Kraft mehre. Sobald die Kraft gesammelt und erstarkt ist, wird der Körper gesund und zum Schöpferischen tauglich. Die Heiligen und Weisen unterscheiden sich vom gewöhnlichen Menschen durch die rückläufige Methode, indem sie ihre Kraft erst im Innen sammeln, statt sie ins Außen verströmen zu lassen.

r) Das Hauptanliegen des Meisters Lü, auf das er immer und immer wieder zurückkommt, ist »die Wahrung des Öls und die Mehrung des Lebens«. Die Hauptsache dabei sind die beiden Augen. Darum wiederholt er immer wieder, von Anfang bis Ende: »Die Nabe der Übereinstimmung liegt in den beiden Augen« (VIII: 3).

s) Die beiden Augen sind die Achse des Großen Wagens. Für den Himmel ist die Achse des Großen Wagens das Zentrum. So ist für den Menschen das wahre Denken oberster Herrscher. Darum beruht die Vollendung des Lebenselixiers vollkommen auf der Ordnung und Harmonisierung des wahren Denkens. Im Folgenden nun wird gesprochen über die »Gründung des Fundamentes durch die Übung der hundert Tage« (Kap. IX). Der Suchende soll wissen, daß es dabei auf den Grad seiner Anstrengung beim Üben, aber auch auf seine physischen Kräfte ankommt.

t) Wenn ein Suchender fleißig übt und von starker Konstitution ist, so wird es ihm in hundert Tagen gelingen, sein Denken mit seiner Kraft in Übereinstimmung zu bringen, das *dharma* zu erkennen und das Elixier zu vollenden. Wer aber schwach ist und lässig im Üben, dem wird es auch in mehr als hundert Tagen kaum gelingen.

u) Wenn das Elixier vollendet ist, so werden Geist und Kraft rein und klar, das Herz wird leer *(k'ung)*. Das Wesen wird offenbar, und das Licht des Bewußtseins verwandelt sich ins Licht der Natur. Wenn man das Licht der Natur rein hält, vermögen das Abgründige und das Lichte (Wasser und Feuer) sich miteinander zu vereinen, und das Heilige Kind *(sheng-t'ai)* wird geboren. Wie anders könnte das Himmlische Kind erschaffen werden, denn durch das große himmlische Kreisen im Atem *(ta-chou-t'ien)*?

Daher gipfelt jede Lehre in der Erklärung dieses großen himmlischen Kreisens.

v) In der Methode zur Ernährung des Lebens gilt als Erstes, seine Nasenspitze zu fixieren (II: 12, i). Dann wird die Methode des Umwendens erklärt (II: 12, j). Und die Methoden zur Festigung und zum Loslassen des Werkes sind in einem spätern Band besprochen, dem *Hsü Ming Fang* (Methode zur Verlängerung des Lebens) (s. II: 12, k u. l).

w) In diesem Buch wurden ausführliche Kommentare gegeben. Müßiges Geschwätz eines Windbeutels ist nicht am Platze. Die Suchenden sollen Hand in Hand nach dem Tao forschen. Sie sollen aber nicht allein das Wesen, das Geheimnis und den Geist des erhabenen Tao erkennen, sondern selber auch ewiges Leben gewinnen. Ich empfing die Lehre vom Meister, aber es war mir bislang nicht vergönnt, Tao selber zu kosten. So mag ich mich geirrt und falsche Erklärungen gegeben haben. Und zudem befürchte ich, daß sich auch noch Kopierfehler in den Text eingeschlichen haben.

x) Ich wünschte, ein mit allen Vorzügen und Tugenden ausgerüsteter Mann möchte diesen schäbigen Fant (den Kommentator selber) korrigieren. Liest man dieses Buch auch nur einmal, so wird man nicht umhin können, die Methode zur Mehrung seines Lebens zu erkennen. Ist einer so weit, so wird er sich sicherlich der Großmut und Güte des Meisters verpflichtet fühlen, der allen Wesen zur Freiheit helfen möchte. Darum bittet in Demut Chan Jan-hui Chen Tzu.

IX. DIE ERRICHTUNG DES FUNDAMENTES IN EINHUNDERT TAGEN

1. Meister Lü sprach: Im *Hsin Yin Ching* heißt es: »Das Kreisen (des Atems) und die Einung (von Geist und Kraft) ist das Werk von hundert Tagen«[177]. Entschließt man sich, die Grundlage zu diesen hundert Tagen zu legen, dann kommt unfehlbar das wahre Licht zum Entstehen. Es verhält sich ähnlich wie beim Augenlicht: es ist weder Geistfeuer noch inneres Licht, noch das helle Licht der Weisheit und Klugheit *(hui-chih)*. Wenn man es aber während hundert Tagen kreisen läßt, dann sammeln sich Samen und Kraft ohne Mühe zur Genüge und das reine Licht beginnt spontan zu leuchten. Fährt man mit Üben fort und hält dieses reine Licht fest, so findet die Vereinigung und Befruchtung (von *k'an* und *li*, Samen und Kraft) unwillkürlich (spontan, in freier Weise) statt und die Frucht beginnt zu wachsen. Dann sind wir wahrhaft im Himmel des Nicht-Unterscheidens und Nicht-Wissens, und dennoch wird das Kind vollendet. Fährt man aber mit eigenem Willen und Willkür dazwischen, dann geht es schief.

2. Die hundert Tage zur Grundsteinlegung sind nicht wirklich »hundert Tage«. Ein Tag der Arbeit ist nicht »ein Tag«. Ein Atemzug zur Errichtung des Werkes bedeutet nicht das tatsächliche Intervall von Ein- und Ausatmen. Der Atem bedeutet »Geist« (IV: 1). Was aus dem Geist kommt, ist Atem, d. h. Ur-Geist, Ur-Kraft, Ur-Samen. Steigen und Fallen, Sich-Finden und Sich-Trennen, alles geschieht aus dem Geist. Sein und Nicht-Sein, Leere und Wirklichkeit, sie alle wurzeln im Wahrnehmen des Augenblicks *(nien)*. Ein Atemzug dauert ein Leben lang. Wie sollte dann die Übung auf hundert Tage beschränkt sein? Denn auch die hundert Tage sind bloß ein Atemzug.

3. Die Übung der hundert Tage will lediglich darauf hinweisen, wie man Kraft gewinnt *(te-li)*. Die Kraft, die im Tageslauf gewonnen wird, kommt der Nacht zugute, und der in der Nacht erworbenen Kraft erfreut man sich des Tages.

4. Die hundert Tage der Grundsteinlegung entsprechen dem Befehl des höchsten Herrn. Solch ein Befehl kommt dem Bedürfnis des Volkes entgegen, während die Worte eines wahren Meisters für den Suchenden sind. Dies ist das tiefste aller Geheimnisse, das jenseits menschlichen Verständnisses liegt. Es wird erkannt, indem man sein Selbst findet (*chien-hsing*, s. I: 2, Anm. 167). Daher sollte der Suchende ohne Unterlaß nach der Bestätigung eines wahren Meisters suchen[178]. Wenn man seinem innersten Wesen entspricht, wird man dies alles aufs genaueste erkennen.

X. DAS UNERSCHAFFENE LICHT UND DAS LICHT DES BEWUSSTSEINS

1. Meister Lü sagt: Die Methode des Lichtkreisens kann im Gehen, Stehen, Sitzen und Liegen angewendet werden. Die Hauptsache ist, daß der offene Raum der Kraft wahrgenommen werde. Worum es sich dabei handelt, habe ich früher erklärt: »Im leeren Raum erscheint Weißes« (VI: 8). Was könnte das Weiße sein denn Licht?

2. Es gibt aber noch eine weitere Betrachtungsweise. Auch wenn man das Licht noch nicht wahrzunehmen vermag, ist es schon eine offenbare Auswirkung der Kraft; sobald aber Wahrnehmung stattfindet, erscheint das Licht. Taucht aber ein Gedanke auf, an den man sich verliert, dann fällt das Licht ins Bewußtsein und ist nicht länger vom innern Lichte. Kümmert euch aber nicht darum, ob das Licht als solches nun Licht des Seins oder des Nicht-Seins sei. Die Hauptsache ist, aus dem Nicht-Denken die Wahrnehmung des Augenblicks erstehen zu lassen.

3. Was bedeutet »Nicht-Denken«? Es wird gefunden an den tausend Orten der tausend Ruhepunkte, wann und wo immer man zur Ruhe kommt.

Was heißt »den Augenblick wahrnehmen«? Es bedeutet: »Der eine Augenblick währt das ganze Leben lang«. Dies ist der wahre Gedanke – nicht zu verwechseln, nicht zu vergleichen mit dem flüchtigen Gedanken unseres Alltags.

4. Der menschliche Geist nun entspricht dem flüchtigen Gedanken des Augenblicks. Der Gedanke des Augenblicks ist die Menschenseele im Hier und Jetzt. Eben dieser Menschengeist nun ist das Licht, d. h. die Substanz des Elixiers.

5. Was ist eigentlich Wahrnehmung? Wenn man seinen Blick spontan und wie zufällig, »rein« auf ein Ding fallen läßt *(i-chao)*, so

ist das noch keine bewußte Wahrnehmung *(fen-pieh)*. Eben dies ist das innere Licht. Es ist wie ein Spiegel, der ohne bewußte Wahrnehmung *(wu-hsin)* und Unterscheidung der Dinge sie dennoch aufnimmt und reflektiert. Im selben Augenblick aber erscheint das Bild im Lichte des unterscheidenden Bewußtseins, denn es grenzt sich ab. Sobald das Bild im Spiegel erscheint, verschwindet der Spiegel. Sobald sich etwas auf der Wasserfläche spiegelt, verschwindet das Wasser hinter dem Bild. Das Licht, das ins Bewußtsein tritt, was für ein Licht mag das sein?

6. So hört denn: Im Anfang ist das innere Licht. Sobald ihr aber euren flüchtigen Gedanken darauf richtet, verschwindet es im Bewußtsein. Sowie das Bewußtsein erwacht, wird das Licht schwach und läßt sich nicht mehr wahrnehmen. Das heißt aber nicht, das Licht sei überhaupt nicht mehr vorhanden, sondern das Licht wird vom Bewußtsein aufgesogen. Das ist gemeint, wenn der Gelbe Herrscher *(Huang Ti)* sagt: »Eine Stimme erschallt – jedoch nicht die Stimme wird vernommen, sondern lediglich ihr Klang.«

7. Das *Leng Yen T'ui K'an Ju Men* (Einführung zur Betrachtung des *Leng Yen Ching*) sagt: »Suche nicht im Objekt *(ch'en)* und nicht im Bewußtsein des Subjekts, sondern trachte[179] nach dem, was zu erzeugen vermag *(ken)*.« Was heißt dies? Das »Objekt« bedeutet die Dinge, *ch'i-chieh*[180]. Es sind die Geschöpfe unserer Wahrnehmung. Jagt man nach ihnen, den äußern Dingen, so sucht man damit von ihnen Besitz zu nehmen.

8. Alle Dinge ohne Ausnahme haben ihre »Geschichte« *(huan)*. Was zu Tür und Fenster hereinkommt, geht auch wieder hinaus. Das Licht der Sonne und des Mondes kehrt zu den Gestirnen zurück. Wenn wir uns Dinge borgen und sie als unser Eigentum betrachten, so begehen wir einen Fehler. Wenn du dich selber berührst, deine ephemere Form, den der »Geschichte« unterworfenen Körper, findest du nichts als dich selber. Der Lichtstrahl kehrt zu Sonne und Mond zurück, uns aber erscheint er ohne Wiederkehr *(wu-huan)*. Auch wenn Sonne und Mond nicht am Himmel stehen, weiß doch jedermann um die Gestirne. Wie aber sollten wir sie als unser Eigentum betrachten? Glaubt man, Wahrnehmung sei von Licht und Dunkelheit abhängig, wo bleibt dann die Wahrnehmung, wenn Licht und Dunkelheit entschwunden sind? Es muß außer der äußeren sinnlichen Wahrnehmung noch eine andere Wahrnehmung geben, und dies ist die innere Wahrnehmung *(nei-*

ch'en). Nur die Wahrnehmung seines eigenen Selbst *(chien-hsing)* ist ohne Wiederkehr, direkt, ohne Spiegelung. Wenn man aber seinem Schauen zusieht, so ist dieses wahrgenommene Sehen nicht das Sehen im eigentlichen Sinne, nicht reines Sehen. So hat also auch das Schauen ins eigene Selbst eine Wiederkehr, als inneres Objekt der Reflexion. Hier bedeutet »Wiederkehr« das Spiegeln der Wahrnehmung des eigenen Selbst, ein endloses Strömen und Kreisen von Wahrnehmungen aus dem Erkennen des Augenblicks. Das meint Buddha, wenn er zu Ananda sagt: »Warum bleibst du dem endlosen Strom, dem ewigen Kreislauf von Leben und Tod verhaftet? Dafür ist das Auge deines Geistes *(hsin-mu)* verantwortlich«[181].

9. Wenn man primär zur »Heimkehr« findet und von hier aus das Sehen *(chien)* erkennt, dann sieht man deutlich, daß die oben erwähnten sieben Wahrnehmungen[182] alle ihre eigene »Wiederkehr« haben. Das Erkennen des Selbst wird zur Krücke für Ananda. Solange das Erkennen des Selbst noch in irgendeiner Weise zusammenhängt mit den acht unterscheidenden Wahrnehmungen (II: 11, Anm. 80),

Kommentar:
Wahrnehmung des Auges, des Ohrs, der Nase, der Zunge, des Körpers, des Denkens, des Mitteilens, des Gedächtnisses *(ālayavijñāna),*

solange ist es nicht das wirklich »Unwiederholbare« *(pu-huan).* Vermag man aber diese acht Stadien der Wahrnehmung zu überwinden, dann erst vermag man sein Selbst wahrzunehmen, das wahre Nicht-Wiederholbare.

10. So hört denn: Lichtkreislauf meint jenes Licht des Ur-Anfangs, das Kreisen des Lichtes des Nicht-Wiederholbaren. Dieses Licht ist nicht getrübt, auch nicht um den Schatten eines Haares, durch das unterscheidende Bewußtsein und den flüchtigen Gedanken des Augenblicks. »Was euch dem endlosen Strom und ewigen Kreislauf von Leben und Tod ausliefert, das sind die sechs Sinnesorgane. Und was euch Erleuchtung erlangen läßt, das sind ebenfalls die sechs Sinnesorgane«[183]. Weder Objekt noch Bewußtsein sind be-greifbar ohne die Sinnesorgane.

Aber das Kreisen des Lichts des Nicht-Wiederkehrenden bedient sich ausschließlich der Essenz der Sinnesorgane.

11. Wenn der Lichtkreislauf das Bewußtsein nicht berührt, dann verfügt er über die Essenz (die Ur-Natur) der Sinnesorgane. Der Lichtkreislauf jedoch, der das Bewußtsein berührt, bleibt im Bereich des Bewußtseins hängen. Das leiseste Innewerden (Unterscheiden), sei es so winzig wie die Spitze eines Haares, bewirkt den ganzen Unterschied.

12. Sowie das Denken einsetzt, wird das Licht zum Bewußtsein. Schaltet man das Denken aus, so wird es zum Reinen Licht. Der Unterschied mag so winzig sein wie die Spitze eines Haares, er ist Tausende von Meilen weit. Dies sollte man sich ganz klarmachen.

13. Wenn das Bewußtsein nicht ausgelöscht wird, kann der Geist nicht geboren werden. Wenn das Denken *(k'ung)* nicht leer wird *(śūnyatā)*, kann das Elixier nicht entstehen.

14. Die Reinheit des Denkens eben ist das Elixier. Die Leere des Denkens ist die Substanz des Elixiers. Auch nicht des geringsten Dinges innewerden, das ist Leere des Denkens. Sowie aber diese Leere des Denkens wahrgenommen wird, so ist die richtige Leere noch nicht erreicht. Denn Leere ist ihrer selbst nicht bewußt – nur dies ist wahrhafte Leere *(śūnyatā, chen-k'ung)*.

XI. VEREINIGUNG VON *K'AN* UND *LI*, WASSER UND FEUER, DES ABGRÜNDIGEN UND DES LICHTEN

1. Meister Lü sprach: Was sich verströmt oder Samen und Geist *(ching-shen)* sich ergießen läßt und in steter Bewegung ist, um mit den Dingen Fühlung zu nehmen, das gehört *li* zu (extravertiert), während das, was den Geist und das Bewußtsein *(shen-shih)* nach innen wendet und zur Stille und richtigen Ernährung führt, *k'an* zugehört (dem Abgründigen, Wasser – introvertiert). Was durch die sieben Öffnungen nach außen sickert, ist *li*, während das, was sich ins Innere sammelt, *k'an* ist. So ist auch *yin* das, was sich in Form und Klang zerstreut, während *yang* das Gehörte und Gesehene ins Innere sammelt.

2. *K'an* und *li* sind *yin* und *yang*. *Yin* und *yang* entsprechen Natur und Leben. Natur und Leben entsprechen Körper und Seele. Körper und Seele entsprechen Geist und *ch'i*, Kraft. Sowie der Atem unter Kontrolle gebracht ist, verströmen Samen und Geist nicht länger im endlosen Strom der ewigen Wiederkehr, der durch die Lebensumstände bedingt ist, in denen man sich befindet. Dies ist die wahre Einung (zwischen Samen und Geist, *k'an* und *li*, *yin* und *yang*, Wasser und Feuer, dem Abgründigen und dem Lichten). Und dies eben geschieht während des stillen Übens im »Sitzen«.

XII. DER HIMMLISCHE KREISLAUF

1. Meister Lü sprach: Im himmlischen Kreislauf liegt der Hauptakzent nicht bei *ch'i*, der Lebenskraft; das wahre Geheimnis ist, ihn mit seinem Herzen wahrzunehmen. Fragt einer: Was ist denn nun dieser himmlische Kreislauf? – dann heißt die Antwort: Es ist nur ein Behelf. Man sollte ihn wahrnehmen ohne Bewußtheit *(wu-hsin)*, und man sollte ihn pflegen ohne Absicht *(wu-i)*.

2. Der Himmel dreht sich ohne Unterlaß 365 Grad um seine Achse. Doch der Polarstern *(tou-ping)* (s. VIII: 3, Anm. 156) steht seit eh und je unverrückt an seinem Ort. So ist unser Herz. Unsere Seele ist der Polarstern, und *ch'i*, die Lebenskraft, ist das Sternenmeer. Das *ch'i* unseres Leibes durchdringt ursprünglich den ganzen Körper mit seinen vier Gliedern und zahllosen Teilen, aber es wirkt sich nicht immer mit gleichmäßiger und voller Kraft aus. Übt man sein Bewußtsein darin, die falschen Anschauungen zu unterbinden, dann kommt die Substanz des Elixiers zum Entstehen (II: 9–11). Die Elixier-Substanz hat keine Form. Sie ist das lebendige Licht, die wahre Kraft von Vor-der-Zeit, die unfehlbar hervortritt nach dem großen *samādhi* (Erleuchtung). Sie läßt sich auch nicht fassen – es ist ein großer Fehler, wenn man glaubt, sich ihrer bedienen zu können.

3. Wenn man dieses Himmelslicht lange genug betrachtet, so wird die Seele *(hsin-ti)* hell und das Herz wird leer und die Schuld wird gelöscht, und man wird frei von allen schuldhaften Verstrikkungen. Wenn heute Drache und Tiger herrschen, werden es morgen Feuer und Wasser sein (s. Diagramm S. 55), und der Mensch wird ablassen von seinen wirren Spekulationen.

4. Dieses Geheimnis wurde mir mündlich überliefert von Huo

Lung Chen Jen, dem Feuerdrachen, dem Wahren Menschen[184]. Von andern alchimistischen Lehren weiß ich nichts.

5. Ein Himmelskreislauf vollendet sich in einem Tag. Ein Himmelskreislauf vollendet sich in einem Augenblick. Wann immer *k'an* und *li*, Wasser und Feuer, sich vereinigen, vollendet sich ein Kreislauf. Die Vereinigung von *k'an* und *li* in mir ist ein Umlauf des Himmels (Makrokosmos). Dieses Kreisen des Himmels ist stetig und ohne Ende, die Vereinigung des Abgründigen mit dem Sein vollzieht sich im Jenseitigen unentwegt, in mir jedoch vermag sie sich oft nicht zu vollbringen.

Kommentar:
Von Geburt an läßt man sich von seinen Gelüsten und Begierden lenken, so daß Tag um Tag das Feuer des Geistes verlodert und die Wasser des Abgründigen sich ins Außen verströmen. Während des Tages werden Stille und Ernährung nicht wahrgenommen, so daß der Geist und die Kraft sich nicht vereinen können; erst im nächtlichen Schlaf können *yin* und *yang* sich endlich vereinigen. Sowie die Stille der Einung und Verschmelzung von Geist und Kraft ihre Kulmination erreicht, kommt das eine *yang* wiederum zum Sein. Das ist die Stunde der großen Wiederkehr. Wenn man in diesem Augenblick im rhythmischen Kreislauf des Ein- und Ausatmens den Geist und die Kraft zu ihrer Wurzel zurückkehren läßt, so heißt dies der Kleine Himmelskreislauf *(hsiao-chou-t'ien)*. Oder anders gesagt: Wenn man die Methode des Licht-Kreisens gebraucht, um den Geist in der Kraft des Offenen heil werden zu lassen und diese Übung lange genug fortsetzt, dann kommt die wahre Kraft spontan zum Sein. Dies heißt die »plötzliche Entfaltung der Goldenen Blüte« (VI: 2). Diese Methode beruht auf dem Wärmen und Schmelzen. Wie anders könnte dies geschehen denn in der Stille des Kleinen Himmelskreislaufs.

6. Der Himmelszyklus jedoch kreist unentwegt und ohne die leiseste Störung, so daß *yin* und *yang* sich wechselseitig durchdringen. Die weite Erde wird darob froh und harmonisch, und der Mittlere Palast in meinem Innern (unteres Elixierfeld mit aktivierter Lebenskraft) kommt ins schwebende Gleichgewicht, und die Myriaden der Erscheinungen finden ihre Ruhe und ihr richtiges Maß. Das nennen die alchimistischen Texte die Methode des Waschens und Badens. Was könnte das anderes sein als der Große Himmlische Kreislauf.

7. In der Feuerperiode dieser Übung erscheint manches klein

und manches groß. Aber im letzten Sinne ist es unmöglich, zwischen groß und klein zu unterscheiden. Sowie die Übung ganz unmittelbar und echt geworden ist, weiß man nicht mehr um *k'an* und *li*, nicht mehr um Himmel und Erde, man denkt nicht mehr an Vereinigung und auch nicht an den einen oder den andern Kreislauf. Wie sollte man da klein und groß noch zu unterscheiden vermögen?

8. Kurz gesagt: Im zyklischen Kreisen der Kraft des Leibes erkennt man, daß das Größte gleichzeitig das Kleinste ist. Im Verlauf des einen Zyklus, des Kleinen Himmelskreislaufs, vollzieht sich gleichzeitig der Kreislauf des Himmels, der Erde und der Myriaden von Erscheinungen – der Große Himmelskreislauf. Dies alles vollzieht sich im zollgroßen Feld des Elixiers, das zugleich der unendliche Raum ist.

9. Das Geheimnis der Feuerperiode des Goldenen Elixiers beruht darauf, ob etwas spontan oder erzwungen geschieht. Himmel und Erde kehren spontan zu sich selber zurück, und gleicherweise kehrt die Vielfalt der Erscheinungen zu sich selber zurück. Mag man sich noch so sehr anstrengen, etwas zur Einheit zu zwingen, es gelingt nie. Solch unnatürliches Streben gleicht einer Dürre, da *yin* und *yang* nicht mehr in Harmonie sind, denn obgleich Himmel und Erde stetig kreisen, kann das gelegentliche Auftreten solcher Disharmonien nie ganz vermieden werden.

10. Wenn wir aber *yin* und *yang* ihrem zyklischen Kreislauf überlassen und uns selber der Natur einfügen, dann steigen Wolken auf und Regen beginnt zu fallen, Baum und Kraut glänzen in neuer Frische, das Gebirge erhebt sich und die Ströme fließen frei. Auch wenn (während des Übens) Widerspruch und Ablenkung auftreten, dürfen wir uns darauf verlassen, daß sie verschwinden, sowie wir sie zur Ordnung rufen. Dies ist der Große Himmlische Kreislauf.

11. Frage: Das Geheimnis der Stunde der großen Wende ist tief. Ihr Erscheinen *(hsiang)* ist ungewiß. Tritt die rechte Stunde aber nicht klar und unmißverständlich in Erscheinung, wie soll man dann ihre Wirkung erfahren?

12. Antwort: Da man die Stunde der Wiederkehr an ihrer Wirkung erfährt, so muß sie auch existieren. Wirksam und recht sind Zwei in Einem. Es ist wie mit der Erkenntnis der Wahrheit. Sowie Wahrheit erkannt wird, gibt es weder unwahr noch unwirksam.

Erkennt man andererseits Nicht-Wahrheit, gibt es weder »recht« noch »wirksam«.

13. Zuweilen vermag der Mensch die wirksame Stunde der Wiederkehr zu erfahren. Sowie die rechte Stunde kommt, wird die Seele rein und klar, und die Wende kann deutlich erkannt werden. Wenn ein Mensch versucht, im rechten Augenblick wahrzunehmen, was wirksam wird, wenngleich er es noch nicht deutlich erkennt, dann wird, was recht ist, offenbar, und was wirksam ist, manifestiert sich als wunderbares Geheimnis.

Kommentar:
Die wirksame Wende manifestiert sich in einem Menschen, sowie die Stille ihren Höhepunkt erreicht (im reinen *yin* der Introversion aller psychischen Energie während des »Sitzens«) – und dies ist nicht allein in der tatsächlichen Stunde der Wende um Mitternacht der Fall.

XIII. GESÄNGE ZUR ERMUTIGUNG DER MENSCHEN

1. Meister Lü sprach: Da ich von ganzem Herzen wünsche, daß alle Welt zur Freiheit gelange, bin ich wie eine alte Frau freigebig mit Worten und Freundlichkeiten. Auch Shih Tsun[185] gibt uns den wichtigen Grund seines Erscheinens in dieser Welt bekannt und ermahnt uns, unsere Geburt und unsern Tod wachen Sinnes zu bedenken.

Ebenso übermittelte Lao Chün, sowie er seiner selbst und seines Leibes müde wurde, den Geist des Tales (*ku-shen*, s. Anm. 137), den die Welt bis dahin nicht gekannt hatte. Nun bin ich daran, den wahren Weg zu suchen und meine Erfahrungen zusammenzufassen.

2. Das herrschende Prinzip der Gelben Mitte *(huang-chung)* wird erwähnt im Großen *I* (d. h. *I Ging*).

Sobald der Körper die richtige Haltung findet, wird er zur wunderbaren Sperre (zum Grenzbezirk des schöpferischen Wunders).

Zur Stunde der Wende (*tzu* – Mitternacht; *wu* – Mittag) wird der geregelte Atem angehalten.

Das Licht kreist durch den Raum der Ahnen (Elixierfeld), und die schwärmenden Geister kommen zur Ruhe. Die Substanz des Lebenselixiers wird erschaffen an der Quelle, in der Region des Wassers, und das Eine *ch'i* erscheint. Durch den Dunst von Wechsel und Wandlungen bricht das Goldene Licht hervor.

Von nun an leuchtet das rote Sonnenrad (vgl. VII: 27, 28) in herrlichem Licht.

Man täuscht sich, glaubt man den Samen *(ching)* von *k'an* und *li* zu erkennen, und man irrt, wenn man Herz und Nieren trennt.

Wie kann des Menschen Tao eins werden mit dem Himmelsgeist? Sowie der Himmel sich dem Tao des Menschen zuneigt, kommt dessen Tao mit dem des Himmels spontan zur Harmonie. Man läßt die Myriaden der Bedingungen los, schiebt sie beiseite sowie sie erscheinen und läßt nicht zu, daß sie sich einmischen.

Dies ist das Höchste von Vor-der-Zeit. Das Geheimnis der Großen Leere *(t'ai-hsü)* tritt zurück und seine Bedeutung wird vergessen. Denn beim Eingang zu Natur und Leben schwinden Gedanken und Bewußtsein *(i-shih)*.

Sowie Gedanken und Bewußtsein vergessen sind, erblickt man auf dem Grunde die Wahrheit.

Wasser und Jade sind klar und durchscheinend, und ihre Tiefe ist jenseits menschlichen Verstehens.

Sowie die endlosen Wirrungen und Hindernisse besiegt sind, erscheint der Palast aus Jade in der Festung der Neun Drachen[186]. Der Mensch, der durch Wolken schreitet, steigt empor zur Himmelsgrenze (Obere Sperre? s. Anm. 157) und herrscht über Donner und Blitz und schleudert den Donnerkeil. Die Einung des Geistes und die Stillung des Atems sind der Anfang zur Übereinstimmung.

Heil zu werden und im geheimen Grund zu wurzeln, bedeutet ewige Ruhe.

3. Einst sprach ich über die beiden Verse von Chang Chen Nu[187]. In ihnen fand ich das Große Tao. Nach-*tzu* und Vor-*wu* bedeuten nicht Stunden, sondern *k'an* und *li* selbst. Den Atem stillen heißt Zug um Zug zurückkehren zur Wurzel, d. h. zur Gelben Mitte. »Sitzen« heißt: Stille des Geistes. Was in der Wirbelsäule *(chia-chi)* emporsteigt, ist nicht ein Rädchen im Rücken, sondern die große Straße, die zum Palast aus Jade führt.

Die beiden Schranken sind schwer zu erklären und zu lokalisieren[188]. Der Donner rollt in der Erde und Regen fällt auf die Gipfel der Berge bedeutet: Das wahre *ch'i* tritt in Erscheinung.

Die gelbe Knospe entsproßt der Erde bedeutet: Das Lebenselixier wird gefunden.

Schritt um Schritt, Abschnitt um Abschnitt, habe ich den Fortgang der Übung erklärt. Wer dies verstanden hat, wird sich nicht von fremden Lehren in die Irre führen lassen.

4. Einst bestieg Konfuzius mit Yen Tzu den Gipfel des T'ai Shan und erblickte am Wu Men, in Su Chou, ein weißes Pferd. Yen Tzu sah, daß das Pferd schimmerte wie weiße Seide. Plötzlich bedeckte

Konfuzius seine Augen, um nicht geblendet zu werden. Das Licht des Geistes ist schnell dahin. Deshalb sollte man das Kreisen des Lichts eifrig üben![189]

5. Das Kreisen des Lichts hängt davon ab, ob man reinen Herzens *(hsin)* gründlich übt. Man sollte geduldig warten, bis der Wahre Atem sich eint zur Erleuchtung des Mittleren Palastes. Übt man sich lang genug darin, wird man ins Geheimnis und in die Freiheit der Verwandlung eindringen. Doch die Bedingung dafür ist die Stille des Geistes und die Befriedung von *ch'i*, der Kraft. Dies kann nur erreicht werden, wenn man Geist und *ch'i* vergißt.

Das Versiegen des Atems und die Leere des Geistes sind die Zeichen für die Vollendung des Elixiers. Die harmonische Verbindung von Geist und Kraft wird bezeichnet als Wärmen und Nähren *(wen-yang)*. In sein Herz zu schauen und sein eigenes Selbst zu erkennen, das ist die Vollendung von Tao.

6. Ihr alle, die ihr nach dem Tao sucht, übt euch mit der vollen Kraft eures Herzens und eures Geistes! Ihr werdet es bereuen, wenn ihr eure Zeit vergeudet![190] Einen Tag zu verbringen ohne Übung bedeutet einen Tag lang als *kuei* leben, als körperloser Geist (s. Anm. 82). Einen Atemzug lang das Licht kreisen zu lassen bedeutet, einen Augenblick lang unsterblich zu sein[191].

Strengt euch an, setzt alles daran!

Dritter Teil:

MATERIALIEN

I. Anmerkungen

a) Abklärung grundlegender Begriffe

1 C. G. Jung und R. Wilhelm, *Das Geheimnis der Goldenen Blüte* (Zürich 1929), S. 34–35.

2 Vgl. aus »Diagramm der Großen Erleuchtung« *(P'u Chao T'u)* im *Hsing Ming Kuei Chih* des Yin Chen Jen, Bedeutung von Natur und Leben, 1669 ed., *yüan,* S. 20 b. Dieses Diagramm wird zitiert in Chung-yüan Chang, *Creativity and Taoism* (New York 1963), S. 148.

3 Im V. und VI. Kapitel unseres Textes wird die »Wärme« der nährenden weiblichen Empfänglichkeit mit der Wärme des Frühlings verglichen. Vgl. auch Kap. IV: 8, wo das Bild der brütenden Henne erscheint, welche ihre Eier wärmt.

4 Der dieser Übertragung zugrundeliegende chinesische Text ist derselbe, den Richard Wilhelm für seine Übersetzung brauchte. Überdies wurden aber auch noch die folgenden drei verschiedenen Editionen beigezogen:

1. *T'ien Hsin Chin Hua Tsung Chih* in *Ch'üan Shu Cheng Tsung.*
2. *Chin Hua Tsung Chih* in *Tao Tsang Chi Yao.*
3. *Lü Tsu Shih Hsien T'ien Hsü Wu T'ai I Chin Hua Tsung Chih* in *Tao Tsang Hsü P'ien.* Dieser Text weicht von den übrigen drei mir bekannten Editionen grundlegend ab, indem er den Himmlischen Geist, Tao wie es beim Kreisen des Lichts im »Sitzen« erfahren wird, in der Terminologie des Sung-Konfuzianismus und des Zen-Buddhismus zu erklären versucht.

Einem von En Kung verfaßten Postscriptum der ersten beiden Editionen (bezeichnet als TH- und CH-Text) zufolge übermittelte Fu Yu Shang Ti (= Lü Tsu) dieses Buch seinen sieben Jüngern im Jahre 1668; 1775 wurde es publiziert im *Ch'üan Shu Cheng Tsung.*

Nach einem Vorwort des Min I-te jedoch zur dritten Edition (J.T-Text), datiert 1831, wurde diese erst im Jahre 1688 übermittelt und nicht schon 1668. Min behauptet überdies, Chiang Yüan-t'ing habe unter Chia Ching (1796–1820) eine falsche Fassung dieses Buches gefunden und sie irrtümlicherweise im *Tao Tsung Chi Yao* (der oben erwähnten 2. Edition) publiziert. Chiang habe aber später Gelegenheit gehabt, im Hauptquartier des Nördlichen Taoismus (Chin Kai Lung Chiao Shan Fang Tsung T'an) den Originaltext zu sehen, der dort aufbewahrt wurde, und habe daraufhin den Text des *Tao Tsang Chi Yao* revidieren wollen, um seinen Fehler zu korrigieren, sei aber durch den Tod daran verhindert worden. Min I-te, dem drei verschiedene Fassungen vorlagen, nämlich der Originaltext des Hauptquartiers, jener des *Tao Tsang Chi Yao* und ein dritter, populärer, wollte eine Neufassung herausgeben nach dem Originaltext des Hauptquartiers.

Die dieser Übertragung zugrundeliegende Fassung wurde 1920 in Peking publiziert in einer Auflage von bloß tausend Exemplaren, zusammen mit dem *Hui Ming Ching;* sie basiert auf derselben Lehre wie die TH- und CH-Texte.

Der Inhalt dieser vier verschiedenen Fassungen differiert nicht sehr, mit Ausnahme des ersten Kapitels des LT-Textes, das, wie in Anm. 2 bereits erwähnt, von den andern drei Fassungen grundlegend verschieden ist.

Es gibt noch eine weitere mir unbekannte Fassung, jene des *Ku Shu Yin Sheng Tsang Shu,* der Textsammlung des Nördlichen Taoismus, die vom Hauptquartier publiziert wurde.

5 Abe Takeo, *Chūgokujin no Tenka Kannen* in *Tōhō Bunka Kōza* (Vorlesungen über Fernöstliche Kultur, Kyoto 1956) Nr. 8, S. 6.
S. ferner *Creativity as Process in Taoism* von Chung-yüan Chang im Eranos Jahrbuch XXV, 1956, S. 394–7, Anm. 4.

6 *Chia Ku Wen Tzu Chi Chieh* (Inschriften auf Schildkrötenpanzern und Knochen), hrsg. und kommentiert von Li Hsiao-wan (1965), 1: 0025.

7 S. ferner Abe Takeo, *Chūgokujin,* S. 8–9.

8 In einer agrarischen Gesellschaft, wo das Mutterbild dominiert, ist das Grundgefühl des Lebens Bezogenheit, Ganzheit, Dauer, Kontinuität: die harmonische Übereinstimmung zwischen Natur und Mensch. Vgl. S. 60–62.

9 Chung-yüan Chang, *Creativity,* S. 395.

10 »Dreihundertundfünf höfische und volkstümliche Gedichte, gesammelt in den verschiedenen Feudalstaaten Chinas – eine von Chinas ältesten literarischen Quellen.« Fung Yu-lan, *A History of Chinese Philosophy* (Tr. D. Bodde, Princeton, 1953), Vol. II, S. 22, Anm. 1.

11 Chung-yüan Chang, *Creativity,* S. 395–6.

12 »Eine Sammlung von Ansprachen, Gebeten etc. bei verschiedenen Anlässen. Viele davon sind spätere Fälschungen, aber einige stammen aus dem ersten Jahrtausend v. Chr. oder aus noch früheren Zeiten.« Fung, *A History of Chinese Philosophy,* Bd. II, S. 22.

13 Zit. in Chung-yüan Chang, *Creativity,* S. 396.

14 Chung-yüan Chang, *Creativity,* S. 396.

15 Lun-yü II: 4. Vgl. Wing-tsit Chang, *A Source Book in Chinese Philosophy* (Princeton 1963), S. 22.

16 *Hui Ming Ching,* S. 7. S. Miyuki Mokusen, *Taoist Zen Presented in the*

Hui Ming Ching, S. 23 (unveröffentlichtes Referat für die Conference on Taoism in Como, Sept. 1968).

17 Chung-yüan Chang, *Tao and the Sympathy of All Things*, Eranos Jahrbuch XXIV, 1955, S. 410, Anm. 1.

18 ». . . Wir finden eine Anzahl ähnlicher Kombinationen auf Orakelknochen bereits um 1400 v. Chr.: Rotwild-, Wildschwein-, Hundejagd etc. Jedes dieser Ideogramme besteht aus zwei Elementen. Der obere Teil zeigt jedesmal das betreffende Tier, während der untere Teil einen menschlichen Fuß darstellt als Symbol für den Menschen, den Jäger. Eines dieser Embleme, Wildschweinjagd, hat sich bis heute in der allgemeinen Bedeutung von ›Jagd‹ erhalten. So erscheint es logisch gerechtfertigt, den Fuß als ›Nachfolger‹ zu interpretieren. Im Ideogramm für Tao folgt der Mensch statt einem Tier einem andern Menschen, vermutlich einem Führer.« (Chung-yüan Chang, *Tao and the Sympathy*, S. 410–11, Anm. 1).

19 C. G. Jung, *Psychology and Alchemy*, Collected Works Vol. XII (New York 1953), S. 21.

20 Das *I Wen Chih*, die älteste Bibliographie, kompiliert von Liu Hsiang (77–6 v. Chr.) und seinem Sohn Liu Hsin (ca. 53 v. Chr. bis 23 n. Chr.), die sich jetzt im *Ch'ien Han Shu*, Kap. 30, findet, nennt sechs Methoden der Wahrsagung: 1. Astrologie, 2. Kalender, 3. die Fünf Elemente *(wu-hsing)*, 4. Wahrsagung mit Hilfe von Schafgarbenstengeln oder Schildkrötenschalen, 5. Verschiedenes, hauptsächlich Wahrsagung aus Träumen, und 6. die Deutung von Formen *(hsing)*, vor allem der menschlichen Physiognomie. Näheres s. Fung, *A History*, Vol. I, S. 26–9.

21 Die Wahrsagung nach Schafgarbenstengeln heißt *shu*. Dieses Ideogramm (s. Glossar) besteht aus zwei Teilen, dem oberen *chu* in der Bedeutung von »Bambusrohr« und dem unteren *wu* in der Bedeutung von »Mitte«; dieses untere Zeichen besteht wiederum aus zwei Teilen: *kung* deutet die Betonung an, und die Form zeigt einen Menschen, der seine Hände zum Himmel erhebt, d. h. er ruft die Gottheit an, steht der Gottheit gegenüber und empfängt und vermittelt die göttliche Botschaft. Honda Wataru, *Eki Gaku (Studies on I)* (Kyoto 1963), S. 24–5.

22 Honda Wataru, *Eki Gaku*, S. 26.

23 Fung, *A History*, Vol. I, S. 384.

24 Vgl. die Beschreibung in *Hsi Tz'u*, Die große Abhandlung, im *I Ging*. Takada Shinji, *Ekikyo* (das *I Ging*) (Tokyo 1964), S. 338. Honda Wataru, *Eki* (das *I Ging*) (Tokyo 1966), S. 19–22.

25 »Das Große Eine erschuf die zwei Formen *(i)*. Die zwei Formen verursachen *yin* und *yang*.« (*Lü Shih Ch'un Ch'iu*, Bd. II, eine Kompilation verschiedener Gedankensysteme, redigiert von Lü Pu-wei) († 235 v. Chr.). Fung, *A History*, Bd. I, S. 384.

26 *Li Chi*, Kap. 7, eine konfuzianistische Kompilation wahrscheinlich aus den Anfängen der Han-Dynastie. Fung, *A History*, Bd. I, S. 384. Das Große Eine *(t'ai-chi)* wird hier als der Ursprung auch von *li*, der Sitte, angesehen.

27 Übersetzung des Autors. Alle Übersetzungen chinesischer Original-Texte stammen, wenn nichts anderes angegeben, vom Autor.

28 Das Wort *yün-yün* (»fortgesetzt, ruhelos, Bewegung«) wird gewöhnlich in der Bedeutung von Wachsen, Blühen gebraucht, entsprechend dem Kommentar von Ho Shang Kung: »*yün-yün* bedeutet das Sprießen von Blättern und Blüten«. Chung-yüan Chang jedoch gibt der Interpretation des *Yu P'ien* des *Graphic Dictionary* des Ku Yeh-wang (519–581) als der »authentischeren« den Vorzug: das Wort bedeute weniger »sprießen« als vielmehr: nicht ruhig, nicht friedlich sein. Chang meint, der Gegenstand der Aussage sei *wu*, die Dinge, und *yün-yün* bezeichne das Gegenteil von »Heimkehr, Ruhe«. Der Autor stimmt Chang's Übersetzung zu: »Denn die Dinge sind in ewiger Bewegung, ruhelos.« Vgl. Chung-yüan Chang, *Creativity and Taoism* (New York 1963), S. 125–6.

29 Vgl. Wing-tsit Chang, *A Source Book*, S. 144. Nach Chang's Kommentar zu seiner Übertragung darf dieser Abschnitt von Lao Tzu nicht als Meditation interpretiert werden. Die vorliegende Interpretation von Lao Tzu stützt sich jedoch auf die Lehre vom Innern Elixier, die Übersetzung ist nach dieser Terminologie ausgerichtet.

30 Henri Maspero, *Le Taoisme, Mélanges posthumes sur les religions et l'histoire de la Chine* (Paris 1950), Tr. Y. Kawakatsu, *Dōkyō* (Taoism) (Tokyo 1966), S. 125.

31 Wing-tsit Chang, *A Source Book*, S. 201.

32 Hellmut Wilhelm, *Eine Chou-Inschrift über Atemtechnik, Monumenta Serica*, XIII, 1948. Vgl. Miyuki, *Taoist Zen . . .*, S. 39–40.

33 Man darf hier an die historisch überlieferte Tatsache erinnern, daß Shih Huang Ti von Ch'in (249–207 v. Chr.) und Wu Ti nach dem Lebenselixier suchen ließen.

34 Fukui Kōjun, *Dōkyō no Kisoteki Kenkyū* (Untersuchung der religiösen Grundlagen des Taoismus) (Tokyo 1953), Englisches Referat, S. 3.

35 Kubo Tadanori, *Pien Wei Lu and the Buddhist-Taoist Controversy in the Yüan Dynasty*, in *Bukkyō Shisōshi Ronshū, Essays on the History of Buddhist Thought* (Tokyo 1964), S. 534.

36 Fukui, *Dōkyō*, S. 5–6.

37 Fukui, *Dōkyō*, S. 6.

38 Fukui, *Dōkyō*, S. 2–3.

39 Kubo Tadanori, *Zenshinkyō no Seiritsu* (Formation of the Religion Ch'üan Chen Chiao), *Toyōbunka Kenkyūjo Kiyō* (Tokyo 1966), No. 42, S. 9–13.

40 Kubo, *Zenshinkyō* . . ., S. 14–17.
41 Miyuki Mokusen, *An Analysis of Buddhist Influence on the Formation of the Sung Confucian Concept of Li-ch'i* (unveröffentlichte Dissertation, The Claremont Graduate School, 1964), S. 8–11.
42 Fung, *A History,* Vol. I, S. 379.
43 Fung, *A History,* Vol. I, S. 379, 381–382.
44 Fung, *A History,* Vol. I, S. 159, 383.
45 Fung, *A History,* Vol. I, S. 382.
46 Fung, *A History,* Vol. I, S. 382.
47 Fung, *A History,* Vol. II, S. 425.
48 Fung, *A History,* Vol. II, S. 10. Auf derselben Seite heißt es in einer Fußnote: »Konfuzianistische Gelehrte interpretierten außergewöhnliche Erscheinungen wie Kometen, Sonnen- und Mondfinsternis, Nebel, Insektenschwärme, Dürre, Überschwemmungen, Erdbeben etc. als Warnungen des Himmels für den Herrscher, daß er seine Macht nicht mißbrauche.«
49 Fung, *A History,* Vol. II, S. 15.
50 Fung, *A History,* Vol. II, S. 41.
51 Fung, *A History,* Vol. II, S. 55–7. Hier ist interessant, daß Tungs Ansicht zwei sich ausschließende Implikationen enthält: eine »teleologische« (der Himmel schickt dem schuldigen Menschen eine Warnung) und eine »mechanistische« (die Auswirkung der polaren Kraft von *yin-yang*). Diese sich widersprechenden Auslegungen ungewöhnlicher Phänomene können als Ausdruck der coincidentia oppositorum von Tao betrachtet werden.
52 Suzuki Yoshijirō, *Kan'eki Kenkyū* (Studien über das Wahrsagen in der Han Periode) (Tokyo 1963), S. 672–3.
53 Fung, *A History,* Vol. II, Bibliography, S. 733.
»Erweiterter Kommentar, wahrscheinlich aus dem 4. Jh. v. Chr., über Ch'un Ch'iu, eine kurze historische Chronik über den Staat von Lu, 722 bis 481 v. Chr.«
54 Fung, *A History,* Vol. II, S. 92.
55 Fung, *A History,* Vol. II, S. 106. Vgl. Suzuki, *Kan'eki,* S. 4, 351, 770.
56 Der hier zugrunde liegende Text des *Ts'an T'ung Ch'i* ist derjenige von Yü Yen im *Tao Tsang, Chih: Chou I Ts'an T'ung Ch'i Fa Hui.*
57 Richard Wilhelm, *I Ging, Das Buch der Wandlungen* (Düsseldorf-Köln 1960), S. 294:
»Darum nannten sie das Schließen der Pforten das Empfangende, und das Öffnen der Pforten nannten sie das Schöpferische. Den Wechsel zwischen Schließen und Öffnen nannten sie Veränderung. Das Hin- und Hergehen ohne Aufhören nannten sie das Durchdringen.«
58 *Chou I Ts'an T'ung Ch'i Chu,* S. 1 a–b, in *Tao Tsang, Ying.*
59 *Chou I Ts'an T'ung Ch'i Chu,* S. 1 a–b.

60 »Der Meister sprach: ›Zu welchem Zweck entstand das Buch der Wandlungen?‹ Es fördert das Wissen um Gut und Böse und mahnt die Menschen an ihre Pflicht, und in seinen Zeichen ist alles enthalten (*I*, die Wandlung).« *I Ging*, Kap. *Hsi Tz'u*.
S. Richard Wilhelm, *I Ging*, S. 293.
Takada Shinji, *Ekikyō*, S. 344.

61 Kap. III und VIII: 16 unseres Textes.

62 Yü Yen, *Fa Hui*, Vol. I, 5 a–8 a.

63 R. Wilhelm, *I Ging*, S. 281. Takada, *Ekikyō*, S. 332.

64 R. Wilhelm, *I Ging*, S. 321. Takada, *Ekikyō*, S. 370.

65 Yü Yen, *Fa Hui*, Vol. I, 9 b–10 b.

66 Pao-i-tz'u, *Chou I Ts'an T'ung Ch'i*, Vol. II, a–b, in *Tao Tsang*, Jo.

67 Chung-yüan *Chang*, *Creativity*, S. 143. S. auch Anm. 157.

68 R. Wilhelm, *I Ging*, S. 247: »Das Vergehende zu zählen, beruht auf der Vorwärtsbewegung. Das Kommende zu wissen, beruht auf der rückläufigen Bewegung. Darum hat das Buch der Wandlungen rückläufige Zahlen.« Takada, *Ekikyō*, S. 380–1.

69 Eine genauere Untersuchung über den Einfluß des Buddhismus auf Chu Hsi, s. Miyuki, *An Analysis*.

70 Nishi Yoshio, *Saiseiki no Zenshisō* (Die Zen-Lehre auf der Höhe ihrer Entwicklung): Im frühen Buddhismus wird die Erleuchtung, *Satori*, auch *abhisambuddha* genannt (vollkommene Erleuchtung) oder auch *yathābhūtam prajānāti*, d. h. durch *prajñā* (Weisheit, Intelligenz) direkt gewonnene Erkenntnis, wobei unter *prajñā* sowohl *śīla* (Disziplin) wie auch *dhyāna* (Zen, Meditation) zu verstehen ist. Dies heißt jedoch nicht, daß alle drei Begriffe identisch seien (s. Kōza Tōyōshisō V).

71 Die Fünf Doktrinen sind: *jen:* Menschlichkeit; *i:* Gerechtigkeit; *li:* Sitte; *chih:* Weisheit; *hsin:* Treue. Die fünf Grundsätze sind: Vertrauen zwischen Vater und Sohn; Gerechtigkeit zwischen Herr und Diener; korrekte Rangordnung zwischen Mann und Frau; Achtung zwischen Alt und Jung; Treue zwischen Freunden.

72 Fung, *A History*, Vol. I, S. 69.

73 Miyuki, *An Analysis*.

74 Unter der Chin-Dynastie im nördlichen China gab es außerdem noch zwei weitere Orden. Der eine, T'ai I Chiao, wurde unter T'ien-chen (1138–40) von Hsiao Pao-chen gegründet. Dieser Orden, offenbar dem älteren taoistischen Orden Cheng I Chiao sehr ähnlich, suchte Krankheiten zu heilen durch Amulette, Beschwörungen, Zauberformeln. Im übrigen war er auch durch Konfuzius geprägt und ermunterte seine Jünger, die Ordensregeln strikte zu befolgen. Der andere, der Chen Ta Tao Chiao-Orden, wurde 1142 durch Liu Te-jen gegründet. Dieser Orden war noch stärker konfuzianistisch gefärbt und verzichtete auf

die magischen Bräuche der älteren Orden. Diese beiden Orden erloschen aber wieder gegen Mitte der Yüan-Dynastie (1260–1367). Nur der Ch'üan Chen Chiao-Orden vermochte sich während der Yüan-Dynastie durchzusetzen, und dies wohl dank seiner nahen Beziehungen zum Hof seit Beginn der Dynastie: Ch'iu Ch'u-chi, auch Chang Chun Chen-Jen genannt (1148–1227), einer der sieben Erleuchteten Jünger von Wang Chung-yang, war ein Schützling von T'ai Tsu (1206–1227), dem Begründer der Yüan-Dynastie. Vgl. Kubo Tadanori, *Sōdai no Shindōkyō Kyōdan* (Neue Taoistenorden in der Sung-Dynastie) (Sonderdruck aus *Tōhōgaku?*), S. 54–6.

Der Ch'üan Chen Chiao-Orden beruft sich auf fünf Patriarchen und sieben *Chen Jen* (Erleuchtete) (vgl. Chin Lien Cheng Tsung Chi, *Tao Tsang, Chih A*). Die fünf Patriarchen sind Wang Hsiao-yang, oder Tung Hua Ti Chün (s. I: 2 a), dem die Lehre von Lao Chün, einer Inkarnation von Lao Tzu, übermittelt wurde, Chung Li-ch'üan, Lü Ch'un-yang, Liu Hai-shan und Wang Chung-yang. Wie unser Text erwähnt (I: 2 a), gab es zwei Schulen im Ch'üan Chen Chiao: die nördliche Schule Lung Men (der Drachentor-Orden), begründet von Ch'iu Ch'u-chi, dem die Lehre von Wang Chung-yang übermittelt worden war, und die südliche Schule des Tzu-yang-Ordens, begründet von Chang Tzu-yang, dem die Lehre von Liu Hai-shan übermittelt worden war. Unser Text, *Das Geheimnis der Goldenen Blüte*, soll der ersten Schule angehört haben. Vgl. Hsiao T'ien-shih, *Tao Chia Yang Sheng Hsüeh Kai Yao* (Anleitung zur Verlängerung des Lebens nach taoistischer Lehre) (Hong Kong 1963), Vol. II, S. 95–156.

75 *Tao Tsang, Ying*. Vgl. Kubo Tadanori, *Zenshinkyō*, S. 1–60.

76 Vgl. unsern Text II: 2, Anmerkungen.

77 Vgl. unsern Text I: 8.

78 Kubo, *Zenshinkyō*, S. 17.

79 Dieser Gedanke findet sich in unserm Text, s. VII: 1. Transzendenz, wird dort ausgeführt, ergebe sich aus dem spontanen Kreisen des Lichtes und »aufrichtiger« Haltung, innerer Bereitschaft.

Im Buddhismus wird die Lehre des Buddha einer Lotosblüte verglichen, wie es schon der Titel eines berühmten Sutras andeutet: des Lotossutra, *Saddharma-puṇḍarīka*. In Indien soll es vier Arten von Lotos geben: die blaublütige *kumuda*, die gelbe *utpala*, die rote *padma* und die weiße *puṇḍarīka* (s. Oda Tokunō, *Bukkyō Daijiten*, [Tokyo 1954], S. 1812 c bis 1813 a). Der weiße Lotos wird *puṇḍarīka* genannt, sobald er voll erblüht ist; als Knospe heißt er *mukula*, und sobald er welkt, *kamala* (Oda, *Daijiten*, 1812 a–1813 a).

Die größte dieser Blütenformen, *puṇḍarīka*, soll hundert Blütenblätter und acht Blätter haben. Dieser weiße Lotos blüht einzig im Teich *anutara*, in höchster Erleuchtung, und findet sich nirgends in unserer

Menschenwelt. Aus diesem Grunde wird der Buddha *sambhoga-kāya* in der buddhistischen Kunst immer auf dem Lotos sitzend dargestellt. Der gelbe Lotos *utpala* wird auch *Chin Hua* genannt, die Goldene Blüte – dieselbe Bezeichnung, die im Titel unseres Textes erscheint. (Vgl. Oda, *Daijiten*, S. 1547, 1814).
In der Lehre vom Reinen Land wird der weiße Lotos als Symbol für einen Menschen gebraucht, der mitten in seinem in Schuld und Täuschung verstrickten Leben dennoch »in Gott lebt«, im ewigen Licht und Leben des Amida Buddha.

80 Hattori, U., und Koyanagi, S., *Shōkai Kanwa Daijiten* (Chinesisch-japanisches Wörterbuch) (Tokyo 1934), S. 713.

81 Paul Tillich, *Kairos,* in *A Handbook of Christian Theology* (London 1958), S. 197–200.

82 Oda, *Daijiten,* S. 235 a–b.

83 *Lü Tsu Shih Hsien T'ien Hsü Wu T'ai I Chin Hua Tsung Chih,* in *Tao Tsang Hsü P'ien.*
Siehe Anm. 4.

84 C. G. Jung, *Synchronicity: An Acausal Connecting Principle* (CW VIII), S. 515.

85 C. G. Jung, *Mysterium Coniunctionis* (CW XIV), S. 419–20, Anm. 211.

86 Jung, *Mysterium,* S. 464.

87 Jung, *Mysterium,* S. 464–5.
Jung betrachtet das Mandalasymbol als psychologisches und die Synchronizität als parapsychologisches Equivalent des *unus mundus.*

88 Jung, *Synchronicity,* S. 518.

89 Erwin Rousselle, *Spiritual Guidance in Contemporary Taoism,* in: *The Spiritual Disciplines,* ed. by Joseph Campbell (London 1960), S. 62.

90 Zit. in Morohashi Tetsuji, *Daikanwa Jiten* (Chinesisch-japanisches Wörterbuch), Vol. III, S. 52.

91 Asahina Sōgen, *Lin Chi Lu* (die Gespräche des Lin-chi), hrsg. und kommentiert (Tokyo 1963), S. 82.

92 *Lin Chi Lu,* S. 38.

93 Jung, *Synchronicity,* S. 447.

94 Fung, *A History,* Vol. II, S. 437.

95 Fung, *A History,* Vol. II, S. 437.

96 Miyuki, *An Analysis,* S. 78, 105–110, etc.

97 R. Wilhelm, *I Ging,* S. 279, 275–6.
Takada, *Ekikyō,* S. 330–1.

98 Rousselle spricht das sehr deutlich aus:
»In der Meditation, so wie in jedem anderen System von Selbstdisziplin, beschäftigt sich der Mensch nur so lange mit sich selber, bis eine innere Einheit, das wahre Individuum sich erhebt aus der Einung von Polaritäten. Diese communio naturarum integriert den Menschen mit

seiner sozialen Umgebung und läßt ihn gleichzeitig eins werden mit dem Tao des Kosmos.« (*Spiritual Guidance*, S. 84–5).

99 Jung, *Psychology and Alchemy* (CW XII), S. 5.

100 R. Wilhelm und C. G. Jung, *The Secret of the Golden Flower* (London 1962), S. 116.

101 Wilhelm und Jung, *Das Geheimnis der Goldenen Blüte*, S. 36.

102 Wilhelm und Jung, *Das Geheimnis der Goldenen Blüte*, S. 36.

103 Jung, *Psychology and Alchemy*, S. 41.

b) Die Lehre von der Goldenen Blüte des Großen Einen

1 *T'ien-hsin* – Geist des Himmels – bedeutet 1. der Geist oder Wille des Himmels, als personifizierte Gottheit, 2. Zenit, Zentrum, Scheitelpunkt des Himmels. Der Ausdruck bezeichnet das Zentrum des Mikromakrokosmos, also Tao, sich offenbarend (sich verwirklichend, erfahrbar) in der Disziplin des »Sitzens«.

Das Wort *t'ien-hsin* erinnert an die berühmte Definition des Sung-Konfuzianismus *t'ien-ti-chih-hsin,* was soviel heißt wie »Geist Himmels und der Erden«, d.h. Manifestation von Tao in und durch den Mikromakrokosmos. Es darf aber nicht übersehen werden, daß *t'ien-hsin* in der Elixier-Lehre eine innere Erfahrung betrifft, die Erfahrung von Tao als *chi,* d.h. als Wechselwirkung zwischen dem himmlischen und dem irdischen Bezirk oder, psychologisch gesprochen, zwischen Unbewußtem und Bewußtem, während das konfuzianistische *t'ien-ti-chih-hsin,* besonders vor der Sung-Dynastie, sich auf die Verwirklichung von Tao in der äußeren Realität bezieht und nicht, wie in der Elixier-Lehre, eine innere Erfahrung (Offenbarung) von Tao meint. Diese Unterscheidung ist jedoch bloß eine Frage des Akzents, denn Tao manifestiert sich im Mikrokosmos sowohl wie im Makrokosmos.

2 Lü Tung-pin soll von 755–796 n. Chr. gelebt haben. Er ist einer der acht Unsterblichen des Taoismus.

3 *Tzu-jan* bedeutet wörtlich, wie R. Wilhelm in der »Goldenen Blüte« übersetzt, »das durch sich selbst Seiende«. Es bezeichnet im allgemeinen das, was frei ist von menschlicher Willkür und wird analog gebraucht mit *t'ien-jan* »vom Himmel bewirkt«. In der taoistischen Lehre wird diese Auffassung der Natur, als frei von menschlicher Willkür, mit dem Begriff *wu-wei* bezeichnet, d.h. Nicht-Tun, im Gegensatz zu *yu-wei* oder einfach *wei:* Tun.

Die klassische Definition der Natur *(tzu-jan)* findet sich in *Lao Tzu* XXV und lautet:

Da ist Eines, nicht unterschieden, doch vollkommen,
Dies Eine ist, bevor Himmel und Erde sind.
Welche Ruhe und Stille!
In sich selbst erfüllt – unwandelbar –
Kreisend in Ewigkeit, durch Raum und Zeit,
Doch niemals faßbar.
Die Mutter des weiten Weltalls mag es wohl sein.

Seinen Namen kennen wir nicht.
»Tao« ist unser Zeichen dafür.
Soll ich es aussagen, nenne ich's »Groß«.
Flüchtig, umfassend,
All-umgreifend – Heimkehr.

Tao ist groß,
Groß ist der Himmel
Und groß die Erde.
Auch der König ist groß.
Groß sind im Universum diese Vier,
Und der König ist einer davon.

Der Mensch folgt der Erde,
Die Erde dem Himmel,
Und der Himmel folgt Tao,
Tao aber folgt der Natur.

In diesen Versen erscheint die Natur als der Grund, in dem nicht allein die drei Größen Mensch, Himmel und Erde wurzeln, sondern auch Tao. Und Tao wird bezeichnet als »Ruhe und Stille« – ist aber trotzdem »kreisend in Ewigkeit«; ist »flüchtig« – und trotzdem »Heimkehr« – mit einem Wort: es ist die coincidentia oppositorum par excellence.

4 Hier heißt es, Tao habe »weder Namen noch Gestalt«. Diesen Begriff »Namen und Gestalt« kennt auch der Buddhismus: Jedes Ding hat seinen Namen und seine Gestalt. Name und Gestalt sind zeitliche, vergängliche Erscheinungsformen, nicht aber das Ur-Bild der Dinge, und der gewöhnliche, unwissende, nicht erleuchtete Mensch klammert sich an diese zeitlichen, vergänglichen Erscheinungsformen von »Namen und Gestalt«, als wären sie das Ur-Bild der Dinge; auf diese Weise entstehen mannigfache Irrtümer und Mißverständnisse über Dinge und Welt. S. Oda, *Daijiten,* S. 1684.

5 *Hsing* (innere Natur) bezeichnet das, was der Himmel verleiht als »natürliches« Resultat der *yin-yang*-Wirkung von Tao. Folglich ist die menschliche Natur (d. h. *hsing*, innere Natur) von der äußeren Natur

essentiell nicht unterschieden, gewinnt jedoch erst in ihr (d. h. in der äußeren Natur) Dauer und Fortbestand. Diese homogene Kontinuität des Menschen in der Natur scheint eines der charakteristischen Merkmale chinesischer Weltanschauung zu sein, wie bereits in der Definition von *t'ien, ti* und Tao besprochen, und steht in direktem Gegensatz zur westlichen Auffassung von der Natur, wie sie hauptsächlich seit der Renaissance vorherrschte, als einer dem Menschen feindlich entgegengesetzten Macht, die überwunden werden müsse (s. Anm. 31 unten).

Außer *hsing* verleiht der Himmel aber auch *ming*, Leben, Ordnung: das, was gestaltet und vollendet werden muß. So heißt es in einem berühmten Abschnitt der »Lehre der Mitte«: »Was vom Himmel verliehen wird ist nichts anderes als die innere Natur *(hsing)*.« Folglich können *hsing* (innere Natur) und *ming* (Leben) nie getrennt werden, ohne daß falsche Vereinfachungen entstehen. Man könnte wohl sagen, daß Ein und Dasselbe *hsing* heiße in bezug auf die Natur *tzu-jan* (das aus sich selbst Seiende), und *ming* (Leben) in bezug auf *t'ien* (Himmel).

6 Die Bezeichnung *shen* steht nicht bloß für ein Substantivum »Gott«, »Seele«, »Geist« oder »Bewußtsein«, sondern auch als Adjektiv »wunderbar«, »unfaßlich« und im weiteren für »Wunderwirkung«, »dem Verstand nicht faßliches Geschehen«. In anderen Worten, *shen* bedeutet die Wunder wirkende Wesenheit selber wie auch die Auswirkung dieser Wesenheit.

Wenngleich die geheime (wunderbare) Tao-Wirkung dem Verstand nicht faßbar ist, so folgt daraus nicht, sie sei nicht erfahrbar. Im Gegenteil: Nicht allein der Mensch, sondern alles Seiende ist im Tao-Geheimnis beschlossen, das sich als dynamischer, harmonischer *yin-yang*-Prozeß im Mikromakrokosmos auswirkt. Man könnte vielleicht sagen, die Bezeichnung *hsing* (Natur) sei ein metaphysischer oder philosophischer Begriff, während *shen* eine religiöse, funktionelle oder ästhetische Wahrnehmung bezeichne, also etwas vom Gefühl lebhaft Wahrgenommenes; beide Begriffe jedoch geben bloß einen Teilaspekt von Tao.

Wird Tao dem ewigen Wechsel zwischen *yin-yang* gleichgesetzt, wie im *Hsi Tz'u* des *I Ging*, so erhebt sich die bekannte Frage, ob im Sung-Konfuzianismus der Prozeß von *ch'i* des *yin-yang* mit Tao identisch sei. Chu Hsi (1130–1200) erklärt, das Wechselspiel von *yin-yang* sei die Kraft der Materie oder *ch'i*, während die Ursache dieses *yin-yang*-Wechsels Tao sei, oder *li*, oder das Ur-Prinzip. Mit anderen Worten, Chu Hsi bezeichnet mit *ch'i* des *yin-yang* den dynamischen Aspekt von Tao und mit *li* den harmonischen, und sein Hauptanliegen ist, Tao als *li* in der menschlichen Natur *(hsing)* zur Vollendung zu bringen. Eben dieses Prinzip wird in der Elixier-Lehre bezeichnet als »ewige

Wiederkehr«, und im Buddhismus erscheint es in der Doktrin des *tathāgatagarbha*.

7 Das Wort *ch'i*, hier übersetzt mit »gehegt werden«, heißt auch: herankommen, sich nähern, heranbringen; einsammeln, ernten; zusammenfügen, richten, zielen, hinweisen, senden; abhängen von, sich in jemandes Schutz begeben; wohnen, etc., so daß eine genaue Übersetzung schwierig ist. Dieser Satz bedeutet wohl, daß sowohl *hsing* (Natur) als auch *ming* (Leben) die unsichtbare und nicht erfaßbare Funktion von *shen* (Geist) sei, d. h. das geheime Walten von *yin-yang*-Tao, das man bezeichnen könnte als eine Art Bewußtsein auf höherer Ebene, wo die Gegensätze von Natur und Leben sich vereinen. Dieses höhere Bewußtsein ist symbolisiert als »Himmelslicht«. Unser Text versucht also, den Weg zu weisen, wie dieses Himmelslicht, oder die Goldene Blüte, gefunden und potentiell erfahren werden kann.

8 Das Himmelslicht, heißt es hier, wohne zwischen den beiden Augen; damit ist symbolisch die Vereinigung zweier Gegensätze auf einer höheren Bewußtseinsebene angedeutet. Wie wir später sehen werden, ist der Punkt zwischen den beiden Augen eben die Stelle, auf die sich die Gedanken des Übenden während des »Sitzens« konzentrieren sollen (III: 14 c), da das Himmelslicht sich hier und durch diesen Punkt manifestiert. Anders ausgedrückt: Das Ego bereitet sich in der Konzentration darauf vor, das Licht des Selbst aus dem Zentrum der Persönlichkeit zu empfangen.

Es ist interessant, in den Bildern des *Hui Ming Ching* des Liu Huayang (1794) den Punkt, aus dem ein neuer Embryo geboren wird, als kleinen runden Fleck in der Mitte der Stirn etwas oberhalb der Augen dargestellt zu finden. (Ein Teil dieser Schrift wurde ebenfalls von Richard Wilhelm übersetzt und mit der *Goldenen Blüte* zusammen publiziert.) Dieser Punkt zwischen den Augen erinnert uns an eines der Zweiunddreißig wunderbaren Kennzeichen des Buddha, genannt *po-pai:* ein weißes Haar spiralig aufgewunden in der Richtung des Uhrlaufs inmitten der Stirn etwas oberhalb der beiden Augen. Dieses *po-pai* soll, nach der *Mahāyāna*-Lehre, Licht ausstrahlen, wenn Buddha im Zustand der Erleuchtung predigt. In der buddhistischen Lehre ist Licht das Symbol der Weisheit Buddhas *(prajñā)*, die sich in seinem Erbarmen manifestiert. Mit anderen Worten: Das Licht des *po-pai* steht fraglos für das höhere Bewußtsein, die Weisheit und das Erbarmen Buddhas – ein Symbol des Selbst. (S. Oda, *Daijiten*, S. 1495 a–b).

9 Im CH-Text ist das Wort *chieh* (alles) beigefügt.

10 Mit *hsien* oder *hsien-jen* sowohl wie mit *chen* oder *chen-jen* wird ein Taoist bezeichnet, der Tao erkannt hat und selber zur idealen Verkörperung von Tao geworden ist. Mit *hsien-jen* wird gewöhnlich nicht eine historische Figur bezeichnet, sondern eine legendäre Gestalt, die

in den Bergen lebt, sich aufs Elixier versteht und sich ewiger Jugend erfreut, und die durch die Lüfte fliegen kann, da sie sich übernatürliche Kräfte erworben hat. Ein *chen jen* dagegen ist ein menschliches Wesen, das sich lange geübt hat, in die tiefen Geheimnisse der taoistischen Lehre einzudringen, wie z. B. die Sieben *Chen Jen* der nördlichen Schule des Taoismus (s. Anm. 74 zum ersten Abschnitt: Abklärung).

11 Der Ausdruck *i*, das Eine, wird synonym gebraucht mit Tao, wie es im folgenden Zitat aus *Lao Tzu* deutlich wird:

> Das Unvollkommene soll vollkommen werden;
> Das Krumme – gerade;
> Das Hohle – erfüllt;
> Das Alte – neu.
> Wer da nicht hat, dem soll gegeben werden;
> Doch wer da hat, der wird verloren sein;
> Daher trachtet der Weise nach dem Einen *(pao-i)*
> Und läßt es der Welt zum Leitstern *(shih)* werden.
> Ohne sich selbst ins Licht zu setzen, ist er berühmt;
> Ohne sich selbst behaupten zu müssen, überragt er die andern;
> Ohne sich selber zu rühmen, werden seine Verdienste anerkannt;
> Ohne Selbstgefälligkeit ist er überlegen –
> Dies alles ganz einfach, weil er sich auf keinen Wettstreit einläßt.
> Kein anderer im weiten Erdenrund vermag sich mit ihm zu messen.
> Wenn die Alten sagen:
> »Das Unvollkommene soll vollkommen werden« –
> Sollten das leere Worte sein?
> Wahrhaft vollkommen werden, Heimkehr zum Ursprung!
> (Kap. XXII)
> In alten Zeiten haben das Eine *(te-i)* empfangen:
> Der Himmel, das Eine empfangend, wurde rein;
> Die Erde, das Eine empfangend, wurde fest;
> Der Geist *(shen)*, das Eine empfangend, wirkt im Verborgenen;
> Täler, das Eine empfangend, sind erfüllt;
> Myriaden von Wesen, empfangend das Eine, erwachen zum Sein;
> Edle und Könige, empfangend das Eine, stehn unerschütterlich;
> So wirkt das Eine . . .
> (Kap. XXXIX).

Im *Kuan Tzu*, Kap. 49, heißt es ferner:
»Nur der Edle, der an der Idee des Einen festhält, vermag Dinge und Verhältnisse zu verändern. Wer dieses Festhalten unentwegt übt, vermag über die Mannigfalt der Erscheinungen zu herrschen. Ein Edler beherrscht die Dinge und wird nicht von ihnen beherrscht, denn er hat

das Prinzip des Einen erlangt.« (Zit. bei J. Needham, *Science and Civilization in China*, Bd. II [Cambridge 1956], S. 46).

12 T'ai Shang Lao Chün, Inkarnation von Lao Tzu.

13 Tung Hua Ti Chün, der als der Lehrer Chung Li-ch'uans gilt, einer der Acht Unsterblichen, welcher seine Lehre dem Meister Lü, dem Verfasser unseres Textes, übermittelt haben soll (s. Anm. 74 des 1. Abschnittes).

14 In unserem Text heißt es »an mich«, *mou*; im CH-Text jedoch steht an dieser Stelle das Wort »Yen«, der Übernahme des Meisters Lü.

15 S. Anm. 74 des 1. Abschnittes.

16 Der Ausdruck *hsin ch'uan* erinnert an die vier berühmten Formeln des Zen:

> *(Dharma-)* Übermittlung von Geist zu Geist;
> Die Lehre wird nicht in Worten übermittelt;
> Direkter Hinweis auf das Bewußtsein;
> Erkenntnis der Natur *(hsing)* und Erleuchtung.
> (S. Takakusu Junjiro, *The Essentials of Buddhist Philosophy* [Honolulu 1947], S. 163).

17 In der Bezeichnung »der verblichene Ch'ing Ming« *(meng* Ch'ing Ming) ist die Bedeutung des ersten Wortes *meng* nicht klar; aber im CH-Text heißt es *hsi jih yu,* d.h. »in früheren Zeiten lebte Hsü Tsu (der Meister Hsü)...«

18 S. oben Anm. 16.

19 Der Ausdruck »durch Erwählung eines überragenden Geistes zum Führer« fehlt im CH-Text. Es darf jedoch nicht übersehen werden, daß die Doktrin »Übermittlung auf andere Weise als durch Lehren« nicht so sehr für einen normal Begabten gilt als vielmehr für einen überragenden Geist, dem Wissen und Verständnis einer Lehre eher ein Hindernis auf dem Weg zur Erleuchtung bedeuten. Mit anderen Worten: Dieser Text wendet sich, ähnlich wie Zen, an einen überragenden Geist, der nicht rein rational orientiert ist und erst dadurch den Sinn des Lebens erfassen kann.

20 Das Wort *wen* wird hier in seinem tiefen Sinn gebraucht, der auf die Erleuchtung hinweist. Diese Bedeutung des Wortes *wen* erinnert an die buddhistische Lehre *san-hui* von der dreifachen Weisheit: *wen-hui* – die beim Anhören eines Sutras oder seiner Auslegung gewonnene Erkenntnis; *ssu-hui* – die durch Kontemplation der im Sutra geoffenbarten Wahrheit gewonnene Erkenntnis; und *hsiu-hui* – die durch *samādhi* gewonnene Erkenntnis (s. Oda, *Daijiten*, S. 672 a).

Dem Buddhismus gilt *hsiu-hui* als wichtigstes Element zur Erlangung von Erleuchtung, während die beiden ersten, *wen-hui* und *ssu-hui*, die bloße Voraussetzung dazu sind. Da jedoch alle drei Elemente untrennbar miteinander verbunden sind, ist es angemessener, sie als ein Kontinuum zu betrachten, nämlich als *wen-ssu-hsiu-prajñā.* Es darf nicht übersehen werden, daß der Akzent hier auf *prajñā* liegt, oder besser auf der Wirkung von *prajñā:* auf der Erleuchtung. In diesem Sinne dürfen alle drei Elemente, *wen, ssu* und *hsiu,* gleichermaßen als Ausdruck der Erleuchtung verstanden werden; in diesem Sinne auch scheint unser Text das Wort *wen* zu gebrauchen.

Diese Betonung von *wen,* Hören und Vernehmen, als Ausdruck von *prajñā,* ist das Herzstück der Lehre vom Reinen Land. In dieser Lehre bedeutet Hören und Vernehmen von Sutra oder Predigt nichts anderes als das persönliche Empfangen von Buddhas Weisheit und Erbarmen. Das ist die tiefe Überzeugung von Shinran (1173–1262), des Begründers von Jōdo Shinshū, der Wahren Lehre vom Reinen Land in Japan. Eben diese Haltung absoluter Passivität und Rezeptivität für das Wirken Buddhas, oder des Selbst, meint unser Text mit dem Wort *wen* (Hören und Vernehmen).

21 *Chieh (kalpa)* bedeutet eine unermeßliche Zeitdauer. Nāgārjuna (ca. 150–250 n. Chr.) gibt dazu folgende Erklärung:

»Ein *kalpa* dauert länger als die Zeit, die es braucht, bis ein Fels von 40 Quadrat-*Li (li* = 2160 oder 2376 Fuß) vollständig abgeschliffen ist dadurch, daß alle hundert Jahre einmal jemand mit seinem dünnen Gewand dagegenstreift. Und ein *kalpa* dauert auch länger als die Zeit, die es braucht, um ein mit Mohnsamen gefülltes, 40 Quadrat-*Li* großes Schloß zu leeren, wenn jemand jedes Jahr ein Samenkorn wegnimmt.« (Nāgārjuna's Kommentar zum *Prajñā Sūtra: Ta Chih Tu Lun,* Bd. V, zit. in *Taishō* 25, Nr. 1509, S. 100).

22 Der chinesische Ausdruck hier ist *k'u-hsin.* Im CH-Text jedoch fehlt das Wort *k'u,* und die Übersetzung hieße besser: »dem wahrhaften Ziel« statt »der strengen Forderung«.

23 Für *pi* – unerschrocken, unfehlbar, unbedingt, zuversichtlich – steht im CH-Text *hsien* – vorerst, vor allem, hauptsächlich.

24 *Jen-lun* – tägliche Pflicht – erinnert an die konfuzianistische Lehre des *wu-ch'ang,* die Fünf Haupt-Tugenden, nämlich *jen,* Menschlichkeit; *i,* Gerechtigkeit; *li,* Schicklichkeit, Anstand; *chih,* Weisheit, und *hsin,* Treue. Eine weitere in diesem Zusammenhang bedeutsame Lehre des Konfuzius ist *wu-lun,* die Fünf menschlichen Beziehungen, nämlich *chin,* Vertrauen zwischen Vater und Sohn; *i,* Redlichkeit zwischen Herr und Diener; *hsü,* Achtung zwischen Alt und Jung; *hsin,* Treue zwischen Freunden, und *pieh,* korrekte Rangordnung zwischen Mann und Frau.

Diese Idee, die Lehre im täglichen Leben zu üben und zu erproben, um sich selbst zu erkennen, ist auch für Zen grundlegend. Das berühmte Zen-Ideogramm *P'ing-ch'ang-hsin-shih-tao* darf nicht als Urteil gedeutet werden; es ließe sich übersetzen: »der alltägliche Geist ist Tao«, oder noch besser: »das Tao des Alltagsgeistes«.

25 *Tan,* das Elixier, wird auch bezeichnet als *chin-tan,* das Goldene Elixier. Es gibt zwei Arten von *tan: nei-tan,* das Innere Elixier, und *wai-tan,* das Äußere Elixier. Das letztere wird alchimistisch erzeugt durch bestimmte Kombinationen von stofflichen Materialien, während ersteres im taoistischen »Sitzen« erlangt wird, wie unser Text lehrt:
»Das Äußere Elixier besteht aus verschiedenen Drogen, welche eingenommen werden und Unsterblichkeit verleihen. Dieser Art war das Elixier der Unsterblichen, nach dem der erste Kaiser der Ch'in-Dynastie (246–210 v. Chr.) und der Kaiser Wu der Han-Dynastie (146 bis 86 v. Chr.) so eifrig suchten. Das Innere Elixier dagegen hat keinen Bezug zur Materie, sondern hängt einzig und allein ab von der Entwicklung unserer eigenen »geistigen Essenz« (*ching* Samen), unserer Lebenskraft (*ch'i*), unseres Geistes (*shen*). In diesem zweiten Begriffssystem wird der menschliche Körper als Mikrokosmos gesehen, in dem *yin* und *yang* und die acht Trigramme gleichermaßen vertreten sind wie im gesamten Universum, im Makrokosmos. Jeder kann also den Weg zur Unsterblichkeit in seinem eigenen Innern finden.« (Fung, *A History,* Bd. II, S. 430)

26 Der Ausdruck *wu-wei* ist taoistischer Herkunft und heißt meist *wu-wei tzu-jan,* unerschaffene Natur. *Wu-wei* jedoch als Gegensatz zu *yu-wei,* Erschaffen, ist ein buddhistischer Begriff. Im Sanskrit heißt das Wort *asaṁskṛta,* Nicht-Erschaffen, und wird synonym gebraucht mit *nirvāṇa* oder *tathatā,* So-Seiend. Diese So-heit transzendiert die Welt von *saṁskṛta,* alles was erschaffen und vergänglich ist, entsprechend den jeweiligen Bedingungen. Ch'eng-kuan (738–837) z. B. erklärt in seinem *Hua Yen Ta Su* (Kommentar zu *Hua Yen Ching),* Bd. XVI:
»Was erschaffen ist, heißt ›Schöpfung‹ *(yu-wei).* Das Erschaffene ist vergänglich. Was nicht erschaffen ist, heißt ›Unerschaffen‹ *(wu-wei).* Das Unerschaffene ist ewig.« (S. Oda, *Daijiten,* S. 1722 b–c.)

27 Dieser Ausdruck erinnert an die vier typischen Zen-Formeln, s. oben Anm. 16.

28 Das Wort *se,* Sanskrit *rūpa,* bedeutet in der buddhistischen Lehre ein Objekt von zeitlichen (vergänglichen) und räumlichen (konkreten, dreidimensionalen) Eigenschaften und steht im Gegensatz zu *hsin,* Geist-Seele-Bewußtsein.

29 Der Ausdruck *hsiang* bedeutet zumeist »das was sich manifestiert« und kann also auch mit »Symbol« übersetzt werden.

30 *Pi-i-kuang-tzu* kann auch übersetzt werden als »das uranfängliche Licht, in dem sich das Große Eine verbirgt«.

31 *Ch'i* (vitale, materielle Kraft) bedeutet im traditionellen chinesischen

Denken so etwas wie »das erste Prinzip« des Universums sowohl im kosmologischen als auch im metaphysischen (oder ontologischen) Sinne. Eine ganz klare Definition von *ch'i* in diesem Sinne findet sich z. B. im *Yüan Jen Lun* (Eine Untersuchung über den Menschen) des Tsung-mi (780–841), des 5. Patriarchen des Hua Yen-Buddhismus in China, des Nachfolgers im Ho Tse Ch'an des Shen-hui (686 oder 668 bis 760): »Diejenigen aber, die jetzt den Konfuzianismus und den Taoismus studieren, wissen nur, daß sie in naher Vergangenheit ihren Leib von ihrem Vater empfangen haben, der den seinigen wiederum von seinen Ahnen empfing, und so weiter durch Generationen hin. Sprechen sie von der fernen Vergangenheit, so glauben sie, daß das nicht-unterschiedene große Eine *ch'i (hun-tun i-ch'i)* sich teilte in die Zwei *yin* und *yang,* und daß aus diesen Beiden die Drei entstanden, nämlich Himmel und Erde und der Mensch, und daß aus den Dreien die Myriaden der Dinge wurden. So haben die Myriaden der Dinge sowohl wie auch die Menschen ihren Ursprung alle in *ch'i.*« (S. *Lao Tzu* XXV und ILII S. 27–28 und oben Anm. 3 dieses Abschnittes.)
Das folgende Zitat aus *Chin Tan Cheng Tsung* zeigt auf ausführlichere und systematischere Weise die taoistische Weltanschauung, basierend auf *ch'i* des *yin-yang,* in bezug auf die Kosmogonie sowohl wie die Kosmologie:
»Als Himmel und Erde noch nicht getrennt waren, war nichts als ein nicht unterschiedenes Eines. Dieses Eine wurde geteilt und es entstanden *yin* und *yang.* Was *yang-ch'i* empfing, stieg hell und klar empor und ward Himmel. Was *yin-ch'i* empfing, sank schwer und trüb zur Tiefe und ward Erde. Und was gerecht und ausgewogen sowohl *yin-ch'i* als *yang-ch'i* empfing, das war der Mensch. So wurde dem Himmel, der Erde und dem Menschen jedem das Seine zugewiesen, und es gab die Trennung in Vor und Nach. Um es ganz deutlich zu sagen: Vorhimmlisch ist das reine *yang (ch'un-yang):* das ist die Eine Wurzel *(i-pen).* Nachhimmlisch ist das reine *yin (ch'un-yin):* das sind die Myriaden unterschiedlicher Dinge *(wan-shu).*
Ursprünglich verlieh Ti des Himmels (Shang Ti) dem Menschen die Tugend der Gerechtigkeit und der Unschuld. Der Mensch empfängt die Gabe der Natur und das Geschenk des Lebens mit dem ererbten *ch'i,* d. h. die Ur-Kraft des Zuvor, des Großen Einen, in sich bergend die Wahrheit, d. h. die absolute Leere und das absolute Mysterium, die Essenz an sich und das Große Eine an sich, die reine Gerechtigkeit und Unschuld. Jedem wird so die Möglichkeit zuteil, unsterblich und göttlich zu werden.« *Chin Tan Cheng Tsung* in *Tao Tsang, Fu A,* S. 1 a–b, ed. Hu Hun-ch'eng.

32 »Das Blei der Wassergegend hat nur den einen Geschmack« bezieht sich auf die grundlegende Lehre der Elixier-Schule, daß das »Licht des

Geheimen, des Einen« oder das reine *yang* aus dem reinen *yin* des Bleis in der Wassergegend entspringe. Mit anderen Worten: Der Anfang oder die Geburt des reinen *yang* oder der Goldenen Blüte kann nur erfahren werden in der Rückkehr zur Stille des reinen *yin*, während des »Sitzens«, wie zuvor erwähnt. Diese Erfahrung der Geburt des reinen *yang* aus dem reinen *yin* oder, psychologisch ausgedrückt: die Erfahrung einer höheren Bewußtseinsebene aus der Vereinigung zweier Gegensätze wird hier symbolisch dargestellt. So heißt es z. B. im *Pao I Han San Pi Chüeh* (Das Geheimnis der Drei im Einen) des Chin Yüehyen, *Tao Tsang, Ta C,* S. 1 b–2 b:

»Nachdem Vater und Mutter sich vereinigt haben, wird das eine *ch'i* (von Vor-der-Zeit, vorhimmlisch) gezeugt und geboren ... Dieses (Eine *ch'i* des Zuvor) heißt Natur und wohnt im *K'un*-Palast, d. h. in den Nieren ... Es ist substanzlos, besitzt aber *ch'i,* d. h. unser Ur-Bild, unser Ur-Gesicht. Daher heißt es vor der Geburt *yin-chin (yin*-Gold). Es heißt Gold-Mutter oder auch Gold-Prinzessin. Nach der Geburt heißt es *yang*-Blei ... Blei ist die Mutter der fünf Metalle: *chien* Blei, *hung* Quecksilber, *sha* Sand, *chin* Gold, *tan* Elixier (s. nächste Anm. 33).

Himmel, Erde und die Myriaden von Dingen erwachen nicht zum Leben ohne den Einfluß von Blei. Und *ch'i* ist das Schöpfungsprinzip. So heißt es im *Tao Te Ching:* ›Das Genannte ist die Mutter der Myriaden von Dingen‹ (Kap. I).« (Diagramm S. 55.)

Dieses Zitat erinnert an die berühmte Zen-Formel vom »Ur-Bild und Ur-Gesicht« oder »vor der Geburt der Eltern« – beides meint die sogenannte immanente Buddha-Natur. Beide Ausdrücke, »Buddha-Natur« und das »*ch'i* des Zuvor«, scheinen schlechthin das auszudrükken, was mit Tao oder dem Selbst gemeint ist, das sich beim »Sitzen« manifestiert.

33 Der Ausdruck *t'ien-i* (das himmlische Eine) findet sich im *Hsi Tz'u* des *I Ging* folgendermaßen:

Himmel	Eins	Erde	Zwei
Himmel	Drei	Erde	Vier
Himmel	Fünf	Erde	Sechs
Himmel	Sieben	Erde	Acht
Himmel	Neun	Erde	Zehn

Es gibt fünf Ziffern des Himmels und fünf Ziffern der Erde. Die Ziffern der fünf Positionen stimmen miteinander überein entsprechend ihrer jeweiligen Zuordnung (eins und sechs, zwei und sieben, drei und acht, vier und neun, fünf und zehn, s. Diagramm S. 55). Die Summe der Ziffern des Himmels beträgt 25. Die Summe der Ziffern der Erde beträgt 30. Die Summe der Ziffern des Himmels und der Erde zusammen beträgt 55. Dies (die Übereinstimmung oder das Zusammenwirken der Himmlischen *[yang]* Ziffern und der irdischen *[yin]* Ziffern) ist das Prinzip, das Wechsel und Wandlung bewirkt und worauf das Geheimnis der Wechselwirkung von *kuei (yin*-Seele) und *shen (yang*, Tao-Wirken) beruht (s. Wilhelm, *I Ging,* S. 285–297; Honda, *Ekikyō,* S. 338–341).

Diese qualitative Bewertung der Zahlen wird in der Elixier-Lehre sowohl der Kosmogonie als auch der Kosmologie zugrunde gelegt. So heißt es z. B. im *Pao I Han San Pi Chüeh (Tao Tsang, Ta C,* S. 12 a bis 13 a):

»Der Anfang von *ch'i* ist der Beginn der Zahlen, und darauf beruht die Vielfalt der Dinge. Das *Ching* (Klassiker) sagt: »Tao erzeugt die Eins« (S. *Lao Tzu,* ILII). Das heißt: Sowie Tao zur Null wird (Kreis) (oder: mit der Null [Tao]) beginnt das Ur-*ch'i.* Der Kreis nämlich ist *ch'i* und die Gerade bedeutet die Ziffern (Vielfalt). Der Kreis ist von der Geraden verschieden in der Form, aber essentiell sind sie einander gleich; ursprünglich sind sie nicht zwei. Das bedeutet »von gleichem Ursprung, aber mit vielerlei Namen« *(Lao Tzu,* Kap. I).

Was die Ziffern betrifft, so ist die Eins in allen: gleicherweise ist *ch'i* in allen Dingen *(wu).* So wird die Eins, wenn kombiniert mit einer anderen Eins, zu Zwei; wenn kombiniert mit Zwei, wird sie zur Drei; wenn kombiniert mit Drei, wird sie zu Vier; wenn kombiniert mit Vier, wird sie zu Fünf. Diese fünf Kombinationen bedeuten die Erschaffung (*sheng*) der Zahlen.

Wird Eins mit Fünf kombiniert, wird sie zur Sechs; mit Sechs, zur Sieben; mit Sieben, zur Acht; mit Acht, zur Neun; mit Neun, zur Zehn. Diese fünf Kombinationen sind die Vollendung der Zahlen.

Ch'i wird geschieden in *yin* und *yang*, entsprechend zu geraden und ungeraden Zahlen. Aus *yin* und *yang,* Geraden und Ungeraden, entspringt *(sheng),* die Vielfalt der Dinge. Daher heißt es »Himmel eins, Erde zwei, Himmel drei, Erde vier, Himmel fünf, Erde sechs, Himmel sieben, Erde acht, Himmel neun, Erde zehn« (s. oben *Hsi Tzu* des *I Ging* S. 285 ff).

Die Zahlen von eins bis fünf sind der Ursprung der Vielfalt der Dinge. Ursprung bedeutet »endlos schöpferisch« (unbegrenzt, ewig). Die Zahlen von sechs bis zehn sind die Wurzel *(ken)* der Vielfalt der Dinge. Die Wurzel bedeutet »Wiederkehr und Erneuerung des Lebens« *(fan-huan fu-ming).* Daher wirken Schöpfung und Vollendung gemeinsam, und Erneuerung und Ursprung sind eines. So wird die himmlische Eins der irdischen Sechs zugesellt, die irdische Zwei der himmlischen Sieben, die himmlische Drei der irdischen Acht, die irdische Vier der himmlischen Neun, die himmlische Fünf der irdischen Zehn. Im Ganzen zusammengenommen ergibt das 55. Die himmlischen Ziffern ergeben als Summe 25 als »Schöpfung«, während die irdischen Ziffern als Summe und »Vollendung« 30 ergeben. Sie laufen in einer Linie weiter in der Schöpfung. Dies wird auch bezeichnet als das Tao der Rückkehr zur Wurzel und der Erneuerung des Lebens (*kuei-ken fu-ming*).

Die himmlische Eins ist Wasser; die irdische Zwei Feuer; die himmlische Drei Holz; die irdische Vier Metall; die Himmlische Fünf Erde. Dies sind die fünf Elemente; die Leere wird gewandelt zu *shen* (dem Mysterium der Tao-Wirkung) und erschafft die Gestalt *(hsing),* und diese Schöpfung ist ein ewiger (unendlicher) Prozeß. Jedoch die Erscheinungen überholen und verdrängen einander, und sobald eine nachfolgende zur Vollendung gelangt, so wird die Vorausgehende in die Nachfolgende verwandelt.

Die irdische Sechs ist Blei *(chien);* die himmlische Sieben Quecksilber *(hung);* die irdische Acht Sand *(sha)*; die himmlische Neun Gold *(chin);* die irdische Zehn das Elixier *(tan).* So heißen die Fünf Dinge *(wu-wu).* Die Gestalt *(hsing)* kehrt zur Leere zurück und zum Ursprung, das heißt Rückkehr zur Wurzel und Erneuerung des Lebens. So nähren und vollenden sie einander wechselweise. Obwohl ewig sich verändernd und wandelnd, bleibt ihre Natur sich gleich. Daher ist Blei die Mutter der fünf Metalle, das *ch'i* der Ahnen *(tsu-ch'i),* und der Ursprung der Ziffern.«

Das *Pao I Han San Pi Chüeh* gibt folgendes Diagramm der 55 Ziffern des Himmels und der Erde (S. 9 b):

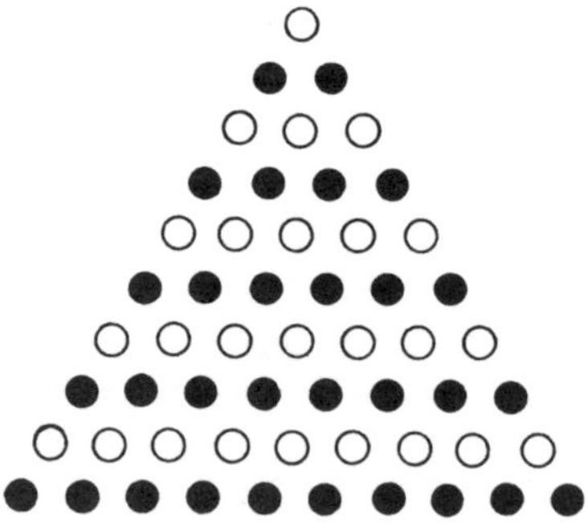

Himmel 1 Erde 2
Himmel 3 Erde 4
Himmel 5 Erde 6
Himmel 7 Erde 8
Himmel 9 Erde 10

Die Summe der Ziffern des Himmels und der Erde beträgt 55.

Diagramme der »Schöpfungs«-Ziffern
und der »Vollendungs«-Ziffern des Himmels und der Erde:

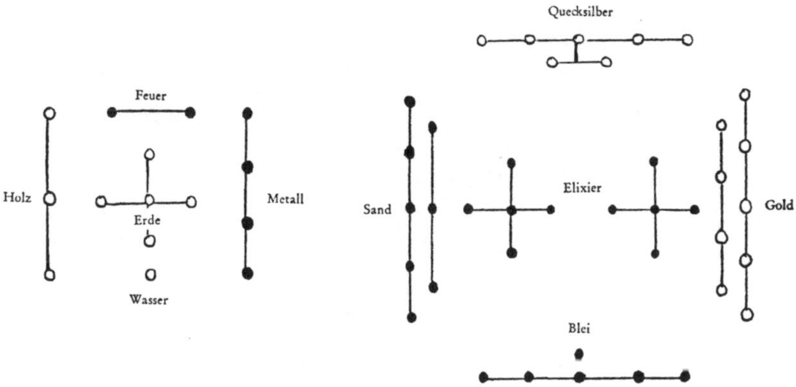

34 S. Anm. 11 dieses Abschnittes.

35 »Das linke Auge ist die Sonne und das rechte Auge ist der Mond.« Ein Kommentar zu *Shang Ching Huang T'ing Nei Ching Ching* (Das klassische Buch vom Innern des Gelben Hofes der höchsten Reinheit) im *Yün Chi Ch'i Ch'ien* (Sieben Bambustafeln des Wolkenkorbes), gesammelt von Chang Chün-fang um 1000 n. Chr.

36 Dieser Satz findet sich im *Shang Ching Huang T'ing Nei Ching Ching* und wird folgendermaßen kommentiert:
»Jedes Gehäuse der Drei Elixier-Felder mißt einen Quadratzoll. Daher heißt es das zollgroße Feld. Durch die Methode des Elixier-Feldes beherrscht der Mensch das Leben. Im *Klassischen Buch des Gelben Hofes* heißt es: ›Das zollgroße Feld ist im fußgroßen Haus.‹ Das fußgroße Haus bedeutet das Gesicht.« (Sieben Bambustafeln, Bd. II, S. 51 a)

37 »Das Gesicht ist das Haus der Wolken. Es heißt auch *ch'ih-chai* (das Wohngeviert). Es heißt Haus *(chai)*, weil Augenbrauen, Augen, Nase und Mund darin wohnen.« (Sieben Bambustafeln Bd. II, 19 a)

38 Der Ausdruck für »Quadratzoll« ist *fang-sun*, was zudem *hsin* (Geist) bedeutet; denn *hsin*, heißt es, wohne in einem bloß zollgroßen Feld. Der Ausdruck bedeutet außerdem Ziel (Absicht, Vorsatz); denn wo *hsin* ist, da ist auch die Zielrichtung gegeben (s. Hattori und Koyanagi, *Daijiten*, S. 616 d). In unserem Text heißt es ferner, das zollgroße Feld sei die Wohnstatt des Wahren Denkens *(chen-i)*, d. h. das Elixier-Feld (s. II: 4).

39 Diese Pflanze bringt im Frühsommer stark duftende Blüten hervor. Sie

wird in China als schönste Pflanze betrachtet (s. Hattori und Koyanagi, *Daijiten,* S. 1492 b).

40 Der Ausdruck für »Wohnstatt« ist *so-chu*; im CH-Text steht dafür *so-chu:* »der Ort, wo der Geist der äußersten Leere haust«.

41 Diese beiden Bezeichnungen, *chih-hsü* und *chih-ling,* erinnern an die berühmte Definition *ling-hsü pu-mei-chih-i-hsin* (der Eine Geist, wunderbar, leer, und nie verdunkelt), die von Shen-hui (686 oder 668–760) als die Essenz seines Zen bezeichnet wurde (s. Miyuki, *An Analysis of Buddhist Influence,* Anm. 7, S. 11).

42 *Ling-t'ai* steht hier im Sinne von *hsin* (Geist) bei Chuang Tzu (Hattori und Koyanagi, *Daijiten,* S. 1431 b). Das Ideogramm *t'ai* in *ling-t'ai* bedeutet gewöhnlich »Terrasse, Palast, Kelch« etc., doch steht es außerdem für *hsin,* Geist. Chuang Tzu vergleicht den Geist eines vollkommenen Menschen mit einem Spiegel:

»Der Geist des vollkommenen Menschen gleicht einem Spiegel ...
Er spiegelt die Dinge, behält sie aber nicht zurück.«

(Zit. in Chang, *Creativity,* S. 129, Anm. 9)

Im Zusammenhang mit dem Atmen während der Meditation erinnern wir an *Lao Tzu,* Kap. X, übersetzt auf S. 32, wo der Ausdruck *hsüan-lan* gebraucht wird im Sinne von: wunderbarer Spiegel, Geist, der die geheimen Tiefen des Unbewußten widerspiegelt in der Transzendenz des »Sitzens«.

Dieser Gebrauch des Wortes »Spiegel« im Sinne von Spiegelung zwischen Bewußt und Unbewußt erinnert an die berühmte Zen-Geschichte, wie das *dharma* vom Fünften Patriarchen Hung-jen dem Sechsten Patriarchen Hui-neng (638–713) übermittelt wurde. Der Fünfte Patriarch hatte zwei überragende Jünger, Hui-neng und Shen-hsiu (605–706), und Hui-neng soll die authentische *dharma*-Nachfolge angetreten und die Südliche Schule des Zen begründet haben, während Shen-hsius Lehre die Nördliche Schule des Zen genannt wurde. Die Geschichte lautet: Im achten Monat, nachdem Hui-neng ein Schüler des Fünften Patriarchen geworden war, forderte dieser alle seine Schüler auf, ein *gatha* zu schreiben über ihre Erleuchtung, und dem besten *gatha*-Verfasser sollte das *dharma* des Patriarchen übermittelt werden. Das *gatha* Shen-hsius hieß:

»Der Leib ist der *Bodhi*-Baum,
Der Geist *(hsin)* ein blanker Spiegel *(ming-ching-t'ai);*
Halte ihn rein,
Laß den Staub ihn nicht trüben.«

Hui-neng jedoch war mit dem Bild dieses *gatha* Shen-hsius nicht einverstanden und schrieb seinerseits folgende Zeilen:

»*Bodhi* (Erleuchtung) ist ursprünglich kein Baum,
Der lichte Spiegel ist auch kein Rahmen *(t'ai);*
Ursprünglich – Nichts! *(pen-lai wu-i-wu),*
Wo sollte da Staub sich hinsetzen?«
(S. *Taishō* 48, Nr. 2008, S. 348–349 a; vgl. D. T. Suzuki, *Essays in Zen Buddhism;* First Series, S. 205–207)

Alle Berichte über diese *dharma*-Übermittlung stammen aus der Südlichen Zen-Schule des Hui-neng, so daß man an der Authentizität zweifeln darf. Aber es scheint, daß Shen-shiu's Ansicht jener oben erwähnten im *Lao Tzu* oder *Chuang Tzu* sehr ähnlich ist, während Hui-nengs Auffassung originell und dennoch tief in chinesischer Weltanschauung verwurzelt anmutet, wonach Tao sich manifestiert als *i* oder Wandel, als dynamischer, harmonischer, fortdauernder Wechselprozeß zwischen *yin* und *yang*.
Man darf also sagen, die südliche Schule des Zen habe die chinesische Weltanschauung vertieft und bereichert und habe weitergeblüht durch alle Zeiten bis auf den heutigen Tag (s. S. 58–60).

43 Der »Gelbe Hof« wird im *Shang Ching Huang T'ing Nei Ching Ching* (Sieben Bambustafeln, Bd. II, 9 b) folgendermaßen kommentiert: »Geld *(huang)* ist die Farbe des Zentrums. Der Garten bedeutet das Zentrum der vier Himmelsrichtungen. Blickt man nach außen *(wai-chih shih),* so bedeutet er (der Gelbe Garten) das Zentrum des Himmels, das Zentrum des Menschen und das Zentrum der Erde. Blickt man nach innen, so bedeutet er das Zentrum des Denkens, das Zentrum des Geistes und das Zentrum der Milz und der Stimmungen.«

44 D. h. das Eingangstor zu Tao, wunderbar und tief.

45 Der räumliche Aspekt in der Erfahrung von Tao.

46 Der CH-Text enthält die letzten Sätze dieses Abschnittes nicht.

47 Der Ausdruck *fa-shen* oder *dharma*-Leib gehört zur buddhistischen Terminologie. Die Lehre vom dreifachen Leib *(san-shen)* hat sich im Buddhismus durch die Jahrhunderte hin entwickelt und variiert, dank der historischen Entwicklung, je nach Schulen und Lehrtexten. Das *Mahāyāna samparigraha (She Ta Cheng Lun,* Glaube an das Große Fahrzeug), im 5. Jh. von Asaṅga verfaßt, von seinem Bruder Vasubandhu (420–500) kommentiert und 531 ins Chinesische übersetzt von Buddhasanta, 563 erneut durch Paramartha und 648–649 nochmals von Hsüan Tsang, einer der grundlegenden Texte der gesamten Mahāyāna-Lehre, vor allem in China und Japan, definiert den dreifachen Buddha-Leib folgendermaßen:
»1. *Dharma-kāya (fa-shen),* dessen Wesen Wahrheit und Weisheit ist; *Sambhoga-kāya (pao-shen),* Leib der Freude und Erfüllung, den allein Bodhisattvas wahrzunehmen vermögen; 3. *Nirmāṇa-kāya (hua-shen),*

Leib der Wandlung, der sich gewöhnlichen Menschen bei der Andacht offenbart.« (S. Takakusu, *Buddhist Philosophy,* S. 81–3).

48 Im *Hsiu Chen T'ai Chi Hua Yüan T'u,* Diagramm der Lehre von der Ungeschiedenen Quelle der Äußersten Extreme, *Tao Tsang, Tiao B,* ed. hsiao Tao-ts'un der Sung, S. 2 a–3 a, werden die neun Himmel und die neun Unterwelten definiert entsprechend der chinesischen Weltanschauung vom einem *ch'i,* von den Doppelkräften von *yin* und *yang* und von den Drei Mächten des Himmels, der Erde und des Menschen. In einem Diagramm auf folgender Seite wird die Differenzierung von Tao gezeigt und die Errichtung der drei Mächte des Himmels, der Erde und des Menschen. Das *Buch des Jade-Kranzes (Yü Hua Ching)* erklärt: Das Eine *ch'i* spaltet sich in die doppelte Erscheinungsform des Universums (nämlich in *yin* und *yang).* Nachdem diese Doppelform entstanden ist, kommen die drei Kräfte (Himmel, Erde und Mensch) zum Sein. Was leicht und rein ist, steigt empor zum Himmel; was schwer und trüb ist, sinkt hinab zur Erde. Der Himmel umfaßt neun Himmel *(chiu-hsiao)* und die Welt neun Unterwelten *(chiu-chüan).*

Der Mensch steht im Zentrum, und darüber türmen sich der Himmel der Winde, der Himmel der Wolken, der Himmel des Rauches, der Himmel der Luft; und über dem Himmel der Nebel erheben sich die Himmel ohne Gestalt, die man nur dem Namen nach kennt, denn sie gehören dem reinen *yang* zu: der Azur-Himmel, der blaue Himmel, der Elixier-Himmel, und schließlich der Himmel der Seligkeit, die Grenze aller Himmel.

Die Mitte (der Mensch) ist das Maß aller Dinge, und darunter sind die Welten der Tiefe: die Unterwelten des Staubes, des Sandes, des Schlammes, des Gesteins; und in der Tiefe der Unterwelt der Quellen sind die Welten ohne Form, die man nur dem Namen nach kennt, denn sie gehören dem reinen *yin* zu: die gelbe Unterwelt, die schwarze Unterwelt, die Unterwelt der Düsternis und schließlich die äußerste Unterwelt, wo die Erde aufhört.

In der Mitte zwischen den Erscheinungen des Himmels und der Erde, innerhalb der Winde und des Staubes, ist der Bezirk des Menschen. In dieser Menschenwelt, mag einer noch so große Reichtümer ansammeln oder gute Taten aufhäufen, vermag keiner über die neun Unterwelten hinaus zu gelangen. In der Welt der menschlichen Wandlungen vermag der Mensch die neun Himmel zu durchmessen, wenn sein Leben im Einklang mit Tao und mit der Wahrheit sich vollzieht.

Hsi-ch'uan erklärt dazu:

Projiziert man dieses Weltbild ins Innere, so kommt *ch'i* dem Geist des Menschen gleich. Dies bedeutet das Wort: »außerhalb des Geistes gibt es kein *yin*«. Die Unterwelt der Quellen entspricht den Nieren. Das bedeutet die Aussage: »unterhalb der Nieren gibt es kein *yang*«. Läßt

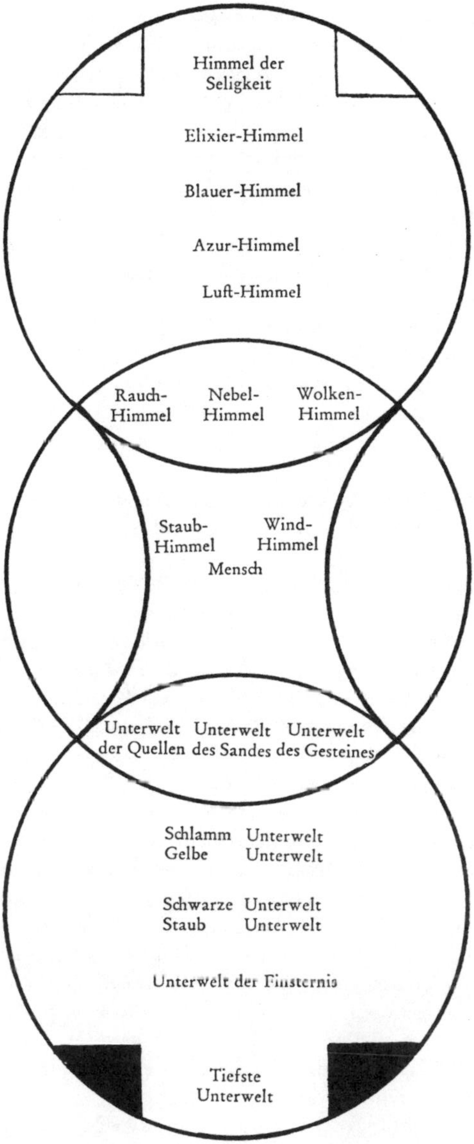

Diagramm über die Differenzierung von Tao und die Errichtung der drei Mächte des Himmels, der Erde und des Menschen

man Geist und Nieren wechselwirkend funktionieren, und läßt man diese beiden *ch'i* ihrer Art entsprechend empor und zur Tiefe steigen, so ergibt sich als natürliche Folge ein leichtes und ausgeglichenes Leben von langer Dauer. Das bedeutet die »Anhäufung von Schätzen«. Übt (knetet) man das Wahre *ch'i* des Geistes und der Nieren (Organe), um das Innere Elixier zu gewinnen, so ergeben sich als natürliche Folge langes Leben und Unsterblichkeit. Das ist gemeint mit der Metapher »Tao befolgen«.

49 Im *Kao Shang Yü Huang Hsin Yin Ching*, im Buch vom Siegel des Herzens des Höchsten Jade-Kaisers, *Tao Tsang, Ying* (B, S. 1 a) heißt es:

> »Die Luft ein und aus *(ch'i* des Atems)
> und gründlich mischen (Geist und *ch'i),*
> Das ist das Werk der hundert Tage:
> Still steigt es empor zum Throne Shang Ti's,
> Und das Aufsteigen allein ist wert des Erinnerns.«

50 Mit »dieser Lehre« ist die Lehre gemeint, welche eine Schule oder Konfession, neben all ihren übrigen Lehren, als die wichtigste betrachtet.

51 Das Wort *ch'un* (rein) kann auch als Adjektiv gebraucht werden, so daß *ch'un-hsiang* übersetzt werden könnte als »reiner Gedanke« oder »Reinheit des Denkens«. Kapitel III beschreibt, wie Reinheit des Denkens erlangt werden kann im »Sitzen«, durch Zirkulation des Lichtes.

52 Das *Leng Yen Ching* heißt auch *Shou Leng Yen,* dies ist eine phonetische Wiedergabe des Sanskrit-Wortes *śūraṅgama,* der Bezeichnung des *samādhi*, das die Tugend des Buddha als unzerstörbaren Diamanten sieht.

53 *Ch'ien* ist das Hexagramm des reinen *yang* und besteht aus sechs *yang*-Linien. Es bezeichnet außerdem *t'ien,* z.B. in *ch'ien-t'ien,* und die Dinge, die *ti,* dem Herrscher, zugehören wie z.B. in *ch'ien-te:* die Kraft des Herrschers sowohl auf Erden wie im Himmel. So ist der *ch'ien*-Palast der Wohnort von Shang Ti, der dem Menschen Natur *(hsing)* und Leben *(ming)* verleiht. In »naturalistischer« Sicht jedoch wird Shang Ti auch mit *yüan-ch'i* bezeichnet. Daher bedeutet »im *ch'ien*-Palast geboren werden« auch Rückkehr zum Ursprung, also »Rückkehr zur Wurzel und Erneuerung des Lebens *(ming)*« (s. Anm. 33 oben); darauf hin zielt der Lichtkreislauf.

54 Dieser ganze Paragraph fehlt im Ch-Text.

55 *Ken* bedeutet »Wurzel des Baumes« und *yüan* »Quelle«. So bedeutet im Zitat aus dem *Pao I Han San Pi Chüeh* (s. Anm. 33 oben) Rückkehr *(fan)* »Heimkehr zur Wurzel« *(fan-ken),* und Erneuerung *(huan)* »Erneuerung der Quelle« *(yüan).*

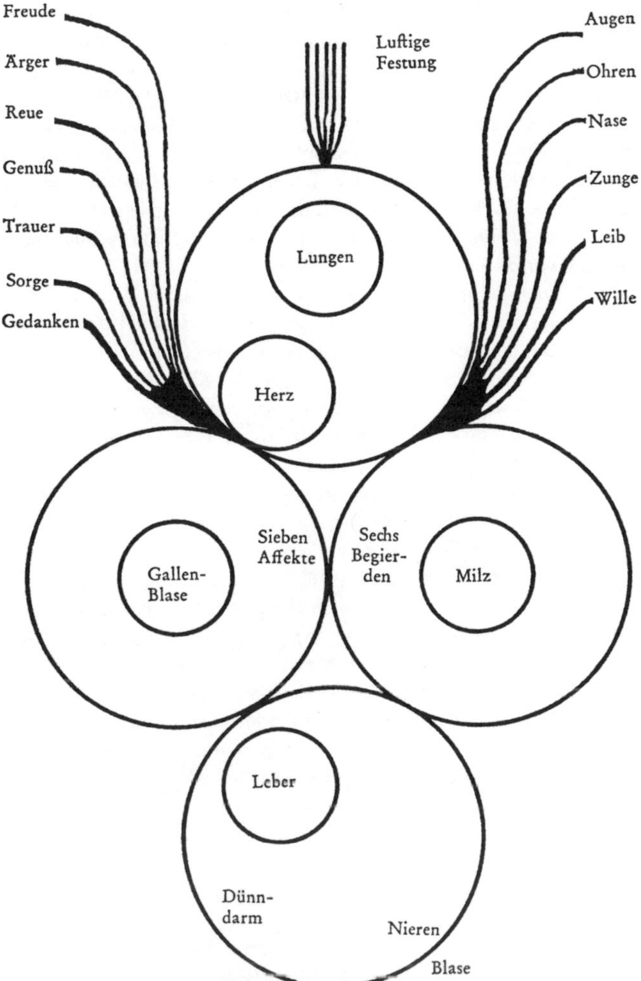

Diagramm: Wie *ch'i* ohne Bemühung und Pflege sich verströmt, zersplittert und verwirkt wird.

56 Sowohl *ch'ing* (Gefühl) als auch *hsin* (Bewußtsein) werden in diesem Zusammenhang als relative Begriffe gebraucht: *ch'ing* bezeichnet das durch die Erscheinungen beeinflußte Bewußtsein und *hsin* die Substanz des Bewußtseins, das Bewußtsein an sich. Das Wort *ch'ing* bezeichnet jedoch das Gefühl, das dem innersten Herzen entquillt, also *ch'eng* (Reinheit) des Konfuzianismus, und wird in diesem Sinne, aber nur in diesem Sinne allein, dem Tao des Himmels gleichgesetzt. Eine interessante Darstellung und Definition von *ch'ing* findet sich im Diagramm zur Übung der Ungeschiedenen Quelle des Allerhöchsten (*Tao Tsang, Tiao B,* S. 6a–7a):

»Das *Ch'ing Ching Ching* (das Buch der Reinheit und Stille) sagt: ›Das Große Tao ohne Form erschafft und erhält Himmel und Erde. Das Große Tao ohne Begierde bewegt Sonne und Mond. Das Große Tao ohne Namen läßt die Vielfalt der Dinge erblühen‹ (*Tao Tsang, Shang* A, S. 1a). Mit höchstem Geist und mit höchstem Adel ausgezeichnet ist unter der Vielfalt der Dinge der Mensch. Der Mensch ist von Tao erschaffen. Wie sollte er dann nicht der Ewigkeit des Himmels und der Erden gleichkommen und der Stetigkeit von Sonne und Mond?

Die sieben Affekte (Freude, Ärger, Reue, Genuß, Trauer, Sorgen und Gedanken, s. das Diagramm auf Seite 195) verstören den Menschen innerlich (psychisch), und die sechs Begierden (zugehörig den Augen, den Ohren, der Nase, Zunge, dem Körper und dem Willen) verführen den Menschen äußerlich (physisch). Steigen sie empor, so fließen sie wie ein breiter Strom aus der luftigen Festung (*chung-lou* Kehle). Sinken sie zur Tiefe, so versickern sie langsam durch die Goldene Schildkröte (*chin-kuei*). Wenn *ch'i* entsteht, weiß man es nicht zu hegen, und während es wirkt, weiß man es nicht zu wahren. Und wenn *ch'i* zersplittert, weiß man es nicht zu sammeln, und wenn es schwach wird, versteht man es nicht zu stärken. Wenn *ch'i* gestört wird, erkrankt der Mensch. Er wird alt, wenn *ch'i* geschwächt wird, und er stirbt, wenn es erlöscht.«

Erörterung: Vermag man *ch'i* harmonisch und ungestört zu erhalten, so ergibt sich daraus als natürliche Folge das Geheimnis des Embryo-Atems. Erhält man *ch'i* bei unverminderter Kraft, so folgt daraus das Geheimnis der Formung von *ch'i*. Läßt man *ch'i* wahrhaft werden und den Geist sich erfüllen, so wird damit das Geheimnis gefunden, den Geist wirksam werden zu lassen.

57 Siehe Zitat aus *Pao I Han Pi Chüeh* in Anm. 32.

58 Der Ausdruck *pien-chao* (Licht-Reflex) bedeutet das Licht, das im Osten die sinkende Sonne widerspiegelt. S. Hattori and Koyanagi, *Daijiten*, S. 1308. S. auch Abklärung S. 81–82.

59 *T'ien-chi* bezeichnet im allgemeinen das wunderbare Wirken des Himmels oder Tao, das alles menschliche Verstehen übersteigt. Anthropo-

morph ausgedrückt, ist es der jedem menschlichen Wesen unbekannte und unverständliche Wille Shang Ti's, des Höchsten Herrschers.

Hier ist erwähnenswert, daß die Praxis der Licht-Zirkulation und Licht-Reflexion im Zusammenhang gesehen wird mit der Manifestation der Aktivität des Himmels, denn Tao manifestiert sich in und durch den gesamten Mikromakrokosmos. In der »moralistischen« Terminologie des Konfuzianismus ausgedrückt heißt das: Da Shang Ti dem Menschen die Kraft des Himmels verliehen hat, d. h. die Kraft der Wahrheit und der Gerechtigkeit, kann und muß der Mensch durch Übung und Pflege seiner Reinheit seine ursprüngliche Natur Himmels und der Erden, die Kraft der Wahrheit und Gerechtigkeit, suchen und, nach dem Sung-Konfuzianismus, wiedererlangen.

In der »naturalistischen« Weltanschauung des Taoismus jedoch wird das konfuzianistische Wort »Himmel« durch das Wort »Natur« ersetzt *(tzu-jan* oder *hsing*), also Mikromakrokosmos, und der Begriff »die himmlische Kraft der Wahrheit und Gerechtigkeit« wird ersetzt durch »das Wirken von *ch'i* des *yin-yang*«. Die zentrale Frage für den Taoisten heißt deshalb, wie sich der ursprüngliche Ort der »Natur« wiederfinden und wiedererlangen lasse, und daraus erwächst die Lehre vom Nicht-Tun in Übereinstimmung mit der Natur. Es scheint, daß während der Sung-Dynastie (960–1279) dieses Problem der Rückkehr oder Wiedergewinnung der ursprünglichen Natur (Buddha-Natur) sowohl für den Konfuzianismus als auch für den Taoismus und den Buddhismus zum Hauptanliegen geworden war. Um die ursprüngliche Natur wiederzuerlangen, empfahl der Sung-Konfuzianismus, beeinflußt durch die buddhistische Praxis von *samādhi* oder Zen und vielleicht auch durch die taoistische Praxis des »Sitzens«, die Übung des stillen »Sitzens« *(Ching-tso)* (s. III: 10–16).

60 Der folgende Auszug aus *Chin Tan Cheng Tsung*, Die Lehre vom Goldenen Elixier, (2 b–3 b) zeigt, worauf die Lehre vom Goldenen Elixier zielt, indem sie über den alchimistischen Prozeß der Elixiergewinnung spricht:

»Der Begründer der Lehre vom Tao, T'ai Shang Lao Chüan, bedauerte dies (daß ein Mensch durch seine Affekte *[ch'ing]* seine vom Himmel verliehene Ur-Kraft [ch'i] vergeudete, s. Anm. 56 oben), so daß zum ersten Mal das Große Tao des Goldenen Elixiers erschien. Er lehrte die Menschen das Gesetz der Wiederkehr und der Erneuerung. Wiederkehr bedeutet ›Rückkehr zur Wurzel‹ und Erneuerung ist ›Wiederbelebung der Quelle‹. Daher bedeutet es nichts anderes als ›Rückkehr zu dem, was ist nach Erschaffung Himmels und der Erden, und Erneuerung dessen, was war Vor-der-Zeit‹. Seitdem der Name des Goldenen Elixiers in Gebrauch kam, wurde das Tao des Goldenen Elixiers bedeutsam, und es wurden Bücher darüber geschrieben.

Was ich zu nennen pflege: das Große Tao der Großen Leere des Goldenen Elixiers, ist nicht das Sein: denn Nicht-Sein entsteht mitten im Sein, und Sein entsteht mitten im Nicht-Sein. Folglich ist das Große Tao des Goldenen Elixiers weder Nicht-Sein noch Sein (S. III: 2).
Nun denn: Wie ist es mit dem sogenannten Dreifuß-Gefäß und der Feuer-Phase – gehören sie zum Sein oder zum Nicht-Sein?
Diese Namen bezeichnen konkrete Dinge oder Erscheinungen, die zur Auslegung des Großen Tao verwendet werden. Denn die beiden Ideogramme *chin-tan* stehen ursprünglich für konkrete Dinge: Zum Schmelzen des Goldes braucht man einen Schmelzofen und einen dreifüßigen Schmelztiegel; um das Elixier bilden zu können, benötigt man die wunderbare Materie; zum Wirken der Materie ist die Feuer-Phase nötig; und dann erst kann zum ersten Mal der Name des Goldenen Elixiers erscheinen.
Um nun das Äußere Elixier zu bilden, muß man vorerst die Grundstoffe bereitstellen: die fünf Metalle (Gold, Silber, Kupfer, Eisen und Zinn) und die acht Steine. Dann muß der tönerne dreifüßige Schmelztiegel aufgestellt und mit Feuerstein und Zunder das richtige Feuer entfacht werden, um zu schmelzen und zu kneten auf rechte Weise. Vermag man diesen Prozeß mit Erfolg zu vollenden, so kehrt das Leben zurück und der Tod ist besiegt; dem Alter wird Einhalt geboten und die Jugend wiederhergestellt; was faul und verdorben war, wird verwandelt zur Göttlichkeit Himmels und der Erden, und Lehm und Steine werden zu Gold und Geschmeide verwandelt (s. IV: 4).
Nun muß man wissen, daß die Methode zur Bildung des Innern Elixiers sich in keiner Weise unterscheidet (von der oben beschriebenen Methode der äußern Elixiergewinnung). Bringt man diese beiden Methoden in Beziehung zueinander, so entspricht das Ur-*ch'i* (das uranfängliche *ch'i,* das *ch'i* des Urbeginns) von Vor-der-Zeit dem Grundstoff des Elixiers. Dem Dreifuß und dem Schmelzofen entspricht das Öffnen der geheimen Schranke. Das leise Wirken des Ur-Geistes ist die Feuer-Phase.
Wärmt man ohne Unterbruch durch Tage hin und knetet man unentwegt monatelang, so kommt der Erfolg des Wärmens, Siedens und Kochens zur Reife, die innere Struktur wird verändert, das neue Wesen kann geboren werden *(t'o-t'ai huan-ku)* und die Welt des Alltags verwandelt sich in ein Heiliges (s. III: 17 a–k).«

61 Der Ausdruck *ching-ch'i* kann bedeuten: 1. so etwas wie »Seele« oder »Geist« *(ling-hun, ching-ling,* oder *ching-shen*); und 2. das Ur-*ch'i* *(yüan-ch'i*), in dem die Vielfalt der Dinge ihren Ursprung nimmt (s. Hattori und Koyanagi, *Daijiten,* S. 1007).

62 Der Begriff *wu-chi* spielte eine wichtige Rolle in der Geschichte chinesischen Denkens. Das Problem, wie *wu-chi* zu interpretieren sei in

bezug auf *t'ai-chi* (das Allerhöchste), wird in der berühmten Einführung behandelt zu *T'ai Chi T'u Shuo,* Erklärung des Diagramms des Allerhöchsten, von Chou Tun-yi (1017–1073). Dort heißt es: *wu-chi-erh-t'ai-chi.* Die Konjunktion *erh* dieses Satzes kann sowohl »und dann« bedeuten als auch »und dennoch«; daher sind zwei Interpretationen möglich: 1. (es entsteht) *»wu-chi,* und dann *t'ai-chi«,* oder 2. *»wu-chi,* und dennoch *t'ai-chi«.* So entstand die berühmte Kontroverse zwischen den beiden führenden Gelehrten des Sung-Konfuzianismus. Chu Hsi (1130–1200) und seine Schüler vertraten die zweite Interpretation und Lu Hsiang-shan (1139–1193) und seine Schüler vertraten die erste. Die erste Interpretation, *»wu-chi* und dann *t'ai-chi«,* vertritt unmißverständlich dieselbe Weltanschauung wie das 40. Kapitel des *Lao Tzu* (s. S. 28–29).
Hier sollte jedoch beachtet werden, daß der Begriff *sheng* der eigentliche Schlüssel zum Verständnis dieser Kontroverse ist. Wie bereits festgestellt, ist *sheng* von vierfacher Bedeutung:
1. als Transitivum bedeutet es »erschaffen, hervorbringen« etc.,
2. als Intransitivum »geboren werden, ins Leben treten«,
3. als Bezeichnung eines Zustandes »vorhanden sein, am Leben sein«,
4. als Substantivum bedeutet es »das Leben, die Existenz«.
Man könnte also sagen, Chu Hsi's Interpretation betone eher die zweite, dritte und vierte Bedeutung des Wortes *sheng,* während Lu Hsiang-shan die erste Bedeutung vertrete, obwohl natürlich alle vier Aspekte nie ganz getrennt werden können. S. Miyuki, *An Analysis,* S. 14–9, 57–60.

63 *Hsüeh-jen* bedeutet auch »Schüler« oder »Gelehrter«. Es scheint jedoch angezeigt, den Begriff dem Ideogramm *hsüeh-tao-chih-jen* der Zen-Lehre gleichzusetzen, was soviel bedeutet wie »die, welche Tao suchen«.

64 *San-chieh* ist ein buddhistischer Ausdruck und kann bedeuten:
1. Die dreifache Welt von *kāmadhātu* (Welt der Begierden, Sex und Nahrung), *rūpadhātu* (Welt der Formen, d. h. das, was mit unseren Sinnen wahrgenommen wird), und *arūpadhātu* (die formlose Welt, d. h. was nicht Objekt der Sinne, sondern des Denkens *[manas]* ist);
2. die drei Formen der Zeit: Vergangenheit, Gegenwart und Zukunft;
3. die Welt, in der wir leben.
Es ist interessant zu sehen, daß die buddhistische Lehre von *san-chieh* dem Universum gleichgesetzt wird, sowohl dem Mikro- als auch dem Makrokosmos, dem was innerhalb der Wirkung des *yin-yang*-Tao liegt. Folglich bedeutet das Außen von *yin-yang* ein Universum, das von dem mit *san-chieh* bezeichneten vollständig verschieden ist, aber gleichkommt dem Antlitz des Urbeginns – diesem berühmten Zen-Begriff.

65 Tao (»empfangen«) kann auch als Intransitivum übersetzt werden, also »eintreten, eindringen« etc.

66 Im LT-Text ist diese Frage in zwei kleingedruckten Linien gesetzt, als ob es sich um einen Kommentar handelte.

67 Sobald kein flüchtiger Gedanke sich erhebt, erscheint sogleich der rechte Gedanke. Dies ist der Wahre Gedanke (das Wahre Denken ... VIII: 25). Wahres Denken, Rechtes Denken, Reines Denken (I: 9), das ist das Denken, das nicht durch Begierden (Wirken von *ch'i*) bedingt ist, sondern in der Stille auf einer höhern Bewußtseinsebene sich als Himmelsgeist manifestiert.

68 Der ganze Paragraph des CH-Textes heißt in der Übersetzung:

»Wer das Licht kristallisiert, um den Palast des Urbeginns zu schützen, und wer das Licht kreisen und spiegeln läßt, gleicht einem herrlichen Herrscher auf seinem Thron. Seine Minister stehen ihm bei. Da die innere Verwaltung bereits in strenger Ordnung wahrgenommen wird, können die Wilden und Starken ohne Zwang zum Gehorsam gebracht werden.«

Im TH-Text lautet der Abschnitt:

»Vermag man das Licht zu kristallisieren und damit den Palast des Urbeginns zu erhellen, so gleicht man einem herrlichen Herrscher, der so getreue Vasallen besitzt wie I (I-yin von Shang-chou) und Chou (der Herzog von Chou), die ihm beistehen; der tägliche Lichtkreislauf gleicht den Ministern und Vasallen zur Rechten und Linken (wie in unserem Text) ... Kein Mächtiger und kein Verruchter wird umhin können ...«

69 Die Bezeichnung »*ch'i* des Wahren Einen vor der Zeit« für »Samen-Wasser« erinnert an den Ausdruck »das Wahre *ch'i* des Großen Einen vor der Zeit«, der Bezug nimmt auf die Aussage »das Blei der Wasser-Gegend hat bloß den einen Geschmack« (I: 4).

70 Im *Diagramm der Lehre von der Ungeschiedenen Quelle des Allerhöchsten* gibt es eine Erörterung, das *San T'ien Wu Hsing Cheng Tao Chih T'u* (Diagramm über das wahre Tao der drei Elixier-Felder und der fünf Elemente, s. folgende Seite), und dort heißt es:

»Im *Tung Wei Ching* (Buch des sieghaften Wirkens) heißt es: Das Eine *ch'i* teilte sich in Oben, Mitte und Unten, und damit erschien das Gesetz der drei Mächte (Himmel, Erde und Mensch) und der zwei Formen *(yin* und *yang)*. Es differenzierte sich zu Ost, West, Süd, Nord und dem Zentrum und fand seinen Platz in den fünf Positionen. Die fünf Positionen vermitteln das Eine *ch'i*, und die drei Mächte vereinigen sich im Einen Tao. Von ehedem bis heute wurde dieser Kreislauf niemals unterbrochen. Da er dem Großen Tao entspricht, transzendiert er (überdauert, steht er außerhalb von) Geburt und Tod.«

Hsi-ch'uan kommentiert:

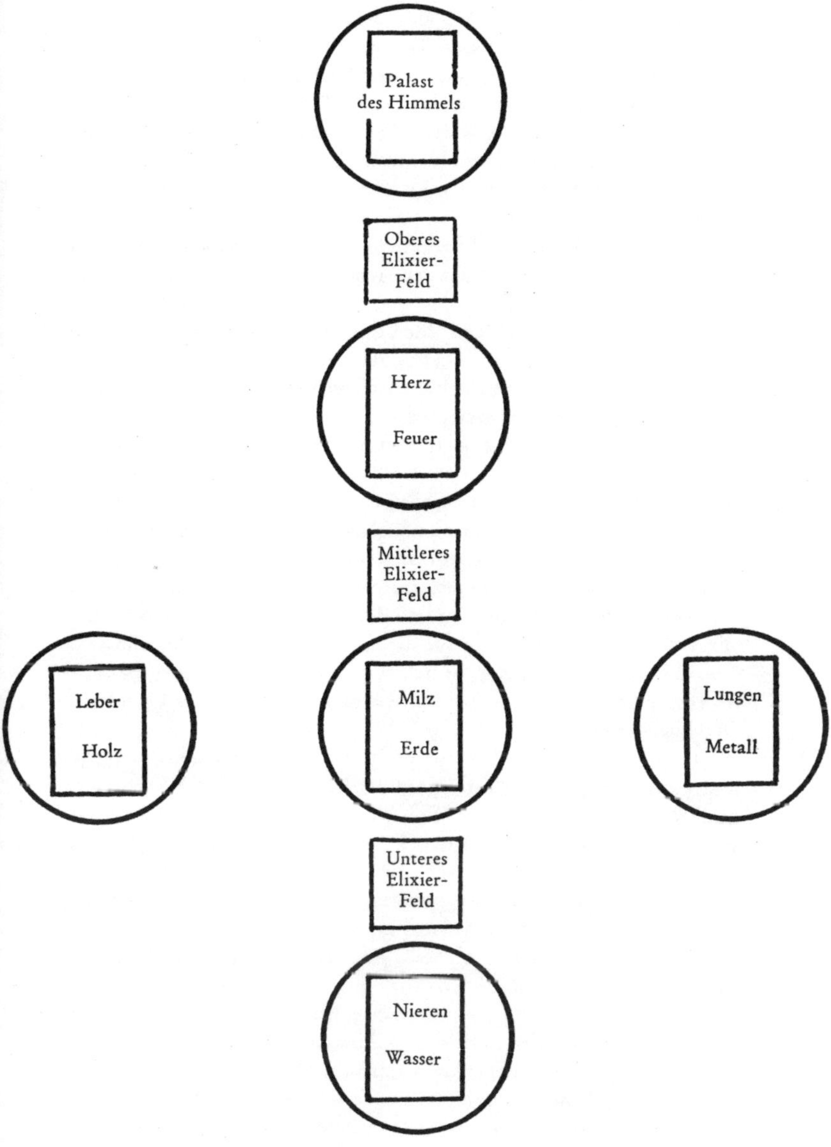

Diagramm über das wahre Tao der drei Elixier-Felder und der fünf Elemente

»Dies läßt sich vergleichen mit den innern Organen bei der Bildung eines Embryos und mit der Genüge von *ch'i:* Nach 300 Tagen, nach der Trennung von der Mutter, sind die vier Arterien und die 100 Venen und die ganze äußere Form oben, in der Mitte und unten schon vollständig und bilden die drei Elixier-Felder, die sich den drei Mächten vergleichen lassen. Die Nieren entsprechen dem Wasser, die Leber dem Holz, das Herz dem Feuer, die Lungen dem Metall und die Milz der Erde.

Das geeinte *ch'i* dieser fünf Eingeweide erschafft das Elixier. Wenn das Elixier vollendet ist, so gewinnt der Mensch als natürliche Folge langes Leben und Unsterblichkeit.

Der Same *(ching)* des Untern Feldes, das *ch'i* des Mittleren Feldes und der Geist *(shen)* des Oberen Feldes, das vereinte *ch'i* dieses dreifachen Schatzes (mit diesem Ausdruck bezeichnet der Buddhismus Buddha, *dharma* und *sangha*) vollendet Tao. Wenn Tao vollendet ist, vermag der Mensch die diesseitige Welt zu transzendieren und die Welt des Heiligen zu betreten.

Nun hat uns T'ai Shang (Lao Chün) eine Weisung hinterlassen:

»Im Geheimnis ist das Mysterium.« Dies bedeutet: in meinem Leben findet sich der Same, in meinem *ch'i* ist *ch'i,* und in meinem Geist ist Geist. Dies ist das Tao, das mit der Natur übereinstimmt. So wissen wir, daß die ›Fünf Elemente und die Drei Elixier-Felder‹ die Realisierung von Tao bedeuten. Es sei denn, der Mensch befolge dies, so vermag er nicht im Einklang zu stehen mit der Tiefe und dem geheimen Wirken, sondern übermüdet seinen Geist und strengt seine Gedanken vergeblich an.«

71 Der Begriff *i-sheng-shen,* ein Körper werde durch Gedanken erzeugt, findet sich auch im Buddhismus und bezieht sich auf den Körper eines Bodhisattvas, der durch den Wunsch, andere Menschen zu erlösen, zum Leben kommt. So heißt es z. B. in der chinesischen Übersetzung des *Laṅkāvatāra-Sūtras* (4 Bde., übersetzt von Guṇabhadra A. D. 443): *»I-sheng-shen,* ist schnell wie ein flüchtiger Gedanke und kennt keine Hindernisse« (zit. in Oda, *Daijiten,* S. 54 a).

72 Für das Wort *chih* (Substanz) steht im CH-Text *she* (Wohnung oder Wohnort).

73 Die Lehre von der Wiederkehr der Seele, hier als *yin*-Seele bezeichnet, kann verglichen werden mit der buddhistischen Lehre von der Seelenwanderung: *karma* bedingt durch *avidyā* und *kleśa;* d. h. diese taoistische Doktrin kann als chinesische Version und Ausgestaltung der buddhistischen Lehre von der Seelenwanderung betrachtet werden.

74 *Hun* bedeutet die Lebenskraft von *yang*, das *ch'i* des Geistes, während *p'o* das *ch'i* von *yin* ist, d. h. von Körper und Gestalt. So heißt es im *Li Chi,* daß das *hun-ch'i* zum Himmel zurückkehre, während *hsing-p'o*

(das *p'o* der Form) zur Erde gehe (Hattori and Koyanagi, *Daijiten,* S. 1494 c–1495 a).

75 Die Zahl Neun wird oft gebraucht, um das Höchste zu bezeichnen, so daß Neun Himmel und Neun Erden wohl eine euphonistische Bezeichnung ist von Himmel und Erde (vgl. I: 8).

76 Vgl. I: 9 und II: 6. Der Heilige Embryo, d. h. die Geburt neuen Lebens, entsteht in der mütterlichen Gedanken-Erde, die sich kristallisiert und festigt aus den zwei Gegenpolen Samen-Wasser und Geist-Feuer, sofern der Kreislauf des Lichts sich darauf richtet. Damit ein neuer Embryo kristallisiert und sich festigt, sollte das schöpferische Prinzip, d. h. das *ch'i* des wahren Einen von Vor-der-Zeit, Substanz gewinnen als Samen-Wasser (vgl. II: 6) im Schoß der Gedanken-Erde (vgl. II: 7 »Es heißt, ein Menschenleib werde durch Gedanken erzeugt«), und das Geist-Feuer bezeichnet das Feuer-»Geheimnis« oder die »schöpferische Kraft« des *yin-yang*-Tao, welche den Embryo sich kristallisieren und festigen und das Samen-Wasser sich ergießen läßt – dies und nichts anderes ist die Wirkung von Tao im Mikro-Makrokosmos.

Dieser Prozeß einer Neugeburt (der Entstehung eines neuen Embryo) wird gleichgesetzt der Heimkehr eines Menschen zu seinem Ausgang vom *ch'ien*-Palast des reinen *yang* (I: 4 oder II: 6), indem er seine Gedanken »wirkt«, d. h. unausgesetzt zähmt und übt, die Gedanken des unterscheidenden Bewußtseins, verursacht durch *yin-p'o* (I: 11; II: 7 bis 8), deren Folgen Sorgen und unersättliche Gier nach weltlichen Dingen sind.

Man merke sich denn, daß die Methode des Licht-Kreisens nicht lediglich darin besteht, die Gedanken des unterscheidenden Bewußtseins, Sorgen und Wünsche der *yin*-Natur einfach zu unterdrücken, sondern vielmehr sie zu verwandeln in Gedanken des Reinen *yang* oder des Ur-Geistes *(yüan-shen),* in ein Bewußtsein, das nicht in äußeren weltlichen Geschäften wurzelt, sondern im schöpferischen, harmonischen, dynamischen Prinzip des Mikromakrokosmos, kurz im Tao. Der Träger dieser neuen Bewußtseins-Ebene wird »Heiliger Embryo« genannt oder *dharma*-Körper (vgl. I: 8). Dieser Gedanke, daß eben das, was als wertlos verworfen wird, gleichzeitig das Wichtige und Wertvolle sei, wird im folgenden Vergleich mit dem Skarabäus ausgeführt.

77 Der Skarabäus wird im Japanischen Abort-Wurm genannt, denn er nährt sich von menschlichen Exkrementen und knetet sie kunstvoll zu Kugeln, in die er seine weißen Eier legt. Herr Prof. C. A. Meier (ETH Zürich) informierte mich freundlicherweise, der Skarabäus lege seine Eier in Kuhdung, wo sie geschützt seien und durch die Gärungswärme ausgebrütet werden; deshalb werde er, besonders in Ägypten, als ein Symbol der Wiedergeburt verehrt. Auch in unserm Text wird er als Symbol der Wiedergeburt dargestellt, der Geburt des Heiligen Embryo

und des *dharma*-Körpers, d. h. einer Geburt auf höherer Bewußtseinsebene.

78 Chang Tsai (1020–1077), ein einflußreicher Sung-Konfuzianer, gebraucht den Ausdruck *t'ai-hsü* zur Bezeichnung von *ch'i* als einer Substanz:
»Das *t'ai-hsü* hat keine körperliche Gestalt *(hsing).* Es ist die Ur-Substanz von *ch'i.* Seine Integration und Desintegration sind lediglich durch Wechsel und Verwandlungen bedingte Objektivierungen.« (Vgl. Miyuki, *An Analysis,* S. 29.)

79 Für das Wort *hsin* steht *t'i* im CH-Text.

80 Die *yin*-Seele wirken, das *yin* abbauen und zu reinem *yang* zurückverwandeln wird auch definiert als »unterbinden des unterscheidenden Bewußtseins« (II: 9), welches die *yang*-Seele den Sorgen und Wünschen weltlicher Angelegenheiten ausliefert und sie ihre Lebenskraft *(ch'i),* d. h. die Quelle der Natur und des Lebens, oder, psychologisch gesprochen: die psychische Energie, mißbrauchen läßt; so also, indem die *yin*-Seele unter Kontrolle gebracht wird, wird der Geist »erhalten« (oder zurückgewonnen, wiederhergestellt [II: 9]), d. h. der Urgeist wird befreit von der Verhaftung an die *yin*-Seele.
Hier ist zu bemerken, daß »Geist« *(shen)* von zwiefacher Bedeutung ist, d. h. *Shih-shen,* der Geist des unterscheidenden Bewußtseins, und *yüan-shen,* der Ur-Geist, d. h. der Geist des harmonischen, dynamischen Tao-Mysteriums, der den ganzen Mikromakrokosmos durchdringt. Das Ziel, das mit dem Kreisen des Lichtes (in unserm Text als vorzüglichstes Mittel hierzu gepriesen) angestrebt wird, ist: den Urzustand des Geistes, da er dem Ur-Geist gleich war, wiederherzustellen, indem man ihn aus seiner Verhaftung und Verstrickung mit den Werken der *yin*-Seele, den durch das unterscheidende Bewußtsein verursachten Ängsten und Wünschen der Welt herauslöst. In diesem Zusammenhang darf der Einfluß der Vijñaptimātra-Schule *(Wei Shih Fa Hsiang Tsung)* nicht übersehen werden, welche als Grundlage der sog. Mahāyāna-Lehre des Buddhismus gilt, vor allem was das Verständnis der menschlichen Existenz als *shih* (Geist oder Bewußtsein) betrifft.
In der traditionellen chinesischen Weltanschauung, die das Universum als eine naturalistische Evolution aus der Ur-Kraft *(yüan-ch'i)* betrachtet, unterscheidet sich der Mensch nicht wesentlich von andern Dingen des Universums. So wurde auch das Problem von Gut und Böse im Konfuzianismus nicht als moralisches Prinzip gewertet bis zu Han Yü (768–824) und Li Ao (um 798) der T'ang-Dynastie (s. Miyuki, *An Analysis,* S. 8–11), und es war Chou Tun-yi (1017–1073), der zum ersten Mal im Konfuzianismus betonte, der Mensch sei »das höchste aller Wesen«, da er ein moralisches Bewußtsein besitze, das ihn befähige, im Einklang mit dem Tao Himmels und der Erden zu leben. Je-

doch, wie bereits erwähnt, hatte schon ungefähr 250 Jahre vor Chou Tun-yi Tsung-mi (780–841), ein zu seiner Zeit führender buddhistischer Mönch, in seinem *Yüan Jen Lun* (Eine Untersuchung über den Menschen) dieselbe Ansicht wie Chou Tun-yi geäußert über die menschliche Natur als höchsten Wert aufgrund der Vijñaptimātrā-Doktrin (s. Miyuki, *An Analysis,* S. 21–3).

Das *Ch'eng Wei Shih Lun* (Bd. 5, S. 8–9) [*Taisho,* No. 1585. Aus dem Sanskrit ins Chinesische übertragen von Hsüan-tsang (596–664); franz. Übersetzung von L. de la Vallée Poussin: *La Siddhi de Hsuan Tsang,* 2 vols., (Paris 1928)] erörtert die verschiedenen Funktionen des Denkens *(citta, hsin),* der Vernunft *(manas, i)* und des Bewußtseins *(vijñā, na, shih)* folgendermaßen:

»Der Bhagavat (= Buddha) durchleuchtet in vielen Sutren die Unterschiede dieser drei: *hsin* – Intuition; *i* – Vernunft; und *shih* – Bewußtsein. Das Sich-Ereignende *(chi-ch'i)* heißt *hsin* (Intuition); das Wägende und Betrachtende heißt *i* (Vernunft); Verständnis und Unterscheidung heißt *shih* (Bewußtsein). Das sind die drei Stufen des Denkens. Diesen drei Begriffen dienen alle acht *shih* (s. unten) als gemeinsame Basis. Aber alle acht zeichnen sich dabei durch ihre besonderen Merkmale und Qualitäten aus. Das achte z. B. heißt *hsin,* in ihm sind und erwachen die Keime aller Dinge und Geschehnisse; das siebente heißt *i,* es bedenkt und beurteilt unermüdlich alles, was im achten gespeichert ist und betrachtet sich (unbefugterweise) als unabhängig und selbständig. Die übrigen heißen *shih*; ihre Funktion des Wahrnehmens und Unterscheidens vollzieht sich in den sechs Feldern der Objektwelt...« *(Taishō,* No. 1585, S. 24 c).

Mit anderen Worten: Diese Schule gebraucht die drei Begriffe *hsin, i* und *shih* in homogener Weise für alle acht psychischen Funktionen, also *shih* für die fünf Bewußtseinsebenen der Wirklichkeit (Gesicht, Gehör, Geruch, Geschmack und Gefühl); die sechste Funktion *i-shih* ist der Sinn des Gleichgewichts; die siebte *mo-na-shih* das Gedankenzentrum; und schließlich die achte *a-lo-yeh-shih* die Speicherung der Vorstellung. S. Takakusu, *Buddhist Philosophy,* S. 83.

Der Begriff *tuan-shih,* das unterscheidende Bewußtsein unterbrechen (II: 9), erinnert an die wichtige Lehre von der Erleuchtung dieser *Vijñaptimātratā-Schule:* die Verwandlung des unterscheidenden Bewußtseins in *prajñā* oder Weisheit *(chuan-shih te-chih),* d. h. die Verwandlung der acht *shih* oder Funktionen des Bewußtseins, verursacht durch *avidyā* und *kleśa,* in die acht von *avidyā* und *kleśa* freien Bewußtseinsfunktionen, die mit *prajñā* und Erbarmen identisch oder, genauer gesagt, von der vierfachen Weisheit gelenkt sind. Die achte Bewußtseinsstufe wird also gewandelt zur Weisheit des Großen vollkommenen Spiegels *(ta-yüan-ching-chih),* die siebte in die Weisheit der Gleichheit *(p'ing-teng-hsing-chih)*, die sechste in die Weisheit der absoluten Wahrnehmung *(miao-kuan-ch'a-chih)*, und die fünf Bewußtseinsstufen der fünf Sinne in die Weisheit des richtigen Handelns *(ch'eng-so-tso-chih)*. Diese vier Weisheiten konstituieren die vierfache Weisheit Buddhas. S. Takakusu, *Buddh. Phil.* S. 95. Oda, *Daijiten*, S. 1250.

Die Parallele zwischen *yüan-shen* und *shih-shen* einerseits und andrerseits zwischen den acht durch *avidyā* und *kleśa* bedingten Funktionen des Bewußtseins und dem durch die vierfache Weisheit Buddhas gelenkten Bewußtseins ist nicht zu verkennen. Der Begriff *yüan-shen* oder Ur-Geist dieses Textes erinnert an die buddhistische Lehre von der Buddha-Natur *(tathāgatagarbha)*. Im *Yüan Jen Lun (An Inquiry on Man)* von Tsung-mi heißt es z. B.:

»Die wahre Lehre und Offenbarung der Natur beweist, daß allen lebendigen Wesen seit Urbeginn der wahre reine Geist ursprünglicher Erleuchtung innewohnt und in seinem hellen, ungetrübten Schein alles klar erkennen läßt. Dies ist die Buddha-Natur des *tathāgatagarbha*.« *(Taishō*, vol. 45, 710 a. S. Miyuki, *An Analysis*, S. 22.)

Diese Lehre des *tathāgatagarbha* wurde zur Grundlage der Mahāyāna-Doktrin und spielte eine wichtige Rolle in der Entwicklung sowohl des chinesischen als auch des japanischen Buddhismus.

81 Diese Ansicht erinnert uns an Chou Tun-yi's Auffassung der menschlichen Natur (s. Anm. 80).

82 *Kuei* bedeutet auch die körperlose menschliche Seele nach dem Tode und wird unterschieden von den Göttern Himmels und der Erde. Es bedeutet außerdem einen bösen Geist, einen Teufel oder Dämon, der den Menschen Schaden zuzufügen trachtet (vgl. Hattori and Koyanagi, *Daijiten*, S. 1493 c–d). Gewöhnlich wird das Wort zur Bezeichnung des *yin*-Geistes gebraucht, während *shen* für den *yang*-Geist steht. In buddhistischer Terminologie bezeichnet es gewöhnlich einen Dämon oder furchteinflößenden Geist *(preta*, hungriger Dämon, oder *yakṣa*, streitsüchtiger Geist).

83 Buddhistische Bezeichnung. *Shen* bedeutet »wunderbar« oder »unbegreiflich«, und *t'ung* »frei, ungehemmt, durchdringend«, etc.

Die Fünf wunderbaren Wahrnehmungen sind:

1. *T'ien-yen-t'ung (dīvya-cakṣus-jñāna)*
   das unbeschränkte Sehen göttlicher Augen;
2. *T'ien-erh-t'ung (dīvya-śrotra-jñāna).*
   das unbeschränkte Hören göttlicher Ohren;
3. *Ta-hsin-t'ung (paracitta-jñāna)*
   das unbeschränkte Verstehen einer anderen Psyche;
4. *hsiu-ming-t'ung (pūrvanivāsānusmṛti-jñāna)*
   das unbeschränkte Wissen um die eigene Vergangenheit in früheren Existenzen;

5. *Ju-i-t'ung (ṛddhividdhi-jñāna)*
die unbeschränkte Macht, durch seinen Willen den eigenen Körper sowohl als die Welt zu verwandeln, d.h. wunderbare Kräfte, z.B. die Fähigkeit, ungeachtet aller Hindernisse frei durch die Lüfte zu fliegen, Stein in Metall zu verwandeln, oder Feuer in Wasser, etc.

In den zugrunde liegenden Sanskrit-Texten wird das Wort *jñāna*, Weisheit, beigefügt, und diese Fünf wunderbaren Wahrnehmungen, heißt es, können auch durch andere als buddhistische Lehre erworben werden. Zuweilen jedoch werden statt der Fünf wunderbaren Wahrnehmungen deren sechs erwähnt; die sechste heißt *Lou-chin-t'ung (āsravakṣaya jñāna)* und bedeutet »die wunderbare Weisheit, alle Verhaftungen und Süchte auszulöschen«. Diese sechste Wunderkraft jedoch ist allein durch Buddhas Lehre zu erwerben (vgl. Oda, *Daijiten*, S. 542, 1232).

84 *Kuan Yin* heißt »Grenzwächter«. Kuan Yin Tzu ist Yin Hsi, der Grenzwächter, dem Lao Tzu sein Buch *Tao Te Ching* zurückgelassen haben soll.

85 *Wu-chung-ssu-yu* heißt im CH-Text *wu-chung-sheng-yu* und bedeutet: »mitten im Nicht-Sein entsteht Sein«. S. Anm. 60, Zitat aus der *Lehre vom Goldenen Elixier.*

86 Dieser Satz heißt im CH-Text: »Nach hundert Tagen Übens kristallisiert sich das Licht von selbst zum Reinen *yang* des Einen Samenkorns.«

87 *Shu-chu. Shu* ist ein Hirsekorn. Das Gewicht eines Hirsekorns ist 1/100 *chu* oder 1/24 *liang.*

88 »Das leise Wirken des Ur-Geistes ist die Feuer-Phase« – (s. Zitat aus der *Lehre vom Goldenen Elixier*, Anm. 60).

89 »Im *Taoist Sutra* finden wir oftmals Ausdrücke wie ›die Einheit von *k'an* und *li*‹ (vgl. Kap. XI) oder ›die Einheit von Herz und Nieren‹; das bedeutet, daß die vier ursprünglichen Kategorien der innern Zirkulation *(ch'ien, li tui* und *k'an*, vgl. Diagramm S. 43) in zwei Hauptfaktoren zusammengefaßt wurden ... So sprechen wir von der Einheit von *li* und *k'an*, Herz und Nieren, oder Sonne und Mond, wo der Atemstrom seinen Ursprung hat.« (Chang, *Creativity*, S. 142)

90 Mit den Neun Pfaden sind wohl die neun Unterwelten der Taoistischen Kosmologie gemeint (vgl. Anm. 48 dieses Abschnitts). Oder sie mögen der buddhistischen Anschauung entsprechen von den Neun Welten der Noch-nicht-Erleuchteten, d.h. der Höllengeschöpfe, der Tiere, der *preta* (Geister der Gier), Menschen, *asura* (Geister des Streits, Zankgeister, Zankteufel), Himmelsgeister, *śravaka* (diejenigen, welche durch Buddhas Lehre zur Erleuchtung kamen) und *pratyeka-Buddha* (solche, die selbständig, aus sich selber zur Erleuchtung kamen), die alle immer noch auf dem rollenden Rad zwischen Licht und Tod *(saṁsāra)*

schwanken. Jenseits dieser *saṁsāra*-Welten liegt die Welt Buddhas, voll erleuchtet, das ewige Rad von Geburt und Tod transzendierend (Takakusu, *Buddhist Philosophy,* S. 137–9; Oda, *Daijiten,* S. 285).

91 *Yin-fu* bedeutet die geheime Übereinstimmung zwischen dem Himmlischen und dem Menschlichen.

Zuvor lasen wir: »Das Himmelslicht ist nicht sichtbar: es lebt in den beiden Augen« (I: 1). Derselbe Gedanke erscheint wieder in dem Satz: »Das *yang*-Licht . . . gilt als höchster Herrscher . . . Für den Menschen ist es das Auge.« (III: 3) In dieser Aussage wird das Auge als der Ort gesehen, wo *chi* oder die Entsprechung zwischen Mikrokosmos und Makrokosmos, menschlich und göttlich, oder, psychologisch gesprochen, zwischen bewußt und unbewußt erfahren wird, wie es im ersten Teil dieser Arbeit ausführlich dargetan wurde.

92 Der Ausdruck *ta-ch'ien* entstammt der buddhistischen Kosmologie: »Im Zentrum der Welt liegt der Berg *Sumeru,* umgeben von der *Sumeru*-See von 40 000 *yojana* (ein *yojana* = 40 *li,* oder 30 *li,* oder 16 *li*). Der Berg *Sumeru* ragt 80 000 *yojana* über die *Sumeru*-See und geht 80 000 *yojana* in seine Tiefe. Die *Sumeru*-See ist umschlossen von einer zweiten Bergkette, die wiederum von einer See umgeben ist. Auf diese Weise geht es weiter, neun Bergketten werden von acht Meeren umschlossen. Und in der achten See, die zwischen der achten und der neunten Bergkette liegt, sind die vier Provinzen in den vier Himmelsrichtungen rund um den Berg *Sumeru.* Die Provinz der Menschen liegt im Süden. Sonne, Mond und Sterne kreisen am Himmel rund um den Berg *Sumeru.* Eintausend solcher Welten heißen eine Kleine Welt. Und eintausend solch Kleiner Welten heißen eine Mittlere Welt. Und eintausend solch Mittlerer Welten heißen eine Große Welt, die auch die Dreitausendfache Welt heißt (also tausend in dritter Potenz, Welt, Kleine Welt, Mittlere Welt). Im ganzen Universum soll diese dreitausendfache Welt in unendlicher Zahl vorhanden sein. Ferner heißt es, jede Welt werde vom Grund bis zur Spitze gehalten von drei Rädern, dem Wind-Rad, dem Wasser-Rad und dem Metall-Rad (das der Erde entspricht).« (Oda, *Daijiten,* S. 838–9.)

93 Dieser Ausdruck *(leng-nuan-tzu-chih)* wird im Buddhismus viel verwendet, besonders im Zen, um anzudeuten, daß Erleuchtung ausschließlich eine unmittelbare, persönliche Erfahrung sei, so wie man die Kühle oder Wärme von Wasser nur realisieren könne, indem man es trinke (vgl. Oda, *Daijiten,* S.1810).

94 Die Unendlichkeit des Himmels und die Weite des Meeres werden oft als Bild gebraucht, als Umschreibung des Zustandes vom So-Sein, der Erleuchtung. Die Unendlichkeit, Form- und Farblosigkeit dieser beiden, der Luft und des Wassers, wird verglichen mit dem Wirken der Erleuchtung im ganzen Universum, unabhängig von jeder Realität, sei

es Form, Farbe, Ort, Zeit oder was immer. Mit andern Worten: Erleuchtung, oder die Erfahrung der Erleuchtung, ist das Wirken von Tao im Mikromakrokosmos und hat ein Symbol in der Weite des Himmels und der Unendlichkeit der Meere.
Eine weitere wichtige Eigenschaft von Himmel und See als Sinnbild der Erleuchtung ist ihre Doppelnatur: Sie sind persönlich sowohl wie unpersönlich, enthalten in sich selber Myriaden von *dharma*, ohne deren individuelle Natur zu zerstören, sei sie physisch oder geistig. Entsprechend kann der Bezirk der Erleuchtung eines Individuums sich erweitern in Übereinstimmung mit seiner Erkenntnis, sei sie persönlicher oder unpersönlicher Natur.
Die Welt des So-Seins als Ausdruck der erleuchtenden Kraft Buddhas wird im Hua Yen-Buddhismus umschrieben als »die 10 Geheimen Pforten«. Dort wird die Erleuchtung als Spiegelung des Buddha-Geistes, als See-Bild-*Samādhi (sargamudra)* bezeichnet. (Vgl. Takakusu, *Buddhist Philosophy*, S. 119–121.)

95 In buddhistischer Terminologie ist die Welt des So-Seins Ausdruck der Erleuchtung. Es ist eine Objektivierung oder Projektion der Erleuchtung, deren Wesen innerlich und subjektiv ist, in die äußere Welt der Realitäten. Auf diese Weise wird die Welt zur Einheit des Mikromakrokosmos, ein Universum des Psychischen und Physischen, ein psychophysisches Faktum unmittelbarer Erfahrung.

96 *Chih-chih* scheint aus dem berühmten Spruch des *Chung Yung* (Lehre der Mittel) zu stammen: *chih-chih ke-wu* und bedeutet »die Vervollkommnung (Ausdehnung) des Wissens (der Weisheit) besteht in der Erforschung der Dinge«. Die Auslegung von *chih-chih* variiert unter den Sung-Konfuzianisten. Chu Hsi interpretiert im Sinne von »Erforschung von *li*, des allen Dingen oder Ereignissen inhärenten Prinzips«, während Wang Yang-ming darunter die Verwirklichung (oder Wiederherstellung) des innersten ursprünglichen Sinnes versteht, wie Zen.

97 Von hier bis zum Schluß von III: 14 unten fehlen im CH-Text ungefähr anderthalb Seiten. Der Schluß dort heißt ». . . *nei-kuan*, alle versuchen auf ihre Weise der wahren Lehre Ausdruck zu geben«. Dies bezieht sich auf die Erörterung des 2. Kapitels über den Ur-Geist und das Bewußtsein, wobei letzteres, als *yin*-zugehörig, in den Urgeist gewandelt werden müsse (als *yang*-zugehörig); wie bereits erörtert, bedeutet dies »Wiederkehr-Neubeginn« des Ur-*ch'i*, oder des reinen vor-himmlischen *yang* in der Stille des reinen *yin*.

98 Dies ist ein berühmtes Bild der buddhistischen, vor allem der Zen-Lehre. Der Finger bedeutet die Lehre, während der Mond die der Lehre innewohnende Wahrheit selber ist.

99 Beide Begriffe »Zerstreuung, Ablenkung« *(san-luan, vikṣepa)* und »Dumpfheit, Schläfrigkeit, Benommenheit« *(hui-ch'en, styāna)* gehö-

ren zur buddhistischen Terminologie. Das *Ch'eng Wei Shih Lun* definiert diese beiden Begriffe folgendermaßen:

»Was ist Dumpfheit? Sie besteht darin, daß sie den Geist zu jeder Tätigkeit unfähig macht; und sie ist die Ursache der Unfähigkeit, innere Ruhe zu finden *(ch'ing-an, praśrabdhi,* die innere Aktivität, die den Geist tüchtig macht und den Körper leicht und ausgeglichen) und *vipaśyanā (kuan,* die Fähigkeit zum Erkennen der Wahrheit).« (Bd. IV, *Taishō* 31, No. 1585, S. 34 a)

»Was ist Ablenkung? Sie besteht darin, daß sie dem Geist freien Lauf läßt in der ihr verwandten Sphäre der Aktivität *(so-yüan),* und sie verursacht die Verhinderung von *samādhi.«* (Bd. IV, *Taishō* 31, Nr. 1585, S. 34 b–c)

100 *Chih-kuan* ist ein Ausdruck des Buddhismus, der aus Sanskrit *samādhi* und *vipaśyanā* übersetzt wurde. Das *Ta Cheng I Chang* (Erklärung der Mahāyāna-Doktrin), geschrieben von Hui-yüan der Sui-Dynastie (581–618), erklärt ihn folgendermaßen:

»*Chih* ist der chinesische Ausdruck für das indische *samādhi.* Es bedeutet Konzentration des Geistes und sein Verharren in Übereinstimmung mit den Bedingungen *(shou-hsin chu-yüan),* ohne Ablenkung und ohne Bewegung (des Sinnes). Es heißt auch ›gesammelte Aufmerksamkeit, Konzentration, Kontemplation‹ *(ting),* denn der Geist bleibt ungestört von aller Ablenkung und Bewegung. *Kuan* ist die chinesische Übersetzung des indischen *vipaśyanā* und bedeutet, die Lehren zu unterscheiden und zu erkennen. Vollkommenes *kuan* heißt Weisheit *(hui = prajñā).«* (Oda, *Daijiten,* S. 697.)

»Im T'ien-T'ai-Buddhismus bedeutet *chih* ›aufhören‹ und hat doppelte Bedeutung: erstens bedeutet es das Anhalten von ungehörigen, unwesentlichen, ablenkenden Gedanken oder Ideen, denen Einhalt zu gebieten ist; zweitens bedeutet *chih,* den flüchtigen Gedanken in Weisheit und Wahrheit hinzulenken aufs Hier-und-Jetzt, wobei der flüchtige Gedanke angehalten wird. *Kuan* hat ebenfalls doppelte Bedeutung: erstens das Eindringen in *kleśa,* um die Folgen davon zu entkräften, und zweitens einzudringen in die Weisheit des So-Seins. Mit andern Worten: *chih* und *kuan* bezeichnen den Doppelaspekt ein und derselben Aktivität von *prajñā,* so daß *chih* und *kuan* unzertrennlich zusammengehören.« S. *Mo Ho Chih Kuan,* Bd. III, von Chih-i (531 bis 597).

101 Das *Hsiao Chih Kuan* erörtert sechs Zustände in folgender Weise: »Was bedeutet das Üben von *chih-kuan* (Kontemplation) in bezug auf die Erfahrung in (verschiedenen) Zuständen *(yüan)?«* Die hier bezeichneten »Zustände« sind sechsfacher Art: Gehen, Stehen, Sitzen, Liegen, Handlungen ausführen, Sprechen. *(Taishō* 46, No. 1915 S. 467 c).

Hiernach können die Worte *yüan-chung* die Übung des *chih-kuan* sowohl beim »Sitzen« wie bei anderen täglichen Handlungen bedeuten.

102 In beiden Texten, CH und TH, steht *Chih Kuan* für *Hsiao Chih Kuan.* Es ist eine Abhandlung, die Chih-i für seinen Bruder schrieb.

103 Dieser Ausspruch erinnert an den berühmten Satz des T'ien T'ai-Buddhismus: »Auch nur eine Farbe oder ein Duft ist nichts als die Mitte von Tao« (s. Takakusu, *Buddhist Philosophy,* S. 140). Die Lehre des T'ien T'ai sagt, die Erleuchtung liege im Mittleren Weg *(chung-tao).* Diese Auffassung hängt aber unzertrennlich mit den beiden andern Aspekten der Erleuchtung zusammen, nämlich *śūnyatā (k'ung)* und *prajñaptir upādāya (chia,* das Zeitliche der Welt). Mit dem Mittleren Weg ist die Welt der Erscheinungen gemeint, die gegenseitig einander bedingen und durcheinander bedingt sind und auf diese Weise ein harmonisches, dynamisches *Maṇḍala* bilden (vgl. VIII: 33–35). Diese Doktrin des T'ien T'ai-Buddhismus ist sowohl eine Formulierung der Erfahrung der Erleuchtung als auch eine Ausgestaltung der Lehre vom Mittleren Weg von Nāgārjuna (ca. 150–250 n. Chr.), dem sogenannten Begründer der Acht (Mahāyāna-)Schulen des Buddhismus. Der Mittlere Weg ist eine Formulierung der Lehre von *pratītya-samutpāda,* was allgemein als die Essenz von Buddhas Erleuchtung betrachtet wird.

104 Das Wort *yüan,* wie es hier gebraucht wird, gehört wohl zum Ausdruck *yüan ch'i,* und *yüan-chung* scheint eine Abkürzung zu sein von *yüan-ch'i chung-tao* (der Mittlere Weg des *pratītya samutpāda),* und damit ist die wichtigste Lehre der T'ien T'ai-Schule des Buddhismus bezeichnet (s. vorhergehende Anm. 103). Man könnte sagen, der Begriff *yüan* betone vor allem die Relation »individueller« Dinge oder Ereignisse untereinander im harmonischen und dynamischen Universum, während der Begriff *chung* den »subjektiven« Aspekt der »individuellen« Dinge und Ereignisse betone, das zum Dasein-Kommen im Universum als harmonische und dynamische Wirkung des Tao.

105 *Chih-kuan* wird im Buddhismus gleichbedeutend mit *samādhi* und *prajñā* gebraucht. S. Oda, *Daijiten,* S. 1226 c.

106 Ein Zen-Ausdruck, der besagen will, die Zen-Übung solle gewichtig und schwer sein wie ein großer Berg, hoch, aber mit flacher Kuppe.

107 Ein buddhistischer Terminus, synonym gebraucht mit *śūnyatā,* zur Umschreibung des mit *samādhi* und *prajñā* koinzidierenden Prozesses der Erleuchtung. Zudem weist der Ausdruck auf das tiefe Geheimnis von *śūnyatā* hin, eine Realität, die mit unserem Verstand nicht erfaßt werden kann.

108 Diese beiden Zitate stammen aus dem berühmten Zen-*Mondo* zwischen Bodhidharma (ca. 470–534) und Hui K'o, dem Zweiten Patriar-

chen, Bodhidharmas Nachfolger im *dharma*. Durch dieses *Mondo* soll Hui K'o *satori* oder Erleuchtung erlangt haben.

109 S. Anm. 101 oben. Diese Idee der »parallelen Übung von *samādhi* und *prajñā«* tritt auch im folgenden Zitat aus dem *Hsiao Chih Kuan* des T'ien-T'ai-Buddhismus klar zutage:
»Obwohl es viele Wege gibt, um *Nirvāna* zu erlangen, so gibt es doch nur einen, der schnell und dennoch sicher dazu führt: es ist die Lehre von *chih* und *kuan*. *Chih* ist die Eingangspforte, die man betreten muß, will man *kleśa* beherrschen lernen, und *kuan* ist das wichtige, richtige Mittel, um von *kleśa* frei zu werden. *Chi* ist das wunderbare Mittel, den Geist und das Bewußtsein *(hsin-shih)* zu nähren und zu pflegen, und *kuan* ist das geheime Mittel, das geistige Verstehen *(shen-chieh)* zu fördern und zu wahren. *Chih* ist der herrliche Weg zu *dhyāna-samādhi* (Konzentration und Kontemplation), und *kuan* ist die Bedingung zu *prajñā*. Vermag man diesen beiden Lehren von *samādhi* und *prajñā* zu entsprechen, so heißt das, man hat es erreicht, gleichzeitig sich selber und seine Umwelt zu fördern.« *Taishō* 46, No. 1915, S. 462b.

110 »Ein dürrer Baum und kalte Asche« wird auch in positivem Sinne gebraucht zur Beschreibung des Zustandes der Erleuchtung, der alles menschliche Verlangen und jede *karma*-bedingte geist-seelische Aktivität zu transzendieren vermag. So heißt es z. B. im *Chuang Tzu:* »Die Erscheinung *(hsing)* muß selbstverständlich zum dürren Baume werden, und der Geist *(hsin)* zu kalter Asche.« (Zit. in Hattori und Koyanagi, *Daijiten,* S. 704.)

111 In diesen parallelen Sätzen wird nur in diesem einen Satz das Wort *pu* (in der Bedeutung von »nicht«) verwendet, so daß die Übersetzung heißen müßte: »das Hören geschieht n i c h t an jenem Ort«. Aber aus dem Zusammenhang kann geschlossen werden, daß es sich hier um einen Druckfehler handeln muß.

112 Einige Texte, die zur Lehre des Innern Elixiers gehören, lehren, man solle die Augen halbwegs schließen und den Blick auf die Nasenspitze richten. Vgl. Charles Luk, *The Secret of Chinese Meditation* (London 1964), S. 169. »Die Augen sollten leicht geschlossen sein« gilt für die Taoistische Meditation, wie Yin Shih Tsu sie lehrt.

113 *Lou-chin* ist ursprünglich der buddhistische Ausdruck für *āsravakṣaya kṣīnāśrava*. *Lou* ist gleichbedeutend mit *kleśa*, »das Zerrinnende«, weil der Mensch sein *ch'i* (vitale, materielle Kraft) oder seine psychische Energie sich als *kleśa* verströmen läßt durch die sechs Sinne. *Chin* bedeutet »auslöschen« im Sinne von »zum Erlöschen bringen« und »erlöschen«. Alle *kleśa* durch *samādhi* und *prajñā* zum Erlöschen bringen und derart die Heiligkeit eines *arhat* erlangen heißt *lou-chin*. S. Oda, *Daijiten*, 1846 a.

114 Der Ausdruck lautet *fang-hsia;* im CH- und im TH-Text jedoch wird bloß *fang* gebraucht. Dieser Ausdruck wird im Buddhismus, besonders im Zen, viel gebraucht. Er bedeutet freigeben, loslassen, und *hsia* bedeutet »niederlegen«. Im Zen wird auch *fang-hsia-chao* gebraucht, wobei *chao* eine emphatische Betonung ist. Als Beispiel das folgende Zen-*Mondo:*

»Zuerst übte er (Yen-yang) unter dem Meister Chao Chou. Er fragte: ›Wie war das zu jener Zeit, als das Eine *(i-wu,* s. Hui-neng's *wu-i-wu* in Anm. 42 dieses Abschnittes; ebenso S. 58) noch nicht hierher gebracht worden war?‹ Chou antwortete: ›Laß los und leg's hin!‹ *(fang-hsia-chao).* Yen-yang sprach: ›Da ist nichts, das gebracht worden wäre. Was also soll ich loslassen und hinlegen?‹ Chou antwortete: ›Wenn da nichts ist zum Loslassen und Hinlegen, so trag es auf deinen Schultern weg!‹ Wie Yen-yang das hörte, hatte er eine große Erleuchtung.« (Oda, *Daijiten,* S. 1387 c).

115 Der Ausdruck *t'ing* bedeutet »aufmerksam und genau horchen«, »einlassen« etc., während *wen* das physische Hören oder Gehört-Werden bedeutet.

Es ist bemerkenswert, daß im Shin-Buddhismus, einer japanischen buddhistischen Lehre, die von Shinran (1173–1262) begründet wurde, der Ausdruck *t'ing-wen* die Haltung bezeichnet, wie jemand die Lehre des Buddha aufnimmt; solches Hören ist bereits eine Auswirkung der Erleuchtung durch den Buddha. Psychologisch gesprochen bedeutet *t'ing-wen,* daß das Verstehen (*t'ing*, die Aktivität des Ego) zusammenfällt mit dem Geist Buddhas, der sich in der Lehre kundtut als Aktivität des Selbst. (S. Anm. 20 dieses Abschnittes).

116 Diese Sentenz steht im CH- und im TH-Text als Anmerkung.

117 Dieser und der vorhergehende Satz fehlen im LT-Text.

118 Es ist zu bemerken, daß der Ausdruck *wu-shih* in positivem Sinne gebraucht wird und einen Geisteszustand bezeichnet, der aus der Erleuchtung folgt und daher frei ist von aller Befleckung oder Beschränkung durch äußere Dinge *(shih).* So ist der berühmte Ausspruch Lin-chi's (–867) zu verstehen: *wu-shih-shih-kuei-jen,* d. h. »in *wu-shih* leben heißt als Edler leben«.

119 Der Ausdruck »erkenntnislose Leere« *(wu-chi)* ist wohl beim Buddhismus entlehnt. Dort wird er im allgemeinen ohne positive oder negative Wertung gebraucht. Aber hier steht er in seinem ursprünglichen Sinn, nämlich für »nicht erkennen«. Daß es sich dabei um einen gefährlichen Seelenzustand bei der Übung in Zen handelt, wenn man achtlos und müßig dasitzt ohne auf seine Erfahrung zu achten, braucht nicht ausdrücklich erwähnt zu werden.

120 Für *jo-tsun jo-wang* steht im CH-Text *jo-yu jo-wu,* d. h. »dem Sein und dem Nicht-Sein zugeordnet«.

121 Diese beiden letzten Sätze, von »gewöhnlich« an bis hierher, sind sowohl im CH- als auch im TH-Text als Kommentar kleingedruckt.

122 Die ursprüngliche chinesische Bezeichnung für »Welt der Verstrikkungen und Unterscheidungen« heißt *wen-chieh* und entstammt dem Buddhismus. *Wen-ch'u-chieh* ist eine der wichtigsten Lehren des frühsten Buddhismus und deckt sich mit dem Begriff *pratītyasamutpāda,* bedingter Ursprung, eine zentrale buddhistische Doktrin.

Wen oder *wu-wen* (die fünf Agglomerate) heißt im Sanskrit *pañcaskandha. Skandha* bedeutet »aufsteigen«, es werden also alle fünf Elemente *(rūpa,* konkrete Materie definiert durch Form, Farbe, Länge, Weite etc.; *vedanā,* Fühlen und Empfinden; *saṁjñā,* Erkennen und Wissen; *saṁskāra,* der Wille (das Wollen); und *vijñāna,* Unterscheidendes Bewußtsein) als »aufsteigende«, dynamische und gleichzeitig in Erscheinung tretende Einheit gesehen. *Pañca-skandha* ist also als dynamische Einheit zwischen dem Menschen und seiner Umwelt zu verstehen. Vgl. Miyuki, *A Naturalistic Interpretation of Religion* (nicht publizierte M. A. Dissertation, University of California, Los Angeles, 1961), S. 36–40.

Ch'u, d.h. *shih-erh-ch'u,* die zwölf Zustände, ist eine Analyse der konkreten Situation des Menschen in seiner Umwelt: der Mensch als lebendige Einheit mit seinen sechs *indriya* einerseits (die fünf Sinnesorgane Auge, Ohr, Nase, Zunge, Tastgefühl und Geist oder Bewußtsein) und andererseits seine Umwelt als Objekt dieser sechs *indriyas* (also die fünf Sinneserfahrungen von Farbe, Form, Klang, Geruch, Geschmack und Gefühl und die *dharmas* als Objekt des menschlichen Bewußtseins) werden als ununterbrochener Wechselstrom gesehen.

Chieh, d.h. *shih-pa-chieh* sind die 18 Bezirke oder »Felder«, wo *vijñāna (shih),* das unterscheidende Bewußtsein, sich in und durch die konkrete und dynamische Situation zwischen den sechs *indriyas* und ihren sechs Objekten manifestiert.

Es muß aber festgehalten werden, daß keine Einzelheit als solche isoliert betrachtet werden kann, weder die sechs *indriyas* mit ihren sechs entsprechenden Objekten noch die sechs zuvor erwähnten Funktionen des unterscheidenden Bewußtseins, denn sie alle stehen in Wechselwirkung miteinander im Bezirk von *yüan-ch'i* oder *pratītyasamutpāda* und bilden eine »aufsteigende« Einheit. (S. Anm. 104 dieses Abschnitts.)

123 Eines der insgesamt vier *māras,* nämlich

1. *Kleśa māra,* denn *kleśa* verwirrt Leib und Seele durch Kummer und Sorgen;
2. die fünf Agglomerate (s. Anm. 122), denn auch sie verursachen Irrungen und Wirrungen;
3. der Tod, denn er setzt dem Menschenleben ein Ende; und

4. *Paranirmitavaśavartinas,* der Herr der bösen Geister, der sogar den Buddha in Versuchung führte, nachdem er Erleuchtung erlangt hatte.

S. Oda, *Daijiten,* S. 1110 c–1111 a, 1642.

124 Dieses Bild, das zuvor in positivem Sinne gebraucht wurde (vgl. V: 1), erscheint hier in negativer Bedeutung. Hier mag das berühmte Zen-*Koan* von der Alten, die eine Mönchszelle niederbrennt, zum Verständnis helfen:

»Es war einmal eine alte Frau, die zwanzig Jahre lang einem Einsiedler von sechzehnjährigen Mädchen Gaben hatte bringen lassen. Nun befahl sie eines Tages der jungen Botin, den Alten zu umarmen und zu fragen: ›Was machst du in dieser Situation?‹ Der Mönch antwortete: ›Auf kahlem Felsen steht ein dürrer Baum, und in den drei Wintermonaten ist nirgends Wärme zu finden.‹ Als das junge Mädchen der Alten von dieser Antwort berichtete, sagte sie: ›Meine Gaben wurden an einen gemeinen Mönch verschwendet – weh mir!‹ Sie verjagte ihn und brannte seine Hütte nieder.« *(Wu Teng Hui Yüan,* zit. Oda, *Daijiten,* S. 1446).

Dieses *Koan* vermag das Problem der Integration der Anima im Individuationsprozeß zu erhellen: Die beim »Sitzen« aktivierte rezeptive weiblich-schöpferische Kraft wird gestört und verdorben durch die stagnierte Ego-Attitüde, das »rationale« und »kalte« Bewußtsein. S. unsere Untersuchung S. 93–98.

125 Dieser Ausdruck *se-yü* bedeutet sowohl die Gier nach konkreten Dingen von Farbe und Form als auch sinnliche Begier. In diesem Zusammenhang aber scheint es sich um die Bedeutung von *se-chieh* und *yü-chieh* zu handeln.

Nach buddhistischer Terminologie sind diese beiden Begriffe eingeschlossen in *san-chieh,* der Dreifachen Welt: *yü-chieh* oder *kāmadhātu,* der durch *kāma* oder Begierden bedingten Welt (Nahrung und Sexus); *se-chieh* oder *rūpadhātu,* der durch Form und Erscheinung bedingten Welt; und *wu-se-chieh* oder *arūpadhātu,* der Welt, die nicht wie die beiden vorherigen durch Begierden oder Formen bedingt ist, sondern einem immateriellen Leben des Denkens zugehörig.

S. Oda, *Daijiten,* S. 607 b–8 a.

Psychologisch gesehen sind die Bereiche der Begierden und der Formen den subjektiven Sinnen und Gefühlen zugehörig, während der Bereich des immateriellen Lebens sich in geistiger Aktivität in und durch die andern beiden Bereiche manifestiert; in diesem Sinne können diese drei Bereiche nicht getrennt werden, sondern bilden ein Kontinuum, eine dreifache Welt.

Man könnte sagen, die Taoistische Meditation erstrebe das immaterielle Leben, in dem die zwei erwähnten Bereiche (Begierde, Begehren, Lust sowie Form) integriert werden auf höherer Ebene des Bewußtseins.

Es muß aber betont werden, daß damit die Bereiche von Verlangen und Erscheinung nicht vereint werden, sondern das Leben mit seinen Wünschen, Sehnsüchten, Sinnen und Gefühlen wird in ein spirituelles Leben integriert, wo es auf höherer geistiger Ebene sich verschieden auswirkt. Das *Koan* von der Alten, welche die Einsiedlerhütte niederbrannte, bezieht sich auf eben diesen Gedanken.

126 Der Begriff der Wanderung durch verschiedene Existenzen ist indischer Herkunft. Die sechs Bezirke der Existenz sind:

1. die Hölle, der Ort der endlosen Leiden;
2. der Ort der hungrigen Geister, die nach Essen und Trinken verschmachten, denen jede Nahrung sich in versengendes Feuer verwandelt. Diese Geister werden oft als menschliche Wesen mit riesigen Bäuchen und engen Kehlen dargestellt, zum Zeichen ihres unersättlichen Hungers und Durstes, eines völlig unausgeglichenen Zustandes zwischen Bedürfnis und Sättigung;
3. der Bereich der Tiere, charakterisiert als »Schamlosigkeit«, bar jeder Moralität;
4. der Bereich des Menschen, der sich seiner selbst bewußt wird und durch moralisches Bewußtsein ausgezeichnet ist;
5. das Reich der feindlichen Geister, die ewig uneins sind und sich endlos bekämpfen *(asura)*;
6. das Reich der seligen Geister, die sich ewiger Seligkeit erfreuen im Gegensatz zu Höllengeistern, die ewiger Qual ausgeliefert sind.

Das Prinzip, nach dem die Wesen diese sechs Existenzbereiche durchwandern, heißt *karma.* Wenn also das *karma* der Existenz im Himmel sich erfüllt hat, so werden auch die himmlischen Wesen dem nie stillestehenden Rad der Wandlung unterworfen. Es war von jeher das zentrale Anliegen aller indischen Religionen und Philosophien, diesem endlosen Zyklus von Leben und Tod zu entrinnen.

127 Diese Früchte wachsen dort, wo die Unsterblichen wohnen – dieser ganze Abschnitt fehlt sowohl im CH- als auch im TH-Text.

128 *Bodhisattva* bedeutet »ein Wesen, das Erleuchtung sucht«, *bodhi.* Man könnte auch definieren: »ein Wesen, das in Einklang mit der Erleuchtung lebt«. Es ist eine Idealgestalt, die versucht, mit dem Geiste Buddhas in Einklang zu leben und alle Wesen zu erlösen nach der Mahāyāna-Lehre, im Gegensatz zum *Arhat,* der Idealgestalt der Hīnayāna-Lehre, die nach eigener Erleuchtung strebt und sich nicht um das Heil der andern kümmert.

129 Wie im Mahāyāna-Buddhismus geht es dem Taoismus nicht um die Erlösung des Individuums, sondern aller lebenden Wesen (S. I: 2 c).

130 *Kuan Wu Liang Shou Ching,* das *Amitāyur-dhyāna-sūtra,* Nanjo's

Catalogue of Tripiṭaka, No. 198. Dieses Sutra soll um 424 n. Chr. von Kālayasas, einem indischen Sramana, ins Chinesische übersetzt worden sein. Jung bespricht dieses Sutra in seiner Arbeit *Die Psychologie der östlichen Meditation* (GW XI, S. 603–621) vom Standpunkt der analytischen Psychologie aus.

131 Das genaue Zitat kann im *Kuang Ching* nicht gefunden werden. In diesem Sutra folgt auf die Meditation über die sinkende Sonne diejenige über Wasser. Das Sutra erläutert Meditationen über die folgenden 13 Themen:

1. die untergehende Sonne (in dieser Richtung liegt Amida Buddhas Reines Land)
2. Wasser (oder durchsichtiges Eis)
3. die Erde aus Lapislazuli
4. die sieben Reihen von Bäumen
5. der Teich der sieben Juwelen
6. der Turm der sieben Juwelen
7. Buddhas Lotossitz aus ungezählten Juwelen
8. das Bildnis von Amida Buddha
9. Amida Buddhas Licht und Leib der Wahrheit
10. der *Bodhisattva* Avalokiteśvara
11. der *Bodhisattva* Mahāsthāmaprāpta
12. das Land des Buddha und des Amida Buddha, samt allen Tugenden Amida Buddhas
13. Verschiedenes.

132 Diese Himmelsrichtung des Trigramms *chen* gründet auf dem sogenannten *Hou T'ien T'u* (dem Diagramm der Nach-Himmlischen [innerweltlichen] Ordnung), wie es im *Schuo Gua* des *I Ging* erklärt wird. S. R. Wilhelm, *I Ging,* S. 247. Takada, *Ekikyo,* S. 413–4.

133 »Nach der Meditation über das Land (von Amida Buddha) soll man die Juwelenbäume zum Gegenstand der Meditation machen. Und zwar soll man der Reihe nach über jeden einzelnen meditieren, indem man sie in siebenfacher Reihe vor sich erstehen läßt...« (Kashiwara Yūgi, ed., *Shinshū Seiten, The Sacred Writings of the Shin Buddhism,* Kyoto 1964, S. 134).

134 Hier sollten wohl die neun Körperöffnungen erwähnt werden: Die *yang*-Öffnungen sind Mund, zwei Augen, zwei Ohren, zwei Nüstern; und die *yin*-Öffnungen sind Anus (After) und Urethra (Harnröhre). (S. *I Ging,* Abschnitt *Schuo Gua,* Über die Zeichen, S. 102–3.)

135 Der Abschnitt »Wenn *ch'ien* um eine Position nach oben rückt...« bis zum Schluß ist im TH- und im LT-Text als Kommentar kleingedruckt.

136 Zur Zeit des sogenannten Untergangs des Buddhismus im Jahre 1119 *(Sung-shih, History of the Sung Dynasty,* Vol. 22) wurde Buddha mit

Ta Chüeh Chin Hsien bezeichnet. Erwähnt in Kubo, *Zenshinkyo*, S. 41. Diese Bezeichnung vermag uns einen Schlüssel zu geben für die Datierung dieses Textes: er wurde frühestens nach 1119 verfaßt.

137 Diese Aussage erinnert an einen berühmten Abschnitt in *Lao Tzu:*

> »Der Geist des Tales ist unsterblich *(ku-shen).*
> Er heißt das abgründig Weibliche *(hsüan-p'in).*
> Der Eingang dazu ist
> Die Wurzel Himmels und der Erden.
> Endlos wie ein Faden spinnt es hin und scheint
> doch stillzustehn,
> Mühelos wirkt es fort und fort.«

James Legge erklärt diesen Abschnitt folgendermaßen:
»Dies ist die Grundlage zur Entwicklung des späteren Taoismus, dem es um die Verlängerung des Lebens geht mittels Kontrolle des Atems oder der Vitalkraft ... ›Der Geist des Tales‹ ist zur Bezeichnung geworden für die Auswirkung des Tao im ganzen Lebensbezirk ... ›Das weibliche Geheimnis‹, das abgründig Weibliche, das dunkle Weib meint wiederum das Tao ähnlich wie im 1. Kapitel, wo es ›die Mutter aller Dinge‹ genannt wird.« *Tao Te Ching, The Sacred Books of the East,* vol. 39, S. 51.)

138 Ein *li* = 360 *pu*, ein *pu* = 6 oder 6,4 Fuß.

139 *Mo Ho Chih Kuan* von Chih-i (S. III: 14).

140 »... um Leben *(ming)* zu gewinnen, gilt es, umfassend nach *li* (dem Prinzip, der Essenz) zu suchen und die Natur zu erkennen *(hsing)« (ch'iung-li chin-hsing). (Schuo Gua* des *I Ging,* R. Wilhelm, *I Ging,* S. 244–5.) Takada, *Ekikyo,* S. 378–9. Diese Lehre des *Chüng-li chin-hsing* stammt aus dem Sung-Konfuzianismus.

141 Es ist zu beachten, daß die Lehre des Lichtkreisens sich im Alltag bewähren soll. Gerechter Geist und richtiges Denken vollzieht sich nicht bloß in Gedanken, sondern im Verhalten des Menschen, wenn »das Licht nicht beeinträchtigt wird (durch äußere Dinge und Verhältnisse), sondern frei und ungehindert zirkuliert«. Gerecht und richtig bedeutet hier »in funktioneller Übereinstimmung mit dem Licht«, und »Licht« ist dynamisch-harmonische Manifestation von Tao im Mikromakrokosmos.
Der Ausdruck vom »nicht geoffenbarten Lichtkreislauf, der sich zuweilen in der Welt der Erscheinungen manifestiert« bedeutet, daß das Licht sich zuweilen absolut, form-los manifestiert, wobei es die Welt der Erscheinungen wohl transzendiert, aber vom Menschen nicht erfaßt und begriffen werden kann, während der Ausdruck vom »wahren (geoffenbarten) Kreislauf des Lichts, der in den Dingen und durch

sie in Erscheinung tritt« bedeutet, daß das reine Licht sich in der Welt der konkreten Form manifestiert.

142 Diese beiden Sätze (»Es ist dem Menschen möglich . . .«) finden sich in den drei andern Texten nicht.

143 *Wo*, das Ich dieses Satzes, bedeutet das Selbst, das keinem Wechsel unterworfen und deshalb absolut ist, ein Herr und Beherrscher des Universums. S. Oda, *Daijiten*, S. 1364 –c.

144 Der Ausdruck *san-yüeh liang-yüeh* kann ebensogut bedeuten »drei Monate« wie »zwei Monate«.

145 S. Punkt 12 im Traktat zur Begründung eines Ordens, S. 68.

146 Chang Tzu-yang, der Begründer der Südlichen Schule. S. Anmerkung 74 des Ersten Abschnittes.

147 *Lao Tzu*, Kap. IV:

> Tao ist Leere *(chung*, auch in der Bedeutung von »weich«)
> Es wird erfüllt, ohne sich je zu erschöpfen.
> Es ist ein Abgrund,
> Der Quellgrund aller vielgestaltigen Erscheinung.
> Es mildert die Schärfe,
> Es löst die Wirrsal,
> Es dämpft das Blenden des Lichts *(ho-ch'i-kuang)*,
> So steigt Tao herab in den Staub *(t'ung-ch'i-ch'en)*.

Der Ausdruck *ho-kuang t'ung-ch'en* wird zur Charakterisierung taoistischer Lebensweise gebraucht und bedeutet »seine Fähigkeiten und seinen Wert verhüllen und dem gewöhnlichen Alltag entsprechen«.

148 »Konfuzius sagte zu Yen Hui: ›Seine Fähigkeiten geheimhalten und nur im Bedarfsfall einsetzen‹.« *(Lun Yü*, ed. Kanaya Osamu, VII: 10). Dieser Satz *yung-she hsing-ts'ang* bedeutet, man solle seine Fähigkeiten gebrauchen, wenn die Zeit dafür kommt, sonst aber vor der Welt verbergen.

149 *Yü-ch'ing* ist wohl ein weiterer poetischer Ausdruck für den Geist des Himmels *(t'ien-hsin)*, die Erfahrung von Tao in der Meditation.

150 = *wu-wei-erh-wei*. S. VIII: 2.

151 D. h. *san-keng*. Eine Nacht wird in die fünf folgenden Perioden eingeteilt:

erste Nachtwache	20 Uhr
zweite Nachtwache	22 Uhr
dritte Nachtwache	24 Uhr
vierte Nachtwache	2 Uhr
fünfte Nachtwache	4 Uhr

Die dritte Nachtwache oder *san-keng* also ist die *tzu*-Stunde, die Stunde der Wende zum reinen *yang* (Morgen) vom reinen *yin* (Mitternacht) und symbolisiert damit das Erblühen der Goldenen Blüte (reines *yang*) aus der Tiefe der Meditation (reines *yin*).

152 *Lü Shi* ist eine Strophe von acht Versen zu je fünf oder sieben Worten. Die Antithesen liegen im dritten und vierten und im fünften und sechsten Vers.

153 Vergleiche damit die bekannte Formel der Mahāyāna-Lehre: *wu-chu-shu nieh-p'an,* d. h. »nicht im Nirvana aufgehen aus Erbarmen, jedoch der großen Weisheit teilhaftig *(prajñā)* und deshalb der Welt von Geburt und Tod nicht mehr verhaftet sein«. Es handelt sich hier um die zwiefache Auswirkung der Erleuchtung: Weisheit und Erbarmen.

154 *Chung,* Mitte, bedeutet die »reine«, »wahrhafte« (gerechte) und unverfälschte Tugend, die sich übereinstimmend mit dem dynamischen, harmonischen Tao kontinuierlich manifestiert. So heißt es z. B. im *Chung Yung* (Lehre der Mitte), »*chung* sei der große Urgrund des Vorhimmels«. *Chung* bedeutet außerdem das wahre *ch'i* (vitale sowohl wie materielle Kraft) Himmels und der Erden; so heißt es z. B. im *Tso Chuan* (Kommentar zu *Ch'un Ch'iu* [Frühling- und Herbst-Annalen]): »Wenn der Mensch geboren wird, empfängt er das *chung* Himmels und der Erden.« (Zit. in Hattori and Koyanagi, *Daijiten,* S. 31 b).

155 *Shu* heißt der erste Stern des Großen Wagens. Der Ausdruck *shu chi* hat doppelte Bedeutung: 1. Wendepunkt, 2. die wichtigsten Staatsgeschäfte. S. Hattori and Koyanagi, *Daijiten,* S. 709 c–d.

156 *Tou-ping* heißen die drei Sterne, der 5., 6. und 7., an der Deichsel des Großen Wagens.

157 D.h. der Untere Grenzbezirk *(hsia-kuan)* namens *wei-lü-hsüeh* in der Wasserregion, und der Mittlere Grenzbezirk *(chung-kuan)* namens *hsia-pei* (die Mitte der Wirbelsäule). Der Obere Grenzbezirk *(shang-kuan)* heißt *yü-ching* oder Kapitale aus Jade.

Diese drei Grenzbezirke beziehen sich auf die Methode der Atemregulierung in der Meditation, *Ta-huan-tan.* Das *Hua Tan Chüeh T'u* z. B. (Das geheime Diagramm des Elixier-Kreisens; im *Hsiu Chen T'ai Chi Hun Yüan Chih Hsüan T'u,* hgg. von Hsiao Tao-ts'un in der Sung-Zeit, *Tao Tsang, Tiao* C, S. 4 a–b) sagt:

»*Ta-huan-tan,* der Große Kreislauf des Elixiers ist: In einem Zuge aufsteigen von *wei-lüh-hsüeh* (ohne Unterbruch) durch die drei Grenzbezirke nach *ni-wan (nirvāna,* Gehirn), wo es (das Elixier) mit göttlichem Wasser *(shen-shui)* getauft wird, und zurückkehren zum Feld des Elixiers (s. VIII: 15).

Hsiao-huan-tan, der Kleine Kreislauf des Elixiers ist: Das Elixier zirkulieren lassen von den Nieren zur Leber, von da zum Herzen, von da zur Milz, weiter zu den Lungen und dann zurück zum Anfang, zurück ins Elixierfeld.« S. Diagramm auf Seite 222.

158 Im CH- und im LT-Text steht für »jeweilen«: »immer«. Beides scheint sinnvoll.

159 Im LT-Text heißt es so:
»Wenn nun Bewegung und Ruhe sich ereignen, so geschieht dies durch Vermittlung des Menschen. Der Mensch nämlich, d.h. der Wahre Mensch, ist der Himmlische Herrscher des Körpers.« (Oder, in anderer Version: Sowohl Bewegung wie Stille werden vom Menschen verursacht. Der Mensch nämlich, d.h. der Wahre Mensch ...)

160 Die himmlische Wurzel (Wurzel des Himmels) ist das reine *yang* inmitten des reinen *yin*, und die Höhle des Mondes ist das reine *yin* inmitten von *yang*. *Yin* steht für Stille, während *yang* Bewegung bedeutet, schöpferische Tätigkeit, oder die unaufhörliche harmonische Manifestation des *yin-yang*-Tao, im makrokosmischen Sinne personifiziert als »Himmlischer Herrscher«, im mikrokosmischen als »Wahrer Mensch«.

161 *Tao-yin* ist eine taoistische Methode zur Ernährung des Lebens und lehrt, wie man *ch'i* nach innen lenkt. Es ist eine Übung des Tiefatmens zur Beruhigung des Geistes und zur Beherrschung der Sinne.

162 Vgl. R. Wilhelms Übersetzung, S. 120, engl. Ausg. S. 116.

163 In der buddhistischen Lehre wird die Konzentration (Wahrer Gedanke) auf das Eine *(cheng-nien)* ohne Befleckung durch *kleśa* durch ein Bild verdeutlicht: »Ein König läßt einen Untertanen eine mit Öl gefüllte Schale tragen und sagt ihm, er werde sterben, sowie er auch nur einen Tropfen des Öls verschütte. Dann läßt er ihm einen Diener mit gezogenem Schwert folgen. Auf diese Weise wird der Untertan seiner Ölschale seine volle Konzentration widmen, ohne Seitenblicke auf wünschenswerte Dinge ...« (Oda, *Daijiten*, S. 1760).

164 Im TH-Text steht das Wort *wang*, vergessen: ziellos, blindlings, so daß sich die Übersetzung aufdrängt: »Bewegung, die blindlings sich treiben läßt«.

165 Dieser Satz findet sich in den andern drei Texten nicht.

166 Es handelt sich hier um eine Abkürzung des berühmten Wortes aus dem *Diamant Prajñā Sūtra: ying-wu-so-chu erh-sheng-chi-hsin*, vgl. Oda, *Daijiten*, S. 147 b.

167 Im LT-Text: »das Leben zur Vollendung zu bringen«.

168 *Hsin-k'ung* heißt im LT-Text *k'ung-hsin* (Leerheit des Geistes), oder *śūnyatā*.

169 Im LT-Text ist die ganze Apposition zu Chu Tzu als Kommentar kleingedruckt, und im CH- und TH-Text findet sie sich überhaupt nicht.

170 Im LT-Text heißt es: »Das wahre *yin* findet sich inmitten der Sonne.«

171 In den drei andern Texten heißt es statt »einfach«: »nur«.

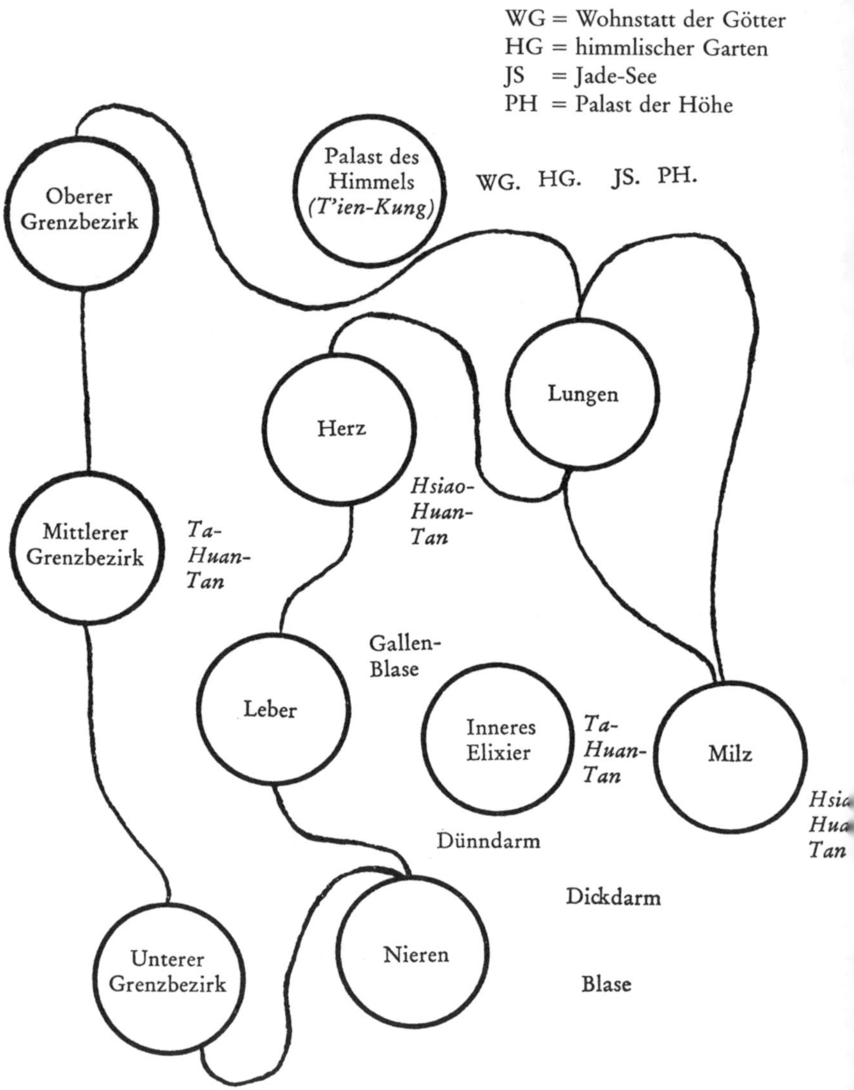

Das geheime Diagramm des Elixier-Kreisens

172 Im LT-Text heißt es: »Inmitten des Mondes sammelt sich das wahre *yang*«.

173 Für »Sonne und Mond« läßt sich auch sagen: »Tag und Monat«.

174 Anders übersetzt: Die Methode des zyklischen Kreisens ist dies: »Indem Aus- und Einatmen regelmäßig eingesetzt werden, um das Feuer an der Pforte des Lebens zu schüren, wird man allmählich fähig, sein wahres *ch'i* zum Ort des Ursprungs zurückzuführen.«

175 Vgl. Erwin Roussell, *Spiritual Guidance.*

176 Chang *(Creativity,* S. 142–3) sagt: ». . . die Vereinigung von *li* und *k'an,* oder Herz und Nieren, oder Sonne und Mond, bewirkt den lauteren Atemstrom. Dies ist *hsiao-chou-t'ien,* der Kleine himmlische Kreislauf . . . Der Kleine himmlische Kreislauf beginnt im Zentrum der Brust, dem Herzen, und steigt hinunter zum Zentrum des Leibes unter dem Nabel, den Nieren. Dieser Kleine Kreislauf ist die Grundlage für den Großen Kreislauf, der am untern Ende der Wirbelsäule beginnt und emporsteigt zum Kopf, dann vorwärts und abwärts über Gesicht, Brust und Leib zum Anfang am Ende der Wirbelsäule zurückkehrt. Da dieser Kreislauf über den ganzen Körper hingeht, heißt er ›der Große himmlische Kreislauf‹. Die Bewegung ist ein Steigen und Fallen und läßt sich dem Wachsen und Schwinden von *yin* und *yang* vergleichen«. S. oben Anm. 157.

177 Vgl. oben Anm. 49.

178 Ein Begriff des Buddhismus, Sskr. *vyākaraṇa,* d. h. die Zusicherung oder Verheißung des Buddha, daß ein menschliches Wesen unfehlbar dazu bestimmt sei, Buddhaschaft zu erlangen. Vgl. Oda, *Daijiten,* S. 981 c bis 982 b, 246 a–b.

179 Im LT-Text steht für *hsüan* (trachten nach, auswählen) das Wort *huan* (zurückkehren zu).

180 Die Bezeichnung *chi-chieh* wird im Buddhismus gebraucht. Die Welt *(chih)* in der die Wesen leben, heißt *chi,* d. h. »Behälter«, denn die Lebewesen sind darin enthalten. Vgl. Oda, *Daijiten,* S. 236.

181 Zitat aus dem *Leng Yen Ching.* Ananda ist ein Vetter des Buddha.

182 D. h. 1. die äußerlichen Dinge, 2. das was kommt und vergeht, 3. Sonne und Mond, 4. das, wovon man Besitz ergreift, 5. das Selbst, von dem es keine Wiederkehr gibt, 6. die innern Dinge, und 7. das Erkennen seiner eigenen Natur.

183 *The Leng Yen Ching,* V.

184 Vermutlich gehört er zur Shao Yang-Schule des Taoismus.

185 D. h. *Bhagavan,* der Höchstehrwürdige, oder *lokanātha,* der Beschützer der Welt – dies sind zwei der zehn Epitheta des Buddha. Oda, *Daijiten,* S. 1028.

186 Die neun Öffnungen des menschlichen Körpers (d. h. Mund, zwei Augen, zwei Ohren, zwei Nüstern, Anus und Harnröhre)?

187 Dieser Satz ist unklar.

188 Im LT-Text steht an dieser Stelle:

»Es ist verwerflich, zerstreut und vergeßlich, den Geist nicht wahrzunehmen; doch in Leere und Stille aufzumerken, das ist lobenswert. Das bedeutet achthaben. Dann, im Zustande der Leere und Stille, des Achthabens, der Konzentration, wird das Fließende verwandelt; das Blut wird vollendet; darnach vollzieht sich die Rückkehr zum Sein Vor-der-Zeit; *ch'i* kehrt zum Geist zurück; der Geist kehrt zur Leere zurück; die Leere wird dem Tao vereint; Tao erfüllt sich; die Erfüllung vollendet Tao. Dieses Geheimnis läßt sich nicht erklären. Sein Ort ist im Hier und im Jetzt.«

189 Dieser ganze Abschnitt findet sich im CH-Text nicht. Im LT-Text heißt es: »... Yen Tzu sah das Tier, es glänzte wie schimmernde Seide. Es blendete seine Augen. Das Licht des Geistes versagt schnell. So starb er jung.«

190 Im LT-Text wird der folgende Satz eingefügt: »Die sieben Jünger übten eifrig.«

Diesen sieben Jüngern soll der Meister Lü die geheime Lehre übermittelt haben.

191 Im LT-Text heißt es ferner:

»Hier könnt ihr lernen, an der Wandlung teilzuhaben und dem Tao zum Durchbruch zu verhelfen. Die sieben Jünger übten unermüdlich.«

II. Glossar der chinesischen und Sanskrit-Wörter

Die in diesem Glossar und im Index angegebenen Ziffern weisen auf die Ideogramme auf den Seiten 245–251 hin.

Sa-lo-yeh-shih 1	die achte Bewußtseinsstufe, Speicher des Bewußtseins
abhisambuddha	vollkommene Erleuchtung
ālayavijñāna	*a-lo-yeh-shih*
amṛta	Himmelstau, Nahrung himmlischer Wesen
anutara	höchste (Erleuchtung)
arhat	die Idealgestalt, der Heilige des Pali-(Hīnayāna-)Buddhismus
arūpadhātu	die Welt des Unerschaffenen, das Sein ohne Gestalt
asaṃskṛta	*wu wei* 2, unerschaffen
āsravakṣaya-jñāna	*lou-ching-t'ung* 3, die alle Verhaftung und Gier auslöschende Weisheit
āsravakṣaya kṣīnāśrava	*lou-chin* 4, Tilgung der Schuld
asura	kämpferischer Geist
avidya	Unwissenheit
Bhagavat	*Shih Tsun* 5, der von aller Welt Verehrte: Buddha
bodhi	Erleuchtung
bodhisattva	Idealgestalt, der Heilige des Mahāyāna-Buddhismus
ch'a-nü 6	Braut
ch'en 7	Gegenstand (Staub, Schmutz, »diese schmutzige Welt«)
chen (jen) 8	Wahrer Mensch (Titel eines taoistischen Wahrheitssuchers)
chen-ch'i 9	das wahre *ch'i* (Kraft)
chen-ch'iao 10	wahre Öffnung, Erschließung
chen-chung 11	wahrer Samen

chen-hsi 12	wahrer, lauterer Atem
chen-hsin 13	wahrer Geist, Gemüt, Herz
chen-hsing 14	wahre Natur
chen-huo 15	Feuerperiode
chen-i 16	wahres Denken, wahrer Gedanke
chen-nien 17	wahrer Gedanke des Augenblicks
chen-k'ung 18	*śūnyatā*, wahre Leere
chen-yang 19	wahres *yang*
ch'eng 20	Vollendung, vollenden
cheng-kuan 21	richtige Kontemplation
cheng-nien 22	richtiger (plötzlicher) Gedanke, Intuition
ch'eng-so-tso-chih 23	Weisheit *(prajñā)* der Pflichterfüllung
chi 24	Grundlage
chi 25	Übereinstimmung, Augenblick der Erfüllung, Moment (bedeutet eig.: Angelpunkt)
ch'i 26	vitale Kraft, materielle Kraft, Lebenskraft, Urfluidum
chi-ch'i 27	sich vereinen, geschehen
ch'i-ch'iao 28	das Offene von *ch'i*, das offene Reich der Kraft (das Untere Elixierfeld)
ch'i-chieh 29	Begrenzung des Gefäßes
ch'i-chih-chih-hsing 30	physisch bedingte Natur
chi-fa 31	Augenblick der (Erfüllung) Vereinigung
ch'i-hai 32	Ozean von *ch'i* (des Atems, der Lebenskraft)
ch'i-hsi 33	*ch'i* (Kraft) des Atems
chia 34	*prajñaptir upādāya*, Bedingtheit unserer Vorstellungen, zeitlich bedingt und beschränkt
chia-chi 35	Rückenmark
ch'iao 36	Öffnung (Elixierfeld)
ch'iang-lang 37	Skarabäus, Mistkäfer
chieh 38	*kalpa*, Äonen
chieh 39	Empfängnis (Embryo), s. *chieh t'ai*
chieh 40	*śīla*, Disziplin
chieh-t'ai 41	als Embryo empfangen werden
ch'ien 42	Blei
ch'ien 43	Himmel, Name eines Hexagramms
chien-hsing 44	seine eigene Natur erkennen
ch'ien-kung 45	*ch'ien*-Palast, Palast des Himmels
ch'ien-te 46	Tugend des Herrschers
ch'ien-t'ien 47	Himmel, Himmelszelt
ch'ien-ting 48	Dreifuß des Himmels
chih 49	*prajñā*, Weisheit, Einsicht
chih 50	Stoff

ch'ih-chai 51	quadratisches Haus
chih-chih 52	Meisterschaft im Anhalten
chih-chih 53	Vollkommenheit der Erkenntnis
chih-chih ken-wu 54	vollkommene Erkenntnis durch Erforschen der Dinge
chih-chih-shan 55	im höchsten Gut gründen
chih-hsü 56	höchste Leere (eig.: die [äußerste] Leere erreichen)
chih-kuan 57	Kontemplation, Einhalten und Nachdenken
chih-ling 58	höchstes Geheimnis, höchst geheimnisvoll
chih-shen 59	Geist der Weisheit
chih-p'o 60	die *yin*-Seele beherrschen
ch'in 61	Intimsphäre zwischen Vater und Sohn
chin 62	Gold, Name einer Dynastie (1115–1234)
chin-fei 63	Prinzessin Gold
Chin Hsien 64	Buddha
chin-hsing chih-ming 65	das Wesen erschöpfen, völlig verwesentlichen und das Leben gewinnen
chin-hua 66	die Goldene Blüte
chin-kuei 67	Goldene Schildkröte (Samenkanal?)
chin-mu 68	Mutter Gold
chin-tan 69	das Goldene Elixier
ching 70	Samen, Essenz, Sperma
ching 71	Stille
ch'ing 72	Affekt, Emotion, Liebe
ch'ing-an 73	*praśrabdhi,* der geistige Akt, der die Seele stille und den Leib leicht und friedlich macht
ching-ch'i 74	Samen-Kraft
ching-hua 75	feinste Reinheit, geballte Essenz, Konzentration der Kraft, Lebenskraft
ching-ling 76	geheimes (reines) Wirken des Geistes
ching-shen 77	Samenkraft, Geist, Seele
ching-shui 78	Samen-Wasser
ching-ssu 79	reines Denken, reines Erkennen, geheimes, verborgenes, differenziertes Denken
ching-tso 80	Sitzen in der Stille (Meditation)
chiu-hsiao 81	die neun Himmel
chiu-chüan 82	die neun Unterwelten
ch'iung-li chin-hsing 83	Forschen nach dem Urgrund und völlige Verwirklichung der Natur
ch'üan-chi 84	der ganze Augenblick des Loslassens, der Auslösung

chuan-shih te-chih 85	die acht von Gier und Schuld bedingten Grade der Bewußtheit verwandeln in den Zustand der Weisheit (*prajñā*), des Erbarmens
chuan-shou 86	Drehung der Hand, Tun des Werkes
chüeh 87	Gewahrwerden, Bewußtwerden, Erkenntnis
ch'un-ch'i 88	reines *ch'i*
ch'un-ch'ien 89	reines *ch'ien* (d.h. reines *yang*), reiner Ursprung
ch'un-hsiang 90	reines Denken, sein Denken reinigen
ch'un-yang 91	reines *yang*
ch'un-yin 92	reines *yin*
chung 93	richtig, Mitte
chung 94	Samen
ch'ung 95	leer, weich
chung-cheng 96	richtig und korrekt
ch'ung-ch'i 97	*ch'i* (Atem, Hauch, Lebenskraft) der Leere
chung-huang 98	Gelbe Mitte (Mittleres Elixierfeld)
chung-kung 99	Mittlerer Palast (Mittleres Elixierfeld)
ch'ung-lou 100	Doppel-Palast
chung-tao 101	Mittlerer Weg
dhyāna	Meditation, Zen
dīvya-cakṣus-jñāna	*t'ien-yen-t'ung 393*
dīvya-śrotra-jñāna	*t'ien-erh-t'ung 385*
erh 102	und dann, und doch
fa 103	*dharma,* richtige Methode, Lehre, Dinge
fa-hsiang 104	konkrete Dinge oder Erscheinungen
fa-shen 105	*dharma-kāya, dharma*-Körper (Substanz, Gehalt der Leere)
fan 106	Wiederkehr
fan-chao 107	Spiegelung des Lichts
fan-chao 108	Wiederkehr des Lichts
fan-huan 109	Wiederkehr und Heilung
fan-huan fu-ming 110	Rückkehr und Wiederherstellung des Lebens
fan-pen 111	zur Wurzel zurückkehren
fang-ts'un 112	Quadratzoll
fang-hsia 113	loslassen und hinlegen
fang-hsia-chao 114	*fang-hsia 113*
fen-pieh 115	bewußte Unterscheidung, unterscheidendes Bewußtsein
fu 116	Hexagramm Nr. 24 des *I Ging,* ein *yang* das zurückkehrt

fu-ch'i 117	Einnehmen von *ch'i,* der Lebenskraft
fu-erh 118	Methode zur Verlängerung des Lebens durch Einnehmen eines Elixiers
fu-lu 119	Amulett
fu-ming 120	Rückkehr zum Leben
fu-shui 121	Amulette und geweihtes Wasser
ho-ch'e chuan-yün 122	Drehen des Wasserrades
ho-kuang t'ung-ch'en 123	sein Licht unter den Scheffel stellen (Fähigkeiten und Tugenden verbergen) und sich der gemeinen Welt gleichstellen
hou-t'ien 124	nach Erschaffung Himmels und der Erden
hsi 125	Atem
hsia-erh-kuan 126	die zwei unteren Sperren
hsia-kuan 127	untere Sperre
hsia-shou 128	Beginn des Werkes
hsia-tan-t'ien 129	Unteres Elixierfeld
hsia-yüan 130	untere Quelle, Unteres Elixierfeld
hsiang 131	Form, Erscheinung, Symbol
hsiang 132	Erscheinung (*laksana*)
hsiao-chou-t'ien 133	Kleiner Himmlischer Kreislauf
hsiao-huan-tan 134	Kleiner Elixier-Kreislauf
hsien 135	Unsterblicher des Taoismus
hsien-t'ien 136	Vor-himmlisch, von Vor-der-Zeit
hsien-t'ien-chen-i 137	das Wahre Vor-himmlische Eine
hsien-t'ien-ch'iao 138	Öffnung, das Offene Vor-der-Zeit
hsin 139	Treue, Freundestreue
hsin 140	Geist, Seele, Herz, Gemüt
hsin-ch'uan 141	persönliche, geistige Übermittlung (einer Lehre)
hsin-chung 142	Mittelpunkt des Geistes
hsin-k'ung 143	Leere des Geistes
hsin-mu 144	Auge des Geistes
hsin shih 145	Geist und Bewußtheit
hsin-ti 146	Geist-Erde
hsin-t'i 147	Substanz des Geistes
hsing 148	Wesen, Innere Natur (gewöhnlich gebraucht von der menschlichen Natur, der Natur der Dinge)
hsing 149	Gestalt, Erscheinung, Form, Äußeres
hsing-kuang 150	Licht der Natur, inneres Licht, unerschaffenes Licht
hsing-ming 151	Natur und Leben

hsing-p'o 152	*p'o* (*yin*-Seele) in Gestalt
hsing-shen 153	Form und Geist
hsing-t'i 154	Form und Körper
hsiu-hui 155	Weisheit, gewonnen durch die Übung der Versenkung
hsü 156	leer, Leere
hsü 157	Rangordnung zwischen Alt und Jung
hsü-chung 158	Mitte der Leere
hsü-wu 159	das Leere Nichts
hsüan 160	wunderbar, geheim
hsüan-ch'iao 161	geheimnisvolle (wunderbare) Öffnung
hsüan-kuan 162	geheimnisvolle Sperre
hsüan-lan 163	geheimnisvoller Spiegel
hsüan-miao 164	geheimnisvoll und wunderbar
hsüan-p'in 165	das geheimnisvolle Weibliche
hua 166	verwandeln, verwandelt werden
hua-shen 167	*nirmāṇa-kāya,* verwandelter Körper
huan 168	Wiederherstellen, Wiederherstellung, Wiederkehr
huang-chung 169	Gelbe Mitte (Mittleres Elixierfeld)
huang-t'ing 170	der Gelbe Palast (Hof)
huang-ya 171	die gelbe Knospe
hui 172	10 800 Jahre
hui 173	*prajñā*, Weisheit
hui 174	Kreisen
hui-kuang 175	Licht-Kreislauf
hui-kuang fan-chao 176	Kreislauf und Spiegelung des Lichts
hui-ming 177	Weisheit und Leben
hun 178	*yang*-Seele
hun 179	nicht-unterschieden, nicht differenziert
hun-ch'en 180	*styāna,* Verzagtheit, Mutlosigkeit, Bedrükkung, schläfrige Benommenheit, Dumpfheit
hun-ch'i 181	*ch'i* der *yang*-Seele
hun-p'o 182	*yang*- und *yin*-Seele
hun-tun 183	Chaos
hun-tun i-ch'i 184	das nicht-geschiedene Eine *ch'i*
hung 185	Quecksilber
huo-hou 186	Feuer-Periode (Atem-Regulierung?)
huo-tzu-shih 187	Stunde der Wiederkehr, Enantiodromie
i 188	Wandlung, Titel eines Buches (*I Ging*)
i 189	Gedanke

i 190	Gestalt
i 191	Gerechtigkeit, Rechtschaffenheit
i 192	das Eine
i-chao 193	scharf hinsehen
i-chou-t'ien 194	der Eine Himmelskreislauf
i-hsin 195	aufrichtigen Herzens, der Eine Geist
i-hsin chuan-hsin 196	Übermittlung der Lehre von Geist zu Geist
i-hun-tun 197	das Eine Chaos
i-ju 198	wie ein Einziges, Kontinuierliches
i-ko fu-mu 199	Einheit von Vater und Mutter
i-ling chen-hsing 200	Natur – die Eine, wunderbare, wahre
i-ling-kuang 201	das Eine wunderbare Licht
i-sheng-shen 202	der aus dem Gedanken geborene Körper
i-shih 203	Gedanken und Bewußtsein, Sinneszentrum
i-shui-chung-chih-chin 204	das Gold des Einen Wassers (Wasser-Gegend)
i-wu 205	das Eine Ding (Erleuchtung, Buddha-Natur)
indriya	das Schöpferische, Wurzel der Sinnesorgane
jen 206	Menschlichkeit
jen-chung 207	Zentrum des Menschen
jen-hsin 208	Geist (Seele) des Menschen
jen-lun 209	gewöhnliche Alltagsgeschäfte
jen-wo-hsiang 210	Haften am Glauben an ein persönliches Selbst
jñāna	Weisheit
jou 211	Weichheit
ju-i-t'ung 212	*ṛddhividhi-jñāna,* unbeschränktes Vermögen, seinen Körper und seine Umwelt zu verwandeln
kalpa	*chieh 38,* unermeßliche Zeitspanne, Äonen
kāma	Begierden
kāmadhātu	die Welt der Begierden
k'an 213	Bezeichnung eines Hexagramms: Wasser
k'an-yang 214	*yang* der Wasserregion, reines *yang*
karma	Gesetz der Individuation in der hinduistischen Weltanschauung
ken 215	*indriya,* Wurzel eines Baumes
ken-pen 216	Wurzel, Fundament
ken-yüan 217	Wurzel, Quelle
kleśa	Verhaftung, Schuld
ku-shen 218	Geist des Tales
kuan 219	Sperre
kuan 220	*vipaśyanā,* Einsicht in die Wahrheit, Meditation, taoistischer Tempel

kuan-hsin 221	Meditation über den Geist
kuang 222	Licht
kuang-hua 223	Strahlkraft, Essenz des Lichtes
kuang-ming-ts'ang 224	Speicherung des Lichtes, Buddha-Natur
kuei 225	körperlose *yin*-Seele (s. Anm. 82 zur Übersetzung)
kuei 226	zurückkehren, heimkehren
kuei-ken fu-ming 227	Heimkehr zur Wurzel und Erneuerung des Lebens
kumuda	blaue Lotosblüte
k'un 228	Bezeichnung eines Hexagramms: Erde
k'un-kung 229	*k'un* – Palast, Region der Nieren, des Wassers
k'ung 230	*śūnyatā* – leer, entleeren
k'ung-chi-shih-se 231	*śūnyatā* (Leere) – nichts anderes als die Gesamtheit aller mit den Sinnen wahrnehmbaren konkreten Dinge
k'ung-hsin 232	den Geist entleeren
lao-yang 233	gereiftes *yang*
lao-yin 234	gereiftes *yin*
li 235	Prinzip, Essenz
li 236	Höflichkeit, Sittlichkeit, Schicklichkeit
li 237	Hexagramm Nr. 30 des *I Ging* – das Haftende, Feuer
li-huo 238	*li*-Feuer
liang-i 239	die beiden Formen (*I Ging:* Himmel u. Erde)
liao-pieh 240	verstehen und unterscheiden, erkennen
liao-shou 241	Vollendung des Werkes
lien 242	kneten, verfeinern, wirken
lien-ch'i 243	*ch'i* wirken und verfeinern
lien-ching hua-ch'i 244	den Samen läutern und in *ch'i* verwandeln
lien-hsing 245	die Natur verfeinern
lien-hun 246	die *yang*-Seele einüben (trainieren, »kneten«)
lien-shen 247	den Geist trainieren, »kneten«, verfeinern
ling 248	der geheime Sinn (verborgene Kraft)
ling-hsü pu-mei 249	das Herz, der geeinte (unbeirrbare) Geist, geheimnisvoll, leer, ohne den Schatten einer Trübung
ling-hun 250	*ching-ch'i,* Lebenskraft des Samens (Essenz des Seins), Seele
ling-t'ai 251	Sitz des Geheimnisses, Geist, Gemüt
ling-yao 252	geheimnisvolle Essenz des Elixiers (ursprüngliches *ch'i* von Vor-der-Zeit)

lou-chin 4	*āsravakṣaya kṣīṇāśrava,* Auslöschen, Tilgung der Schuld
lou-chin-t'ung	*āsravakṣaya-jñāna*
lü-ting 253	Feuerstelle und Dreifuß
luan 254	Verwirrung
lun-hui 255	Wandlung, zyklischer Umlauf, *saṁsāra*
manas	*i 189,* Gedanke
miao 256	wunderbar, subtil, geheimnisvoll
miao-kuan-ch'a-chih 257	die Weisheit eindringlicher, scharfsinniger Beobachtung
miao-ti 258	geheime Erkenntnis
miao-yung 259	wunderbares Wirken
ming 260	Erleuchtung, ausgezeichnetes Sehen
ming 261	Sein, Leben, Befehl, Bestimmung, vgl. *t'ien-ming*
ming-chi 262	Augenblick, da das Leben frei wird, mit dem Himmel übereinstimmt
ming-ch'iao 263	Öffnung des Lebens (Unteres Elixierfeld)
ming-ching-t'ai 264	heller Spiegelrahmen
ming-kung 265	Sitz des Lebens, Wassergegend
ming-men 266	Durchgang zum Leben
mo 267	Manifestation
mo-na-shih 268	*mano-vijñāna*
mu-yü 269	Baden und Waschen
nao-chung 270	Zentrum des Gehirns
nei-ch'en 271	die innere Wahrnehmung des Geistes
nei-chih-shih 272	auf das Innere hinweisen
nei-kuan 273	innere Meditation
nei-shih 274	die inneren Dinge, Belange, Pflichten
nei-tan 275	Inneres Elixier
ni 276	annehmen, begrüßen, umkehren, rückwärtsgehen
ni-fa 277	Methode des Rückwärts
ni-shu 278	die Zukunft durch Zahlen-Kombinationen erforschen
ni-wan 279	*nirvāṇa,* Gehirn
nien 280	momentaner Gedanke
nirmāṇa-kāya 281	*hua-shen*
padma	rote Lotosblüte
pai 282	weiß *(yang)*

pai-hao 283	ein weißes Haar zwischen den Brauen: eins der 32 Auspizien des Buddha
pañca skandha	*wu-yün 284,* die 5 Anhäufungen
pao-i 285	das Eine hegen, pflegen, nach dem Einen trachten
pao-shen 286	den Geist umfangen
pao-shen 287	den Geist erhalten (bewahren)
pao-shen 288	*sambhoga-kāya,* Freude – einer der drei Buddha-Körper
pao-yüan shou-i 289	den Ursprung empfangen, den Anfang bejahen und das Eine wahren
paracitta-jñāna	*ta-hsin-t'ung 290,* unbeschränktes Verständnis für den Geist (Meinung) anderer
pen 291	Ursprung
pen-jan 292	Natur des ursprünglichen So-Seins
pen-lai wu-i-wu 293	am Anfang – Nichts
pen-t'i 294	Ur-Substanz, Ur-Sein
pen-wu 295	anfängliches Nicht-Sein, nichtseiend
pen-yüan 296	Urquell
p'i 297	Milz
p'i-chung 298	Mitte der Milz
pieh 299	korrekte Rangordnung zwischen Ehegatten
pien-hua 300	Wandlung und Verwandlung
p'ing-ch'ang-hsin-shih-tao 301	Tao des gewöhnlichen Geistes (Gemüts, Herzens)
p'ing-teng-hsing-chih 302	das Wissen *(prajñā)* um die Gleichheit
p'o 303	*yin*-Seele
prajñā	*hui 173,* Weisheit
prajñaptir upādāya	*chia 34,* das zeitlich bedingte Sein der Welt *prajñaptir upādāya*
praśrabdhi	*ch'ing-an 73,* Seelenhaltung, welche die Welt erträglich und den Leib leicht und friedvoll macht
pratītyasamutpāda	*yüan-ch'i 304*
preta	hungriger Dämon
pu-huan 305	nicht-wiederkehrend
pu-k'o-te 306	das Nicht-Erreichbare, wesenlos
puṇḍarīka	weiße Lotosblüte
pūrvanivāsānusmṛti-jñāna	*hsiu-ming-t'ung 307,* unbeschränktes Wissen um die persönliche Vergangenheit in frühern Existenzen

ṛddhividhi-jñāna	*ju-i-t'ung 212*
rūpa	*se 308*, das Konkrete, die Form
rūpadhātu	*se-chieh 309*, die Welt der Formen (der Erscheinungen)
sa-shou 310	sprengen, erweitern, ausbreiten
samādhi	*ting 311*, Konzentration
sambhoga-kāya	*pao-shen 288*, einer der drei Buddha-Körper
saṁjñā	Wahrnehmung, Erkenntnis
saṁskāra	das Wollen, karmische Lebenskraft
saṁskṛta	*yu-wei 312*, erschaffen
san-chieh 313	dreifache Welt (*kāmadhātu*, *rūpadhātu* und *arūpadhātu*)
san-hsüan 314	die Drei tiefen Geheimnisse: *Lao Tzu*, *Chuang Tzu*, *I Ging*
san-hsüeh 315	dreifache Lehre *(chieh 40, ting 307, hui 173)*
san-hui 316	dreifache Weisheit *(wen-hui 415, ssu-hui 356, hsiu-hui 155)*
san-kuan 317	dreifache Kontemplation (*k'ung 230*, *chung 93*, und *chia 34*)
san-luan 318	*vikṣepa*, Zerstreutheit
san-shen 319	dreifacher Leib *(dharma-kāya, nirmāṇa-kāya, sambhoga-kāya)*
san-ts'ai 320	die drei Mächte: Mensch, Erde, Himmel
san-yüan 321	drei Fundamente: Ur-Samen, Ur-*ch'i*, Ur-Geist
se 308	*rūpa*, Farbe
se-chi-shih-k'ung 322	Form und Leere sind nichts anderes als die Leere (*śūnyatā*)
se-chieh 309	*rūpadhātu* Welt
sha 323	»Sand« (Materie des Elixiers)
shang-kuan 324	Obere Sperre
shao-yang 325	junges *yang*
shao-yin 326	junges *yin*
shen 327	Leib
shen 328	Geist, wunderbares Wirken des Tao
shen-ch'i 329	Gottheit Himmels und der Erde
shen-chieh 330	geistiges Verstehen
shen-ch'ing 331	Geist und Gefühl
shen-hsien 332	der Unsterbliche des Taoismus
shen-huo 333	Geist-Feuer
shen-ming 334	geheimnisvolles Wirken des Geistes und der Erleuchtung

shen-shih 335	Geist und Bewußtsein
shen-shih 336	Raum des Geistes: Unteres Elixierfeld
shen-shui 337	heiliges Wasser
shen-tan 338	Elixier des Geheimnisses
shen-yu 339	das freie Umhergehen des Geistes
sheng 340	entstehen, erschaffen, Leben, Existenz, Erschaffung etc.
sheng-ch'i 341	die erweckende Lebenskraft
sheng-t'ai 342	der Heilige Embryo
shih 343	Dinge der äußern Welt, Pflichten
shih 344	Prinzip
shih 345	unterscheidendes Bewußtsein
shi-chi 346	Augenblick der Übereinstimmung, der Erfüllung
shih-erh-ch'u 347	die 12 Zustände
shih-kuang 348	Licht des Bewußtseins
shih-pa-chieh 349	18 Bereiche, Felder
shih-shen 350	bewußter Geist
shou-chung 352	Konzentration auf die Mitte
shou-hsi-kuan 353	Kontemplation durch Zählen der Atemzüge
shou-hsin-chu-yüan 354	es steht: den Geist konzentrierend, in Bindungen verharren
shu 351	Orakel mit Schafgarbenstengeln (im *I Ging* gebraucht)
shu 355	Hirsekorn
shu-chi 356	Drehpunkt, Achse der Übereinstimmung
shu-chu 357	Hirsen-Perle, Samenkorn (Goldene Blüte)
shu-shu 358	Methode des Orakels
śīla	*chieh 40,* Disziplin
śrāvaka	durch Hören von Buddhas Lehre zur Erleuchtung gelangen
ssu-hui 359	Weisheit, erlangt durch Betrachten der Wahrheit der Sutren und Lehren
ssu-liang 360	denken und betrachten
styāna	*hu-ch'en 180,* Verzagtheit, Trübsinn
śūnyatā	*k'ung 230,* Leere
ta-ch'ien 361	die Welten (buchst.: Große Tausend)
ta-chou-t'ien 362	der Große Himmelskreislauf
ta-hsin-t'ung 290	*paracitta-jñāna,* unbeschränktes Verständnis für den Geist (Gemüt) der andern

ta-huan-tan 363	der Große Elixier-Kreislauf
ta-ting 364	Großes *samādhi*
ta-yüan-ching-chih 365	Weisheit *(prajñā)* des Großen vollkommenen Spiegels
t'ai 366	Ständer, Rahmen
t'ai-chi 367	der Große Allerhöchste
t'ai-hsi 368	Atem des Embryos
t'ai-hsü 369	große Leere
t'ai-i 370	das Große Eine
t'ai-yang 371	das große *yang*, die Sonne
tan 372	Elixier
tan-t'ien 373	Elixier-Feld
tao 374	Weg, Tao
tao-t'ai 375	Embryo des Tao
tao-yin 376	Atemübungen zur Ernährung des Lebens
tathāgatagarbha	Buddha-Natur
tathatā	das So-Sein
te-i 377	das Empfangen des Einen
te-li 378	das Empfangen von Kraft
ti 379	Himmlischer Herrscher
t'i 380	Erde
t'i 381	Substanz, Leib, Essenz
t'i-chung 382	Zentrum der Erde
t'ien 383	Himmel
t'ien-chi 384	Manifestation des Himmlischen Geheimnisses
t'ien-erh-t'ung 385	*dīvya-śrota-jñāna*, unbeschränkte Hörkraft der göttlichen Ohren
t'ien-hsin 386	Geist des Himmels (himmlische Seele)
t'ien-i 387	das Himmlische Eine
t'ien-ken 388	Wurzel des Himmels
t'ien-li jen-yü 389	das Himmlische Prinzip aus den Wolken menschlicher Begierden befreien
t'ien-ming 390	Ordnung, Mandat, Verfügung des Himmels
t'ien-ti-chih-hsin 391	Geist des Himmels und der Erde
t'ien-ti-chih-hsing 392	Natur des Himmels und der Erde
t'ien-yen-t'ung 393	*dīvya-cakṣus-jñāna,* unbeschränkte Sehkraft der göttlichen Augen
t'ien-yu chieh-ming 394	Öl nachfüllen und Leben vermehren
ting 311	*samādhi*, Konzentration, Versenkung
t'ing 395	das Hören
t'ing 396	Garten
ting-ch'i 397	Dreifuß (Mittleres Elixierfeld)
ting-hui 398	*samādhi* und *prajñā*

t'o-t'ai huan-ku 399	den Embryo entfernen und die Knochen auswechseln (die Persönlichkeit wandeln)
tou-ping 400	die drei Sterne an der Deichsel des Großen Wagens
ts'ang-shih 401	*ālayavijñāna,* gespeichertes Bewußtsein
tsao-hua 402	Erschaffung und Wandlung
tsu 403	Ahne
tsu-ch'i 404	*ch'i* der Ahnen
tsu-ch'iao 405	das Offene der Ahnen (Elixierfeld)
tsu-t'u 406	Land der Ahnen
ts'ung 407	ausgezeichnete Hörfähigkeit
tuan-shih 408	das unterscheidende Bewußtsein unterbrechen
t'ung 409	frei, ungehindert eindringen; was frei kommt und geht
tung 410	Bewegung
tzu-chüeh chüeh-t'a chüeh-hsing ch'iung-man 411	Hui Yüan's Definition von Buddha: selber den Weg fortschreitender Erleuchtung betreten und dem Mitmenschen helfen, ebenfalls den Weg fortschreitender Erleuchtung zu betreten, so daß Erleuchtung zum unendlichen Prozeß wird.
tzu-jan 412	Natur
tzu-jan-shen 413	*dharma-kāya*
utpala	gelbe Lotosblüte
vedanā	Gefühl, Eindruck, Impression
vijñāna	*shih 345,* Bewußtsein
vipaśyanā	*kuan 220,* Einsicht, die zur Wahrheit führt
wai-chih-shih 414	auf die äußern Dinge hinweisen
wai-tan 415	äußeres Elixier
wan-fa 416	die Myriaden von Dingen
wan-fa ju-ju 417	das So-Sein der Myriaden von Dingen
wei-lü-hsüeh 418	*hsia-kuan 127,* Untere Sperre (Anus? Penis-Basis?)
wen 419	horchen, hören
wen-chieh 420	Bereich der Koagulierung und der Differenzierung
wen-hui 421	Weisheit, gewonnen durch Anhören der Sutren und der Lehre
wen-yang 422	Waschen und Ernähren

wu 423	Dinge
wu 424	Nicht-Sein, das Nichts
wu-ch'ang 425	die fünf Kardinaltugenden des Konfuzianismus
wu-chi 426	das Nicht-Endliche (Forke übersetzt: das Prinzip des Nicht-Seins), eig. der Gipfel des Nichts
wu-ch'i 427	was weder gut noch schlecht ist
wu-chi-erh-t'ai-chi 428	das Nicht-Letzte und doch Allerhöchste
wu-chin 429	fünf Metalle
wu-chu-erh-sheng-hsin 430	*ying-wu-so-chu erh-sheng-ch'i-hsin 431*, der Geist hat keinen bestimmten Ort, er manifestiert sich (erscheint) in den Dingen
wu-hsin 432	Nicht-Geist
wu-hsing 433	Nicht-Form
wu-hsing 434	seine eigene Natur erkennen
wu-huan 435	Nicht-Wiederkehr
wu-i 436	Nicht-Denken
wu-i-wu 437	das Nichts
wu-lun 438	die fünf menschlichen Beziehungen des Konfuzianismus
wu-ming 439	namenlos
wu-ming-hsiang 440	ohne Namen und Form
wu-se-chieh 441	die Welt (Bereich) ohne Form *(arūpa)*
wu-shen-t'ung 442	die 5 Wunderbaren Durchdringungen (Erkenntnisse)
wu-shih 443	nichts Besonderes; sich wohlfühlen, Wohlbehagen
wu-wei 2	*asaṁskṛta*, Nicht Tun, unerschaffen
wu-wei-erh-wei 444	Nicht-Tun-und-doch-Tun
wu-wei tzu-jan 445	Nicht-Tun in Übereinstimmung mit der Natur
wu-yü 446	frei von Begierde sein
wu-yün 284	*pañca skandha*, fünf Agglomerate
yakṣa	kriegerischer Geist
yang-chien 447	*yang*-Blei
yang-kuang 448	*yang*-Licht
yang-ling 449	*yang*-Geist
yang-shen 450	Geist des *yang*
yang-shen 451	den Geist ernähren
yao 452	Rohstoff des Elixiers
yao-wu 453	Rohstoff des Elixiers

yathābhūtam prajānāti	Erkenntnis durch Weisheit an sich
yin-chin 454	*yin*-Gold
yin-fu 455	Augenblick der Übereinstimmung zwischen Himmel und Erde
yin-hsien 456	*yin*-Unsterblicher
yin-ling 457	*yin*-Geist
yin-shen 458	Geist des *yin*
ying 459	Jugendlicher
ying-erh 460	Kind
yu 461	Sein
yü 462	Pflanze mit duftenden Blüten, die im Frühsommer blüht; Chinas Lieblingsblume
yü-ch'ing 463	Jade-Reinheit
yu-wei 312	*saṁskṛta,* das Tun
yu-ming 464	mit Namen genannt
yu-yü 465	durch Begierden verursacht, mit Begierden behaftet
yüan 466	Quelle, Urquell
yüan 467	von Umständen bedingt, Verstrickung, Verwirrung
yüan-ch'i 468	Ur-*ch'i*
yüan-ch'i 304	*pratītya-samutpāda,* seinen Ursprung in bedingten Umständen nehmen
yüan-ch'i chung-tao 469	der Mittlere Pfad des *pratītya-samutpāda*
yüan-chung 470	die Mitte der Bedingungen (das Untere Elixierfeld)
yüan-hsing 471	ursprüngliche Natur
yüan-hua 472	große Verwandlung
yüan-kung 473	Palast des Urbeginns
yüan-shen 474	Ur-Geist, Geist des Ursprungs, Urbeginn
yüan-shih 475	ursprünglicher Anfang
yueh-k'u 476	Höhle des Mondes
yün-chai 477	Wolken-Burg
yung 478	Funktion, Operation
yung-she hsing-ts'ang 479	*yung-chih-tse-hsing she-chih-tse-ts'ang 480,* konfuzianisch: seine Fähigkeiten einsetzen, wenn man gebraucht wird (d. h. vom Fürsten ins Amt gesetzt wird), und sich zurückziehen, verbergen, wenn man verworfen (nicht ins Amt eingesetzt) wird.

III. Index der Namen von Personen, Autoren, Werktiteln, Orden etc.

Die *kursiven* Zahlen an 1. Stelle verweisen auf die Ideogramme, die andern auf die Textseiten, wo der betr. Name vorkommt.

IV. Ideogramme

Im Glossar und im Index sind Ziffern angegeben, die auf diese Ideogramme verweisen.

1. 阿賴耶識
2. 無爲
3. 漏盡通
4. 漏盡
5. 世尊
6. 姹女
7. 塵
8. 真（人）
9. 真炁
10. 真竅
11. 真種
12. 真息
13. 真心
14. 真性
15. 真火
16. 真意
17. 真念
18. 真空
19. 真陽
20. 誠
21. 正觀
22. 正念
23. 成所作智
24. 基
25. 機
26. 炁，氣
27. 集起
28. 炁竅
29. 器界
30. 氣質之性
31. 機發
32. 氣海
33. 氣息
34. 假
35. 夾脊
36. 竅
37. 蜣螂
38. 劫
39. 結
40. 戒
41. 結胎
42. 鉛
43. 乾
44. 見性
45. 乾宮
46. 乾德
47. 乾天
48. 乾鼎
49. 智
50. 質
51. 尺宅
52. 知止
53. 致知
54. 致知格物
55. 止至善
56. 至虛
57. 止觀
58. 至靈
59. 智神
60. 制魄
61. 親
62. 金
63. 金妃
64. 金仙
65. 盡性至命
66. 金華
67. 金龜
68. 金母
69. 金丹
70. 精
71. 靜
72. 情
73. 輕安
74. 精炁
75. 精華
76. 精靈
77. 精神
78. 精水
79. 精思
80. 靜坐
81. 九霄
82. 九泉
83. 窮理盡性
84. 全機
85. 轉識得智
86. 轉手
87. 覺
88. 純炁
89. 純乾
90. 純想
91. 純陽
92. 純陰
93. 中
94. 種
95. 沖
96. 中正
97. 沖氣
98. 中黃
99. 中宮
100. 重樓
101. 中道
102. 而
103. 法
104. 法象
105. 法身
106. 返
107. 返照
108. 反照

109. 返還
110. 返還復命
111. 返本
112. 方寸
113. 放下
114. 放下着
115. 分別
116. 復
117. 服氣
118. 服餌
119. 符籙
120. 復命
121. 符水
122. 河車轉運
123. 和光同塵
124. 後天
125. 息
126. 下二関
127. 下関
128. 下手
129. 下丹田
130. 下元
131. 象
132. 相
133. 小周天
134. 小還丹
135. 仙, 僊
136. 先天
137. 先天真一
138. 先天竅
139. 信
140. 心
141. 心傳
142. 心中
143. 心空
144. 心目
145. 心識
146. 心地
147. 心體
148. 性
149. 形
150. 性光
151. 性命
152. 形魄
153. 形神
154. 形體
155. 修慧
156. 序
157. 虛
158. 虛中
159. 虛無
160. 玄
161. 玄竅
162. 玄関
163. 玄覽
164. 玄妙
165. 玄牝
166. 化
167. 化身
168. 還
169. 黃中
170. 黃庭
171. 黃芽
172. 會
173. 慧
174. 回
175. 回光
176. 回光返照
177. 慧命
178. 混
179. 魂
180. 昏沈
181. 魂氣
182. 魂魄
183. 混沌
184. 混沌一氣
185. 汞
186. 火候
187. 活子時
188. 易
189. 意
190. 儀
191. 義
192. 一
193. 一照
194. 一周天
195. 一心
196. 以心傳心
197. 一混沌
198. 一如
199. 一箇父母
200. 一靈真性
201. 一靈光
202. 意生身
203. 意識
204. 一水中之金
205. 一物
206. 仁
207. 人中
208. 人心
209. 人倫
210. 人我相
211. 柔
212. 如意通
213. 坎
214. 坎陽
215. 根
216. 根本

217. 根源
218. 谷神
219. 関
220. 觀
221. 觀心
222. 光
223. 光華
224. 光明藏
225. 鬼
226. 歸
227. 歸根復命
228. 坤
229. 坤宮
230. 空
231. 空即是色
232. 空心
233. 老陽
234. 老陰
235. 理
236. 禮
237. 離
238. 離火
239. 兩儀
240. 了別
241. 了手
242. 煉
243. 煉氣
244. 煉精化氣
245. 鍊性
246. 鍊魂
247. 鍊神
248. 靈
249. 靈虛不昧
250. 靈魂
251. 靈臺
252. 靈藥
253. 爐鼎
254. 亂
255. 輪迴
256. 妙
257. 妙觀察智
258. 妙諦
259. 妙用
260. 明
261. 命
262. 命機
263. 命竅
264. 明鏡臺
265. 命宮
266. 命門
267. 末
268. 末那識
269. 沐浴
270. 惱中
271. 內塵
272. 內指事
273. 內觀
274. 內爭
275. 內丹
276. 逆
277. 逆法
278. 逆數
279. 泥丸
280. 念
281. 八卦
282. 白
283. 白毫
284. 五蘊
285. 抱一
286. 抱神
287. 保身
288. 報身
289. 抱元守一
290. 他心通
291. 本
292. 本然
293. 本來無一物
294. 本體
295. 本無
296. 本原、本源
297. 脾
298. 脾中
299. 別
300. 變化
301. 平常心是道
302. 平等性智
303. 魄
304. 緣起
305. 不還
306. 不可得
307. 宿命通
308. 色
309. 色界
310. 撒手
311. 定
312. 有為
313. 三界
314. 三玄
315. 三學
316. 三慧
317. 三觀
318. 散亂
319. 三身
320. 三戈
321. 三元
322. 色即是空
323. 砂
324. 上関

325. 少陽
326. 少陰
327. 身
328. 神
329. 神氣
330. 神解
331. 神情
332. 神仙(僊)
333. 神火
334. 神明
335. 神識
336. 神室
337. 神水
338. 神丹
339. 神遊
340. 生
341. 生氣
342. 聖胎
343. 事
344. 式
345. 識
346. 時機
347. 十二處
348. 識光
349. 十八界
350. 識神
351. 筮
352. 守中
353. 數息觀
354. 守心住緣
355. 黍
356. 樞機
357. 黍
358. 術數
359. 思慧
360. 思量
361. 大千
362. 大周天
363. 大還丹
364. 大定
365. 大圓鏡智
366. 胎
367. 太極
368. 胎息
369. 太虛
370. 太乙, 太一
371. 太陽
372. 丹
373. 丹田
374. 道, 衜
375. 道胎
376. 導引
377. 得一
378. 得力
379. 帝, [illegible], [illegible]
380. 地
381. 體
382. 地中
383. 天, [illegible], 兲
384. 天機
385. 天耳通
386. 天心
387. 天一
388. 天根
389. 天理人欲
390. 天命
391. 天地之心
392. 天地之性
393. 天眼通
394. 添油接命
395. 聽
396. 庭
397. 鼎器
398. 定慧
399. 脫胎換骨
400. 斗柄
401. 藏識
402. 造化
403. 祖
404. 祖氣
405. 祖竅
406. 祖土
407. 聰
408. 斷識
409. 通
410. 動
411. 自覺覺他覺行窮滿
412. 自然
413. 自然身
414. 外指事
415. 外丹
416. 萬法
417. 萬法如如
418. 尾閭穴
419. 聞
420. 蘊界
421. 聞慧
422. 溫養
423. 物
424. 無
425. 五常
426. 無極
427. 五氣
428. 無極而太極
429. 五金
430. 無住而生心
431. 應無所住而生其心
432. 無心

433. 無形
434. 五行
435. 無還
436. 無意
437. 無一物
438. 五倫
439. 無名
440. 無名相
441. 無色界
442. 五神通
443. 無事
444. 無為而為
445. 無為自然
446. 無欲
447. 陽鉛
448. 陽光
449. 陽靈
450. 陽神
451. 養神
452. 藥
453. 藥物
454. 陰金
455. 陰符
456. 陰仙
457. 陰靈
458. 陰神
459. 嬰
460. 嬰兒
461. 有
462. 鬱
463. 玉清
464. 有名
465. 有欲
466. 源
467. 緣
468. 冤愆
469. 緣起中道
470. 緣中
471. 元性
472. 元化
473. 元宮
474. 元神
475. 元始
476. 月窟
477. 雲宅
478. 用
479. 用舍行藏
480. 用之則行舍之則藏
481. 安部健夫
482. 朝比奈曹源
483. 佛教大辭典
484. 佛教思想論集
485. 占候易
486. 湛然慧真子
487. 張角
488. 長春真人
489. 張居房
490. 張鍾元
491. 張衡
492. 張陵
493. 張魯
494. 長生術
495. 張載
496. 張紫陽
497. 趙州
498. 真大道教
499. 正一教
500. 澄觀
501. 正始
502. 成唯識論
503. 甲骨文字集釋
504. 將元庭
505. 焦延壽
506. 智顗
507. 止觀
508. 金華宗旨
509. 金蓋龍嶠山房宗壇
510. 金蓮正宗記
511. 金丹正宗
512. 金月岩
513. 清淨經
514. 京房
515. 丘處機
516. 周易參同契
517. 周易參同契解
518. 周易參同契注
519. 周易參同契發揮
520. 朱熹
521. 全真教
522. 全書正宗
523. 莊子
524. 中國人の天下觀念
525. 春秋
526. 鍾離權
527. 重陽立教十五論
528. 中庸
529. 大漢和辭典
530. 道教の基礎的研究
531. 易學
532. 恩洪
533. 孚佑上帝
534. 福井康順
535. 馮友蘭
536. 元代佛道論爭序說
537. 韓愈
538. 服部宇之吉
539. 河澤禪

540. 何晏
541. 本田濟
542. 後天圖
543. 西川
544. 繫辭
545. 襄楷
546. 象數易
547. 小止觀
548. 蕭抱珍
549. 蕭道存
550. 蕭天石
551. 新天師道
552. 心印經
553. 性命圭旨
554. 修真太極混元指玄圖
555. 修真太極混元圖
556. 續命方
557. 玄奘
558. 胡混成
559. 華嚴經
560. 華嚴經大疏
561. 還丹訣圖
562. 恒帝
563. 黃帝素問
564. 黃庭經
565. 慧可
566. 慧命經
567. 慧能
568. 慧遠
569. 弘忍
570. 火龍真人
571. 易(經)
572. 藝文志
573. 伊尹
574. 金谷治
575. 漢易研究
576. 高上玉皇心印經
577. 柏原祐義
578. 加藤常賢
579. 寇謙之
580. 小柳司氣太
581. 講座東洋思想
582. 觀經
583. 觀無量壽經
584. 關尹子
585. 窪德忠
586. 功過格
587. 老君
588. 老子
589. 楞嚴經
590. 楞嚴推堪入門
591. 李翺
592. 禮記
593. 立教十五論
594. 李詮
595. 李孝完
596. 臨濟
597. 臨濟錄
598. 靈寶君
599. 劉海蟾
600. 劉向
601. 劉歆
602. 柳華陽
603. 劉德仁
604. 魯
605. 呂純陽
606. 陸象山
607. 呂不韋
608. 呂氏春秋
609. 呂祖
610. 呂祖師先天虛無太乙金華宗旨
611. 呂洞賓
612. 呂巖
613. 論語
614. 龍門
615. 馬祖
616. 茅山
617. 孟喜
618. 閔一得
619. 摩訶止觀
620. 諸橋轍次
621. 西義雄
622. 織田得能
623. 抱一函三秘訣
624. 抱一子顯微
625. 彭
626. 辯偽錄
627. 普照圖
628. 老莊の思想と道教
629. 佐伯定胤
630. 最盛期の禪思想
631. 三田五行正道之圖
632. 上清黃庭內景經
633. 商周
634. 攝大乘論
635. 神秀
636. 神會
637. 神寶君
638. 史記
639. 詩經
640. 真宗聖典
641. 親鸞
642. 詳解漢和大字典
643. 首楞嚴
644. 說卦

645. 宋代新道教教團
646. 蘇州
647. 鈴木貞太郎大拙
648. 鈴木由次郎
649. 大乘義章
650. 大智度論
651. 大覺金仙
652. 太極圖
653. 太極圖說
654. 太一教
655. 太乙金華宗旨
656. 太平道
657. 太山
658. 泰山
659. 太上感應篇
660. 太上老君
661. 太上道君
662. 高田真治
663. 高楠順次郎
664. 道家
665. 道家養生學概要
666. 道教
667. 道德經
668. 道藏
669. 道藏輯要
670. 道藏續編
671. 天心金華宗旨
672. 天寶君
673. 天師道
674. 東方文化講座
675. 東洋文化研究所紀要
676. 參同契
677. 左傳
678. 宗密
679. 洞真
680. 董仲舒
681. 洞玄
682. 東華(帝君)
683. 洞神
684. 洞微經
685. 洞微圖
686. 紫陽
687. 王重陽
688. 王國維
689. 王陽明
690. 王陽明
691. 魏伯陽
692. 文始真人
693. 唯識法相宗
694. 吳門
695. 五燈會元
696. 武帝
697. 五斗米道
698. 葉玉森
699. 巖
700. 顏淵
701. 顏子
702. 巖陽
703. 尹真人
704. 陰符經
705. 尹喜
706. 玉華經
707. 俞炎
708. 元始天尊
709. 原人論
710. 元育
711. 雲笈七籤
712. 雲陽
713. 全真教の成立

V. Bibliographie

A. Bücher

Chung-yüan Chang: *Creativity and Taoism, A Study of Chinese Philosophy, Art, and Poetry,* New York, The Julian Press Inc., 1963.

Fukui Kōjun: *Dōkyō no Kisoteki Kenkyū,* Tokyo, Shoseki Buntsū Ryutsūkai, 1957.

Fung Yu-lan: *A History of Chinese Philosophy,* D. Bodde, Princeton, Princeton University Press, 1953.

Honda Wataru: *Eki,* Tokyo, Asahi Shinbunsha, 1966.

–: *Eki Gaku,* Studien über das *I Ging,* Kyoto, Heirakuji Shoten, 1963.

Hsiao T'ien Shih: *Tao Chia Yang Sheng Hsüeh Kai Yao,* Hong Kong, Tzuyu Press, 1963.

Jung, Carl Gustav: *Mysterium Coniunctionis,* The Collected Works of C. G. Jung, Vol. 14, London, Routledge & Kegan Paul, 1963.

–: *Psychology and Alchemy,* The Collected Works of C. G. Jung, Vol. 12, Bollingen Series XX, Pantheon, 1953.

Koyanagi Shigeta: *Rōsō no Shisō to Dōkyō,* Tokyo, Morikita Shoten, 1944.

Lu K'uan Yu (Charles Luk): *The Secret of Chinese Meditation,* London, Rider & Company, 1964.

Maspero, Henri: *Le Taoisme, Mélanges posthumes sur les religions et l'histoire de la Chine,* Paris, Civilisations du Sud, 1950. Übers. Y. Kawakatsu: *Dōkyō, Fushino Tankyu,* Tokyo, Tōkai Daigaku Shuppankai, 1966.

Needham, Joseph: *Science and Civilization in China,* Vol. II, Cambridge, University Press, 1956.

Suzuki, Daisetsu Teitarō: *Essays in Zen Buddhism,* First Series, London, Luzac 1927

Suzuki, Yoshijirō: *Kan'eki Kenkyū,* Tokyo, Meitoku Shuppan, 1963.

Takakusu, Junjirō: *The Essentials of Buddhist Philosophy,* Honolulu, University of Hawaii Press, 1947.

Wilhelm, Richard, und Jung, C. G.: *The Secret of the Golden Flower,* London, Routledge & Kegan Paul, 1962.

B. Beiträge

Abe, Takeo: »Chūgokujin no Tenka Kannen«, in: *Tōhō Bunka Kōza,* No. 6, Kyoto, Harvard Yen Ching Do-shi-sha, 1956.

Chung-yüan Chang: »Creativity as Process in Taoism« in: *Eranos Jahrbuch* XXV, 1956.

–: »Tao and the Sympathy of All Things«, in: *Eranos Jahrbuch* XXIV, 1955.

Jung, Carl Gustav: »Synchronicity: An Acausal Connecting Principle« in: *Collected Works of C. G. Jung,* Vol. VIII, London, Routledge & Kegan Paul, 1960.

Kubo, Tadanori: »Zenshinkyō no Seiritsu«, *Tōyō Bunka Kenkyūjo Kiyō,* No. 42, Tokyo, University of Tokyo, Nov. 1966.

–: »Gendai Butsudō Ronsō Kenkyū Jyosetsu«, in: *Bukkyō Shisōshi Ronshū,* Tokyo, Daizō Shuppan, 1964.

–: »Sōdai no Shindōkyō Kyōdan«, in: *Tōhōgaku* (?).

Miyuki, Mokusen: »An Naturalistic Interpretation of Religion«, unveröffentlichte Magisterarbeit, University of California, Los Angeles, 1961.

–: »An Analysis of Buddhist Influence on the Formation of the Sung Confucian Concept of Li-ch'i«, unveröffentlichte Dissertation, The Claremont Graduate School, 1964.

Nishi, Yoshio: »Saiseiki no Zenshisō«, in: *Kōza Toyō Shisō,* Vol. V, hrsg. v. Tamaki Kōshirō, Tokyo, Tokyo University Press, 1957.

Tillich, Paul: »Kairos«, in: *A Hand Book of Christian Theology,* London, Collins, Fontana Books, 1958.

Rousselle, Erwin: »Spiritual Guidance in Contemporary Taoism«, in: *Spiritual Disciplines,* hrsg. v. Campbell, Joseph, London, Routledge & Kegan, 1960.

Wilhelm, Hellmut: »Eine Chou-Inschrift über Atemtechnik«, in: *Monumenta Serica,* XIII (1948).